從故事看時勢,最世俗天才們的跨時空對話

經濟大師不死

NEW IDEAS FROM DEAD ECONOMISTS

AN INTRODUCTION TO MODERN ECONOMIC THOUGHT

陶德・布希霍茲 Todd G. Buchholz —— 著　葉婉智、林子揚 —— 譯

※ 二〇二一年曾以《經濟大師的迴響》為名出版

各界讚譽

「如果今年只讀一本經濟學書籍,務必閱讀本書。」
——勞倫斯·薩默斯(Lawrence H. Summers),
美國前財政部長、哈佛大學政治經濟學教授

「本書廣泛收錄各大經濟思潮,結合了智趣與精闢的解說。」
——米爾頓·傅利曼,諾貝爾經濟學獎得主

「值得一讀,其樂無窮。對於非專業人士的讀者來說,本書頗有價值,有助於聰明討論經濟學和世界市場。」
——《國家評論》(National Review)雜誌

「一流書籍。」
——《基督科學箴言報》(The Christian Science Monitor)

「一部經濟思想史,風趣詼諧、平易近人,就連最嚴重的經濟學恐懼症患者也不會被嚇倒。」
——《鳳凰共和國》(Phoenix Republic)

「一本極為必備的指南，寫得很好。書中概念依然活靈活現，符合當今景氣時代潮流。」
　　　——阿爾弗雷德・馬拉巴爾（Alfred L. Malabre, Jr.），
　　　　　著有《理解新經濟》（Understanding the New Economy）

「筆鋒頑皮淘氣，閃爍著才華煥發的機智，照亮了經濟學。」
　　　　　　　　　　　　　　　　　　　　　　——相關媒體

「針對當代總體經濟學理論和議題，提出絕佳觀點。無人能出其右。」
　　　　　　　　　　　　　　　　　——《選擇》（Choice）月刊

「寓教於樂，大力推薦！」
　　　　　　　　　　　——《圖書館學刊》（Library Journal）

「成功說明各種經濟學理論和哲學概念，轉譯為容易理解的日常觀點。」
　　　　　　　　　　　　　　　　　——《書單》（Booklist）期刊

目錄

推　薦　序　生活中的經濟學，從亞當・斯密開始 ⋯⋯⋯⋯⋯⋯ 010
新版作者序　態度最重要 ⋯⋯⋯⋯⋯⋯⋯⋯⋯⋯⋯⋯⋯⋯⋯⋯⋯ 013
致　　　謝 ⋯⋯⋯⋯⋯⋯⋯⋯⋯⋯⋯⋯⋯⋯⋯⋯⋯⋯⋯⋯⋯⋯⋯ 024

第一章
緒論：經濟學家的困境 ⋯⋯⋯⋯⋯⋯⋯⋯⋯⋯⋯⋯⋯⋯⋯⋯ 027
　　從哪裡開始？經濟學的《創世紀》 ⋯⋯⋯⋯⋯⋯⋯⋯⋯⋯ 032
　　我們該忽視經濟學家嗎？ ⋯⋯⋯⋯⋯⋯⋯⋯⋯⋯⋯⋯⋯⋯⋯ 034

第二章
亞當・斯密：捲土重來 ⋯⋯⋯⋯⋯⋯⋯⋯⋯⋯⋯⋯⋯⋯⋯⋯ 037
　　哲學家亞當・斯密登場！ ⋯⋯⋯⋯⋯⋯⋯⋯⋯⋯⋯⋯⋯⋯⋯ 043
　　法國之旅與重農學派 ⋯⋯⋯⋯⋯⋯⋯⋯⋯⋯⋯⋯⋯⋯⋯⋯⋯ 044
　　影響世界的《國富論》 ⋯⋯⋯⋯⋯⋯⋯⋯⋯⋯⋯⋯⋯⋯⋯⋯ 048
　　這就是「自由市場」 ⋯⋯⋯⋯⋯⋯⋯⋯⋯⋯⋯⋯⋯⋯⋯⋯⋯ 051
　　勞動分工：增加財富的妙方 ⋯⋯⋯⋯⋯⋯⋯⋯⋯⋯⋯⋯⋯⋯ 054
　　城鎮與國家之間的「勞動分工」 ⋯⋯⋯⋯⋯⋯⋯⋯⋯⋯⋯⋯ 058
　　平民百姓有福了 ⋯⋯⋯⋯⋯⋯⋯⋯⋯⋯⋯⋯⋯⋯⋯⋯⋯⋯⋯ 062

政策與實踐 064
　　捲土重來，強勢回歸 072

第三章
托馬斯・馬爾薩斯：預言末日與人口爆炸的先知 …… 075
　　烏托邦只是個泡沫 078
　　最嚇人的經濟理論 080
　　精準的預言家？ 088
　　世界末日只是延期了嗎？ 091
　　馬爾薩斯與移民 097
　　全球暖化：馬爾薩斯復仇？ 100
　　晚年生活 102

第四章
大衛・李嘉圖：高呼自由貿易 …………………… 105
　　難以置信的絕妙理論 108
　　迎戰「保護主義」 112
　　國家未來的岔口 117
　　「供過於求」與方法論：李嘉圖 V.S. 馬爾薩斯 …… 126

第五章
約翰・彌爾：狂風暴雨的心智 …………………… 131
　　邊沁的「快樂、痛苦與計算」 135
　　思考機器一度當機 139
　　低潮後的浪漫與重生 141

彌爾的方法論 ⋯⋯⋯⋯⋯⋯⋯⋯⋯⋯⋯⋯⋯⋯⋯⋯⋯⋯⋯⋯⋯⋯⋯ 144
　　關於稅收與教育 ⋯⋯⋯⋯⋯⋯⋯⋯⋯⋯⋯⋯⋯⋯⋯⋯⋯⋯⋯⋯ 147
　　彌爾的遠見 ⋯⋯⋯⋯⋯⋯⋯⋯⋯⋯⋯⋯⋯⋯⋯⋯⋯⋯⋯⋯⋯⋯ 154

第六章
卡爾・馬克思：憤怒的神諭 ⋯⋯⋯⋯⋯⋯⋯⋯ 159
　　年輕記者馬克思 ⋯⋯⋯⋯⋯⋯⋯⋯⋯⋯⋯⋯⋯⋯⋯⋯⋯⋯⋯⋯ 163
　　唯物史學家馬克思 ⋯⋯⋯⋯⋯⋯⋯⋯⋯⋯⋯⋯⋯⋯⋯⋯⋯⋯ 166
　　《資本論》與資本主義的垮台 ⋯⋯⋯⋯⋯⋯⋯⋯⋯⋯⋯⋯⋯ 174
　　評價馬克思 ⋯⋯⋯⋯⋯⋯⋯⋯⋯⋯⋯⋯⋯⋯⋯⋯⋯⋯⋯⋯⋯⋯ 185

第七章
阿爾弗雷德・馬歇爾：邊際主義精神 ⋯⋯⋯ 199
　　早年生涯 ⋯⋯⋯⋯⋯⋯⋯⋯⋯⋯⋯⋯⋯⋯⋯⋯⋯⋯⋯⋯⋯⋯⋯ 203
　　漸進主義者的路徑 ⋯⋯⋯⋯⋯⋯⋯⋯⋯⋯⋯⋯⋯⋯⋯⋯⋯⋯ 208
　　經濟學的時間維度：短期與長期 ⋯⋯⋯⋯⋯⋯⋯⋯⋯⋯⋯ 212
　　邊際主義的消費者 ⋯⋯⋯⋯⋯⋯⋯⋯⋯⋯⋯⋯⋯⋯⋯⋯⋯⋯ 220
　　無所不在的「彈性」 ⋯⋯⋯⋯⋯⋯⋯⋯⋯⋯⋯⋯⋯⋯⋯⋯⋯ 225
　　放眼大局 ⋯⋯⋯⋯⋯⋯⋯⋯⋯⋯⋯⋯⋯⋯⋯⋯⋯⋯⋯⋯⋯⋯⋯ 229

第八章
新舊制度學派之間 ⋯⋯⋯⋯⋯⋯⋯⋯⋯⋯⋯⋯⋯ 233
　　范伯倫與舊制度學派 ⋯⋯⋯⋯⋯⋯⋯⋯⋯⋯⋯⋯⋯⋯⋯⋯⋯ 234
　　鄙視「有閒階級」 ⋯⋯⋯⋯⋯⋯⋯⋯⋯⋯⋯⋯⋯⋯⋯⋯⋯⋯ 238
　　工程師的「創造欲」 ⋯⋯⋯⋯⋯⋯⋯⋯⋯⋯⋯⋯⋯⋯⋯⋯⋯ 242

高伯瑞與廣告誘惑	246
新制度學派與法律經濟學	253
過失賠償法	254
財產法	256
刑法：犯罪的經濟學	261
公司金融學	264

第九章

約翰・凱因斯：講究生活的救世主 — 269

逃離維多利亞主義	272
戰爭與搖搖欲墜的和平	275
經濟大蕭條，古典經濟學失勢	277
凱因斯學派解方	283
未來觀點	294

第十章

米爾頓・傅利曼：重貨幣學派迎戰凱因斯 — 297

貨幣是什麼？	299
貨幣主義模型與凱因斯的批判	303
傅利曼的反擊	308
贏家的謙遜	315
讓贏家苦惱的「貨幣流通速度」	319
貨幣供給面面觀	321

第十一章
公共選擇學派：政壇就是市場 ... 327
- 特殊利益團體的矛盾 ... 330
- 受監管者如何控制監管者？ ... 334
- 誇張的承諾、膨脹的預算與官僚體制 ... 336
- 社會安全 ... 343
- 政治循環 ... 347
- 凱因斯為何沒有預見公共選擇學派？ ... 349
- 凱因斯的「政府干預」處方 ... 350
- 文化與知識對凱因斯的影響 ... 351
- 政治上的「無形之手」 ... 357
- 審判凱因斯 ... 361

第十二章
狂野世界：理性預期學派與行為經濟學 ... 363
- 向你的經紀人丟飛鏢 ... 367
- 華爾街的經濟學家 ... 371
- 盧卡斯批判：傳統的政策分析有問題 ... 375
- 主流學派的回擊 ... 379
- 行為經濟學：探究人性 ... 382

第十三章
穿透烏雲的一線光明 ... 389

推薦序

生活中的經濟學,從亞當・斯密開始

　　政府經濟政策與民營經濟決策總是影響社會大眾。人人須有經濟學知識,否則無法成為消息靈通的選民,甚至看不懂日常新聞。況且,若不能意識到何種驅力形塑了我們的經濟生活,又有誰能夠規劃未來,為我們及後代子孫創造出生活與工作的前景?

　　現今,許多經濟政策議題依舊爭論不休,例如:貿易政策、通貨膨脹、政府的正確角色、根除貧窮、提升經濟成長率的手段,經濟學家依然熱烈探討這些話題已經超過兩百年。當今的經濟政策,不論好壞,很多皆是源自以前經濟學家的想法。時至今日,只有那些至少略懂早期經濟學家想法的人,才可理解不少經濟政策的相關討論。

　　過去兩百年來,經濟學大師們批判自己時代的政策議題,一向關心眾人。他們鑽研經濟學的工作成果,以便提倡更好的經濟政策。但是儘管他們憂國憂民,卻非辯論家或政治家,而只是一群想要說服當代人的普通人,不論是針對政府或普羅大眾皆是如此;他們提出分析與證據,以符合專業辯論的標準。

　　如同任何學科領域,經濟學家覺察到早期想法的限制,並力求

進展。自然科學的特性在於能夠進行實驗,但是經濟學卻沒機會做實驗,雖然如此,經濟學家可以運用系統性的觀察與經驗分析,駁斥舊式理論,然後發展新的理論。

由於科技、政治、機構環境等方面的變化,下定論的過程受到阻礙,難以精準指出替代經濟政策可能帶來的效果。一個議題可能要花數十年時間才可解決。新世代的經濟學家和政策官員或許也須學會:在現今變化多端的環境裡,過去的結論仍舊有效合理。

十八世紀的亞當·斯密(Adam Smith)是現代經濟學之父,在他的時代中,他駁斥當時的傳統智慧,主張「政府的經濟干預通常有害」,並且「透過私營賣家與私人買家之間的競爭,最能謀求公眾利益」。近年來,全世界的政府已經認同私營企業會帶來市場經濟美德,而非政府規劃和公共所有權。美國降低稅率,英國與法國將國有產業民營化,中國的個體戶農場復興,而蘇維埃的經濟結構調整被貼上「改革重建」(perestroika)標籤──全都直接衍生自亞當·斯密早期的想法。

一九三〇年代經濟大蕭條期間,英國的約翰·凱因斯(John Maynard Keynes)發展理論,幫助政府避開廣大失業潮,不再重蹈覆轍。然而,凱因斯主張不要儲蓄,反而要擴大消費支出。就現今的經濟狀況而言,由於環境條件非常不同,他的主張逐漸棄而不用,被認為不合時宜。現在我們了解到:增加儲蓄的行為,可普遍當作基礎,使新廠與設備等方面的投資額擴大,加速經濟成長,進而提高生活水準。

美國聯準會針對貨幣政策和利率進行決策時,所仰賴的想法和證據可回溯至十九世紀的經濟學家,如約翰·彌爾(John Stuart Mill),

以及華府已經開發出來的最新數據資料。每一次財政部官員激烈討論企業與個人適用的稅務規定時，他們會可能利用分析性的主張，而這些主張可追溯至一百多年前的大衛・李嘉圖（David Ricardo）和阿爾弗雷德・馬歇爾（Alfred Marshall）。同樣地，至於貿易政策分析、能源和環境的法規、反壟斷法律，他們基於那些歷經好幾世紀發展的想法。若想理解新政策如何影響經濟，以及為何某些特定政策會比較有利，那就必須熟悉相關經濟學概念。這對每個人都很重要。

經濟學大師們形塑了這門學科。在本書裡，作者陶德・布希霍茲深入討論了這些人物，並介紹經濟學的關鍵概念，內容生動鮮明又容易理解。一直以來，正規的模型和複雜圖表乃是經濟學教科書裡的重點，但布希霍茲不提這些，反而清楚提出非技術性的解說，並適時引用實例。

我初次認識布希霍茲時，他正巧在哈佛大學講授一門經濟學概論課程。布希霍茲是非常優秀的老師，他從這門課的其他三十位教授之中脫穎而出，獲選為經濟學概論課程的「年度傑出教學獎」得主。本書讀起來相當有趣，頗能展現他的講課技巧。

──美國經濟學家馬丁・費爾德斯坦（Martin Feldstein）

―― 新版作者序 ――

態度最重要

　　荷蘭的後印象派畫家文森・梵谷短短兩年內，就畫了二十八幅自畫像！我要避免這種自省方法，想辦法讓雙耳繼續貼在腦袋兩旁完好如初。一九八九年初，我把《經濟大師不死》的原稿寄給杜頓出版社（E.P. Dutton）辦公室，由他們首次發行精裝本；從那時起，我就再也沒讀過這本書。我在想，有些作家應該會經常反覆閱讀自己的著作，回憶自己的靈巧措辭或洞見思維。但與其重複閱讀自己的著作，在後來的十年，我寧可持續觀察世界經濟狀況，審視本書概念與經濟大師們的想法是否依舊站得住腳。我擔任白宮經濟政策顧問、華爾街顧問、投資基金經理人，也是一名父親；我精心研究經濟趨勢和危機，全都有利於促成這本修訂版（第三版）。以前我撰寫第一版初稿之時，還沒有前述那麼多頭銜。

　　世界變化程度很大，非常驚人。大多數是良好改變，例如：新藥物、新科技、更多就業機會、通貨膨脹降低、犯罪率減少，每一個都造福了美國。一九八九年網際網路尚未出現，也沒有藥能治禿頭，汽車鮮少配備安全氣囊，更不敢奢望失業率能低於五％，或期

待一九九○年代美股價格成長三倍。自從第一版發行後，我們已經隱約看見某種現象，我稱之為「剪刀經濟」(scissors economy)。由於科技進步，中間人被剪去，美國人不再需要中間人就能進行大部分的購物。有了網際網路，人人皆可貨比三家，有誰還需要股票經紀人或保險代理商？短短幾秒內，你就能下單直購阿拉斯加紅鮭魚，訂購機票，前往西非馬利共和國的廷布克圖(Timbuktu)。消費者的掌控權遠勝以往，前所未見。就連美國陳舊的壟斷式公共事業也已瓦解，因為電纜、衛星、光纖和無線技術加入競爭，與電視、電話、電腦等事業角逐。華府附近曾出現過一張引人注目的巨幅海報，宣傳的是某家新的通訊公司。上面畫著列寧(Lenin)雕像，脖子被繩索勒住，文案寫道：「沒有永遠存續的帝國……尤其是要等五個小時才能找到修理工的帝國。」

有三項影響深遠的重大變化值得我們注意。第一項對世界和平有著大部分正面作用，故事是：柏林圍牆倒塌，億萬個東歐人脫離蘇維埃苦悶的鐵幕，他們重獲自由、受到推促邁入競爭市場。但在這樣的市場中，雖然多數人繁榮興盛，其他人卻苦苦掙扎。柏林圍牆倒塌後幾年內，本書出現了捷克文和保加利亞文版本。這些重獲自由的腦袋瓜渴望理解市場經濟。第二項是日本經濟，一九八○年代晚期日本原本有如威猛可怕的巨人，但到了一九九○年代，卻變身為卑微的侏儒。一九八九年最具關鍵性的東京股市曾經飆升至三萬九千點；後來居然暴跌，二○○七年僅能站上一萬七千點。日式管理技巧一向超群絕倫，許多事蹟廣為流傳，後來究竟發生了什麼？第三項是中國勢力

崛起，中國成為世界貿易的超強發電所，境內工廠大量生產物品，遠勝任何其他國家的生產量，只有美國和日本例外。中國在一九七〇年代的國內生產總值（後稱GDP）排名幾乎上不了台面，現在居然變成世界強國。

柏林圍牆：重塑全球秩序

　　蘇聯與美國一度冷戰，當時洲際彈道飛彈就定位瞄準對方，準備摧毀人類。大多數地緣政治政策專家相信，「穩定的冷戰」僅持對峙的局面還算可以，但願能穩穩延伸到二十一世紀。美國雷根總統肯定是最樂觀的冷戰鬥士，但連他也沒料到，一九八九年後，蘇維埃帝國（冷戰時期非正式用語，形容蘇聯對一些小國的操控）竟然快速而和平地崩解。這真的發生了。當年，雷根總統懇求蘇聯領導人戈巴契夫（Mikhail Gorbachev）「拆掉這道牆吧」的時候，他的幕僚與幾乎所有的反對者都力勸不可。他這個大膽的舉動，強而有力卻一廂情願，遭到國務院「專家們」的反對。何苦去激怒蘇維埃這頭大熊，要求一個不可能的任務？後來結果顯示，大熊其實沒那麼強壯，而這項任務也不是不可能。不出幾年後，東柏林人與西柏林人拿起鐵鎬和大榔頭拆掉圍牆，徹夜慶祝，同時收音機還放著青春活力、振奮人心的美國搖滾樂。類似的欣喜也發生在波蘭首都華沙、捷克首都布拉格，與匈牙利首都布達佩斯。

在德國總理海爾穆・柯爾（Helmut Kohl）勇敢無畏的領導下，西德接納東德，提供慷慨的財務餽贈，以此支援東德人口。現今，德國東部居民的收入依然低於西德同胞，但想必他們已經適應了西方資本主義作風。波蘭、捷克與匈牙利的經濟體也掙扎奮鬥，進行自我轉型。儘管經濟動盪，但民主選舉依舊存在，這些國家鞏固市場取向，並埋葬了蘇維埃意識型態。即使前共產黨官員贏得了國會席次，上任後也普遍支持市場改革。格但斯克（Gdansk）是波蘭團結工聯運動的發源地，波蘭共產黨因而垮台。我最近造訪格但斯克，波蘭年輕創業家的精力讓我留下深刻印象。這個靠近波羅的海的港口城市很有中世紀風格，到處可見有人開店。布拉格、布達佩斯與愛沙尼亞首都塔林也是熙來攘往、朝氣蓬勃，不再有共產時代的陰鬱暮氣。

但在俄羅斯，這條路徑非常顛簸。一九九八年，俄羅斯的經濟看起來奄奄一息。俄幣盧布大幅貶值，俄羅斯股市遭受鎚擊成為廢墟，賣家驚慌失措。持有俄羅斯債券的外商投資人，簡直可以把盧布當壁紙。為何俄羅斯的資本主義實驗失敗了？因為在前往自由市場的路途上，發生了一件不太妙的事：該國家採行危險而迂迴的路線，進入「裙帶資本主義」（crony capitalism）。前共產黨的長官們運用私人人脈謀利，歪曲先前的國有壟斷機構，變成私營的獨佔事業，整個產業持續由他們控制。礦場經理人透過鐵路、貨運，甚至私藏東西到軍裝大衣口袋裡，將貴重金屬走私到國外，藉此大發橫財。蘇維埃警察失去掌控力，而新式俄羅斯民主體制的法律體系相當薄弱，不足以處理犯罪或商業糾紛。在莫斯科，高級俱樂部充斥著賺取不義錢財的暴發

戶,整座城市有如美國知名罪犯艾爾‧卡彭（Al Capone）領導之下的芝加哥,而不屬於一個開發中國家。億萬富翁成立私人保鑣武力團隊。此外,總統鮑里斯‧葉爾辛（Boris Yeltsin）的政府想不出辦法強迫這些寡頭繳稅。結果俄羅斯政府的巨額赤字迅速增長,被迫銷售國家債券向外國人借錢。在一九九六到九七年間,經過一陣狂熱的股市泡沫獲利後,這個國家看起來既腐敗且即將破產,隨時可能爆裂。於是,俄羅斯人和外國人偷偷把資金抽離這個國家,讓新中產階級所構築的少許財富消散了。

這是否為一課教訓,或只是一個令人沮喪的蕭條故事？俄羅斯在一九九八年徹底失敗,箇中寓意是：一個市場經濟體必須仰賴可靠的法律體系。自由市場並不代表完全失序,反而需要基本規範。若無法院強制當事人履行合約,沒有警方嚴懲祕密幫派,也無機關徵收賦稅,那麼,俄羅斯迂迴繞進裙帶資本主義的行為,是一場注定失敗的航程。西方國家常聽到一句話：**正義是盲目的**。這句話表示不論個人狀況或貧富等級,司法對每個人都是一視同仁,「不會看見」任何差異或主觀意見。另一種意義是「司法無所畏懼」。俄羅斯的問題在於對司法正義視而不見。當然,俄羅斯以前也失敗過,他們整個二十世紀就是一場經濟慘敗。參觀幾個莊嚴古都,例如：聖彼得堡（St. Petersburg）、烏克蘭的敖德薩（Odessa）等等,當親眼目睹令人屏息的十九世紀建築,以及令人驚豔的歌劇院時,我們得到的教誨是：共產主義的問題**不在於**「無法跟上資本主義」,而是「連一九一七年的標準,它也跟不上」。在此,姑且希望二十一世紀發生新式俄羅斯革命,

而這場革命將能找到「經濟自由」(economic liberty)與「法治」(the rule of law)兩者的共存之地。

日本：日落之國？

我撰寫《經濟大師不死》第一版時，學者與記者都為日本加冕，將其譽為「世界經濟之王」。例如某些書名，像是《日圓！日本的新金融帝國及其對於美國的威脅》(Yen! Japan's New Financial Empire and Its Threat to America)與《貿易地位：我們如何把未來拱手讓給日本》(Trading Places: How We Are Giving Our Future to Japan)。這畫出了一幅局貌——日本接管了全世界，而美國的地位卑微，為求收支平衡只能像烤漢堡般迅速轉售。日本投機商人收藏了梵谷、莫內的名畫，也擁有高爾夫球會籍，把這些當成裝點門面的紀念物。他們在洛杉磯市中心置產，以及夏威夷最棒的地區。日本的銀行主導了金融業。分析師還計算過，當時東京帝國大廈的土地價值遠勝加州全部土地。日本某位顯赫的政治家還寫了一本暢銷書譴責美國霸權，書名是《日本不再唯唯諾諾》(The Japan That Can Say No.)。現在，高不可攀的日本居然跌落了！日本投資人曾是古希臘神話中點石成金的麥得斯(Midas)天神，如今卻把貴重資產變成不值一文的小飾品。東京股市有如雪崩，破壞性極大，印象派名畫的價格也隨之淪陷，夏威夷房產也是。他們投資電影製片廠，徒留驚人的嚴重虧損，因為巧詐的好萊塢片商將他們生吞活剝。再看看日本

國內，由於房價與收入降低，早先的驕傲氣焰遂變為謙遜和恐懼。利率在一九九八年降至零，意味著可以向政府免息借錢！唯一升高的只有失業率。

到底發生了什麼事？一個簡單的解答是：一九八九年，日本中央銀行蓄意抬高利率，戳破了股市泡沫。但這無法解釋將近十年的暴跌。我們能推測出兩個根源：第一，日本政府鼓勵主要公司在製造業的優勢，但同時美國已漸漸轉向服務業，譬如金融業、醫療保健行業等等。就「**規模**」而言，雖然日本的銀行主導全世界，但獲利力與嚴密程度卻遠遠落後。新式金融商品出現，網羅股票指數基金到複合衍生商品，大多都是由美國或英國創造。為何日本沒有開發這些概念？他們在國內面臨的競爭壓力微乎其微。日本當時的大藏省（現今的財務省和金融廳）罩著保險公司，使其免受儲蓄銀行的競爭，而儲蓄銀行則免受企業銀行的競爭。然而，美國國內的這些產業面臨激烈競爭，相互角逐。相較之下，日本政府猶如實行封建時代的「采邑制」（fiefdom），劃分勢力範圍，讓各方躲在官僚城牆內，安穩無虞。從根本上來說，大藏省迫使人民把錢注入收益率低得可憐的銀行帳戶，成為公司行號的肥羊。亞當‧斯密或許能預知這種做法的後果：為了維持自家地盤的平靜，他們危害自己實力，無法在真實世界搏鬥。

日本的資訊科技也看似虛弱無力。以前，我某個日本友人初次接觸網際網路，注意到幾乎所有網站都是英文版。他搖著頭說：「我們完了。」在電子產品的製造方面，雖然日本成功贏得市佔率，卻遭受南韓和馬來西亞工廠的削價競爭。他們很快就放棄拚搏，將國內工

廠關閉，轉移到中國設廠，因為費用較為便宜。此外，「終身僱用制」（lifetime employment）的觀念已死，日本上班族的信心大受打擊。日本評論家把這種現象稱為「甜甜圈經濟」（doughnut economy），因為經濟體中間變成空心了。

財務會計政策與貨幣政策無能為力，結構上的缺陷隨之而來。實質上，日本銀行坐視太久才願意調降利率，而大藏省居然在經濟衰退中期推高稅率。在經濟大蕭條時期，凱因斯（見第九章）教導全世界：當經濟每況愈下，更不該嚴懲消費者。這條訊息顯然沒有及時傳到日本，直到最近才是。而我這本《經濟大師不死》早在一九九一年即已出版！

中國醒獅咆哮

中國自一九九〇年以來乘勢崛起，看起來頗具威嚴，也有點令人生畏。其GDP成長率每年高達一〇％，讓中國快速飛馳。讀財經新聞就會知道：只要世界經濟每次打嗝呃逆，幾乎都會怪罪中國。油價太高？想必是中國在囤積石油。利率太低？肯定是中國搶購太多美國中期國庫票據（T-Notes）。製造業工作機會減少？應該是被中國偷走了。誠然，中國二十多年前的經濟還有點站不住腳，而在今日全球經濟上，中國勢力宛如龐然巨象——光考量這一點，中國就不容小覷。本書第六章談到馬克思（Karl Marx），我們會在這部分看見鄧小平如何

摒棄毛澤東思想，驅使人民急促奔跑、加速趕上，而非照抄《毛語錄》這本紅書的引言，他抄的是封面一樣紅的哈佛大學企管碩士手冊。在世界貿易方面，中國儘管目前凱旋得勝，但接下來十年將會面臨極大挑戰。在人口統計學方面，一旦需要撫養的老人越來越多，加上年輕勞動力愈來愈少，中國勢必碰壁。中國的中產階級人數快速增加，耗費更多時間出國旅遊，也花更多錢在醫療保健與奢侈品。國家從貧窮移往中產階級，他們的人民渴求三件事：汽車、蛋白質（肉類和穀物）、健康照護。這提供了外國人龐大商機，讓企業在那裡銷售產品。人們改弦易轍，汽車已經開始盛行。北京的街道車滿為患，噴出大量黑煙，無視路旁的傳統腳踏車。中國的未來是「山重水複疑無路，柳暗花明又一村」，但願這將是全球繁榮的助力。

態度勝過緯度

多數人（包括許多經濟學家在內）認為，一國經濟就像房地產潛在買家的選屋思考：買主都想要夢想中的家。住在哥斯大黎加？太熱了！委內瑞拉有石油？真幸運！澳大利亞與其他國家遙遙遠望，好可惜！想在美國伊利諾州皮奧里亞（Peoria）買一棟殖民地時期的三房建築？有句老話「買房要選地點」或許能派上用場。但在分析一個國家時，這句話簡直一文不值。以墨西哥為例，墨西哥地點絕佳，北方邊境與美國接壤從未推移。然而，即使是美國的鄰居，美國的財富和

科技並未感染墨西哥。我們來看看繁榮的澳大利亞——就算你在洛杉磯國際機場突然更改航班，最多也僅需十二小時就能到抵達！更久之前，英國被流放的罪犯則是搭乘破爛的船隻，到澳洲那裡安頓下來。

經濟學教科書花費許多時間聚焦在「要素稟賦」（factor endowments），這個理論告訴我們：若一個國家幸運擁有愈多礦藏和天然資源，那它的優勢就愈大。真的是這樣嗎？香港的陸地不過是一堆石頭。[1] 荷蘭是低地國家，地形平坦而低濕，猶如下陷的義大利威尼斯，只差沒有迷人的橋樑或義式冰淇淋。然而荷蘭在十七世紀蛙跳而起，勝過稟賦較佳的鄰居。現在輪到以色列，這個國家或許以「上帝的子民」自居，但上帝選擇不給他們一滴石油，而阿拉伯國家卻四處可見噴油井。可以讀一下馬克·吐溫如何形容他們幾近荒蕪的貧瘠旱地——以色列的地面長不出足夠的綠色植物，餐盤上連一小枝香菜都沒有。雖然如此，它仍像花朵般盛開，繁榮興旺。在經濟發展的速度競賽裡，你寧願下注給坐擁一百萬噸鋅礦的國家，或是人民智力超群、點子源源不絕的國家？

天賦異稟甚至可能是一種詛咒。非洲許多土地底下充斥大量金屬，該區經濟卻是極度停滯，因為寡頭政治家緊抓權力不放，有礙資本散布整個社會。回想起學校教科書的地圖集，上面有各國天然資源的分布圖。我小時候總是覺得很不公平——邪惡的蘇聯看起來擁有全部的好東西，甚至還有鋁土礦。這種礦物聽起來宛如《超人》電影裡

---

[1] 香港主要由火成岩、沉積岩及變質岩構成。

神祕的氪星石（kryptonite），還真的是氪星石的地球版本，一旦落入敵人的兵工廠可就大事不妙了。但蘇聯體制沒有天神麥得斯點石成金的本事，反而「點金成石」。即使坐擁貴重金屬和豐富石油，卻演變成饑荒與貧窮。在久遠的十六世紀，中國人有能力窯燒元代花瓶，一切必須的技術勝過英國工業革命時代水準，但當時中國官僚重踩貿易一腳，阻礙資金流動。至於蘇聯，由於左派人士拒絕相信「態度勝過緯度」，於是對蘇聯長達七十年的惡劣景氣深感遺憾，也找了很多藉口。一如雷根總統所言，共產黨的農耕只有四件事出了差錯，那就是：春、夏、秋、冬。

那麼，什麼事最重要？**態度最重要，地理位置的緯度不重要**。一個國家能勤於向經濟大師們蒐羅智慧，最能顯現態度。

經濟思想史教導我們：凡是求知若渴、謙恭為懷、身段柔軟的人，通常可望成功。各位在接下來的章節中將學到這些事。

一九九〇年代給了我們大量新機會，以檢驗經濟大師們的智慧，並評估他們的洞見思維。現在，二十一世紀必須面對自己的挑戰，而過往經濟學家的想法將能提供助益。

——陶德・布希霍茲

致謝

本書探索經濟大師們的生平和想法,用以解釋現代的經濟理論。今日我們面臨的許多經濟挑戰,前人也曾遇過,時至今日,亞當・斯密及其後繼之人的言論,依舊迴盪在耳邊。為求更佳理解這些理論,我運用了當代與現代的例子,但願寓教於樂,能帶給讀者啟發。

經濟系學生第一天上課時,就會知道經濟學有關「稀缺性」和「抉擇」。我選擇省略許多出色的經濟學家,把焦點放在英美傳統上。因此,本書較少注意到提出「瓦拉氏定理」的法國經濟學家里昂・瓦爾拉斯(Léon Walras)、提出「傑文斯悖論」的英國經濟學者威廉・傑文斯(William Stanley Jevons)、提出「門格海綿」的奧地利經濟學派卡爾・門格爾(Carl Menger)與其他專家,因為所需篇幅較多。我希望,並鼓勵讀者從其他文字材料追尋這些人。套用偉大的英國哲學家培根(Francis Bacon)的話,我不是要無聊瞎扯,而是簡明扼要、富有成效地刺激讀者心智。

至於本書提到的經濟學家,倘若有人尚存於世,我也要說聲抱歉。書名《經濟大師不死》並非要指指點點,也非指涉他們的性格或演說能力,如有雷同煩請多多包涵。相信能與亞當・斯密、李嘉圖、凱因斯等人齊頭並列,他們應該與有榮焉、甚感欣慰。

致謝

　　我想感謝許多人與機構，他們激發我的心智與全部精力。美國經濟學家馬丁・費爾德斯坦和曾任布希總統經濟顧問的勞倫斯・林賽（Lawrence Lindsey）支持這個案子，還要求哈佛學生閱讀初稿。在經濟思想史方面，我在哈佛的學生聽過無數次的離題。羅納德・寇斯（Ronald Coase）和米爾頓・傅利曼（Milton Friedman）對於馬歇爾的部分提供不少幫助。傅利曼不但是本世紀的偉大經濟學家之一，也極為慷慨撥冗討論。本書所提的經濟大師以前常出現在劍橋大學迴廊。感謝劍橋大學商學院前院長杰弗里・米克斯（Geoffrey Meeks），以及劍橋大學聖約翰學院前任院長哈利・辛斯利爵士（Sir Harry Hinsley），容許我在相同迴廊漫步閒逛、沉思默想。在撰寫有關馬爾薩斯（Thomas Robert Malthus）、馬歇爾和凱因斯等章節之前，我身處中世紀風格的庭院和大廳，蒐羅這些人的往事回憶，或能引起回憶的東西。他們的遺風典範激勵我往前邁進。我也要感謝巴克內爾大學（Bucknell University）的邁可・穆爾（Michael Moohr）和道格拉斯・史登（Douglas Sturm），他們點燃了我的熱情，對經濟史和學術思想史產生興趣。

　　當然，本書表達的觀點僅是就我個人立場，而非出自我以前的哪一位老闆。

　　最後要感謝我的家人，他們衷心支持，也帶給我希望，讓我得以從這些「憂鬱科學家」中找出教誨和笑話。我的妻子黛比既開朗又可愛，假如這些經濟學家認識她，或許就不會那麼憂鬱了。本書獻給我的妻子黛比。

第一章

緒論：經濟學家的困境

經濟學家必須是數學家、史學家、政治家、哲學家……要能了解符號，懂得敘事。務必鑑古知今，預思未來。

要當經濟學家可不是那麼容易。企業主管罵經濟學家,說他們計算成本效益不夠精準。利他主義者指控他們太挑剔成本效益。對政治家來說,經濟學家只會潑冷水,不讓政治人物胡謅美好的榮景。包括蕭伯納(George Bernard Shaw)和卡萊爾(Thomas Carlyle)在內的某些諷刺作家,也會偶爾停下腳步辱罵經濟學家。的確,從卡萊爾批評經濟學是「憂鬱的科學」以來,經濟學家就一直受到不公平的待遇。

經濟學家認為自己遭受不實指控,因為他們通常不是壞消息的起因,充其量只是傳訊人。他們轉達的訊息很簡單:人類必須做出艱難抉擇。我們不再身處伊甸園。世界不再充滿牛奶與蜂蜜。我們必須做出抉擇,在清新空氣與便捷車輛之間,或者是更大的房子與更寬廣的公園、勤奮工作與放肆玩樂之間。對於任何一種抉擇,經濟學家不會說沒有用,他們只會說各有利弊,魚與熊掌不可兼得。經濟學就是在研究抉擇並協助我們了解後果,而不是告訴我們如何選擇。

當然,經濟大師們不甘心只做個傳訊人。雖然經濟學家遭到無禮嘲笑,例如蠢蛋亞當・斯密、書呆子彌爾、虛榮的凱因斯等等,但他們的動機卻不容貶斥。正如凱因斯的觀察,大多數有名的經濟學家一開始都求好心切,尋求方法改善世界,但諷刺的是,他們今日卻受到這麼多惡毒批評。馬歇爾尤其認為經濟學是一種專業,必須混融「精明的科學」與「對人類的奉獻」。中世紀世界有三大主要專業:旨在促進身體健康的醫學、著眼政治健全度的法律學、瞄準心靈健康的神學。話雖如此,馬歇爾希望經濟學成為第四種崇高使命,目標在於求得更佳的物質生活,不僅是為富人,也是為了全體人類。馬歇爾試

★第一章　緒論：經濟學家的困境

圖英勇調解兩股互不相容的強大趨勢，其走向分別是：不實際且無聊的數學式經濟學，以及感性不嚴謹的激進主義。他奮力在劍橋建立學派，聚集最熱情、最科學化的腦袋。當然，凱因斯就是其中最耀眼的星星。

經濟學與真實世界之間最強的連結，一直是政治。確實，經濟學在本世紀前都還被稱為「政治經濟學」。幾乎所有最傑出的經濟學家或多或少都在政府部門任職過。大衛・李嘉圖（David Richardo）和約翰・彌爾是其中兩位，曾贏得英國國會選舉。在最偉大的經濟學家身上，我們總能看到，他們的動機不僅是對科學的興趣，還湧現了極大熱情。他們在無數微積分符號與統計學之中，展現令人拍案叫絕的大膽論點。

翻遍整個經濟思想史，可以看到政府與經濟學家有時衝突對峙，有時互助合作。亞當・斯密痛斥歐洲君主政體與商人勾結。現代經濟學從那時起開始推展。亞當・斯密、卡爾・馬克思和托斯丹・范伯倫（Thorstein Veblen）有一些共同點，其中一項即是他們意識到：企業家為求自助，通常喜愛利用政治。亞當・斯密在一份知名論述中提出警告，說企業家經常暗中與消費者作對，圖謀達成目標。我們至今都還確信，在地方商會的會議中，會有吹捧自由市場的演講者抓住機會，穩固某項專賣權、某份獨家政府合約，或是某項可以保障自身盈利的法規。幸虧政治家不一定會傾力相助。二戰之後，英國的社會主義領袖承諾了一種近似天堂的繁榮前景，方法是工會主義與國有化，結果英國經濟反而愈來愈糟。有個邱吉爾的傳記作家寫了一個故事：在英

國下議院外面的男廁所,邱吉爾遇到工黨領袖。工黨領袖先進入,挑了一個小便斗。邱吉爾不久之後也進來了,他一看到政敵,就跑到整排小便斗的另一端。工黨領袖問:「邱吉爾,我們今天隔這麼遠,好疏離啊!」邱吉爾大聲說:「沒錯,誰叫你每次看到大東西,就想收歸國有!」

美國的總統大多不甚理解經濟原理。威廉‧馬丁(William McChesney Martin)曾任美國聯準會(Federal Reserve Board)主席,他的中間名簡寫為「M」。甘迺迪總統曾經承認,他只能用中間名做聯想,來記住聯準會是在控制貨幣政策(monetary policy),而非財政會計政策(fiscal policy)。顯然,甘迺迪的人選絕對不會是知名的沃爾克(Volcker)或葛林斯潘(Greenspan)。

對經濟學家而言,競選期間是最難熬的時刻。每當政治人物允諾選民更多富庶願景**以及**更多民生展望,經濟學家就必須預警多災多難的後果。候選人各個狂言建立空中樓閣,瞬間抹煞經濟學家辛苦培育出的經濟素養。競選期間的演說等同黃金時段的高收視率。總統候選人只要上了電視,就想盡辦法讓自己看起來像是喜劇《豪門新人類》(The Beverly Hillbillies)裡純樸的角色傑德。當然,這對某些政治家來說根本輕而易舉。

我們不難發現,政治人士為何老是誤解他們的經濟顧問。比起對公眾發表的言論,經濟學家彼此交談用的是不同語言。他們以「模型」(model)的語言說話。為了試圖解釋複雜的世界,他們首先要在既定時間裡,把最重要的少數因素簡化,因為每個經濟現象可能都受到

千萬個事件影響。舉個例子，美國人的消費水準可能取決於下列某些事：天氣、音樂品味、體重、收入、通貨膨脹、政治競選活動，以及美國奧運代表隊的表現。為了離析最重要的元素並且排出等級，經濟學家必須設計模型，從無數的可能中過濾出某些緣由。最厲害的經濟學家，即是能夠設計最堅固耐用模型的人。

當然，所有科學家都必須建構模型。多年來，物理學仰賴牛頓的萬有引力模型；天文學家仍然使用哥白尼範式（Copernican paradigm）；湯馬斯・庫恩（Thomas Kuhn）頗受爭議的經典之作《科學革命的結構》（The Structure of Scientific Revolutions）追溯各種模型的發展。所以，為何經濟學比這些「硬科學」還難？以下例子有助說明。想像一位外科醫生正要進行腎臟手術。他檢閱X光報告後，知道病患的右腎位置在結腸下方一英寸。但這位外科醫生切了一個開口後，才發現腎臟位置不一樣。如同此例，經濟學家離析緣由且預估相關影響，就在此時，影響的程度卻變了。隨著人際關係與社會制度的改變，我們的科學探究主題也隨之變化。經濟學或許不是硬科學，但這不代表經濟學是輕鬆容易的學科。由於經濟學如此流動易變，因此難以站在適當位置加以鑽研。難怪偉大的凱因斯堅信，經濟學大師具有某些特質，比騎士甚至聖人所需的特質還要非凡：

> 經濟學大師必須是數學家、史學家、政治家、哲學家……要能了解符號，也要懂得敘事。必須全盤細思整體情勢箇中關鍵，且以同樣的思緒飛翔過程，觸及抽象與具體的事物。務必鑑古知今，預思

未來。人類的本質或風俗習性,盡在這位大師考量範圍之內。不但有明確目標,客觀公正的心緒也不受外界干擾;如同藝術家超然清高,有時卻如政治人物精明現實。

從哪裡開始?經濟學的《創世紀》

要從何處開始研究經濟思想史?可從聖經開始,許多聖經內容論及土地、勞力和資本。不過,聖經大多是在提出誡命,而非精細分析。亞當‧斯密的名字「Adam」源自聖經,道德立場也出自聖經,但在他建立經濟理論之時,聖經幾乎不是靈感來源。

我們也可探究亞里斯多德(Aristotle)條理分明的評論;他讚揚私有財產,痛斥為求財富而聚積錢財。但關於經濟學,亞里斯多德只知道「時間資源十分寶貴」就夠了。所以他奉獻大多數時間投入哲學,並教育亞歷山大大帝,而非致力於經濟學理論。亞里斯多德的成效斐然,一直都是哲學巨擘。話雖如此,我們仍必須承認(即使這可能會冒犯大學「西方文明課程」的激進粉絲),亞里斯多德在經濟學的歷史中留下的東西很少。

中世紀的神學家常辯論經濟議題。「天主教經院學者」(Catholic Schoolmen)也勤於探討商場裡的道德問題。尤其是,他們巧妙構思「公平價格」信條,讓教會的高利貸立場更完善。僅管《舊約聖經》特意禁止提供「取息貸款」給同一社群的成員,中世紀的神學家仍試圖找

到不同的利息元素,例如風險、機會成本、通貨膨脹、不便性,從嚴密的禁令中找出破綻,容許法律漏洞。神學家面臨極為折磨人的抉擇——如果他們繼續傳達有礙商業活動的正統聖經詮釋,他們將有失自己的適切性,於是許多人寧願冒著天譴的風險碰碰運氣。另一方面,如果神學家完全縱容各類形式的商業主義,即有失教會領袖的威信。他們巧妙構思自己大多數的經濟理論,同時兼顧世俗與聖職。這種處境不自在,也不利於研究經濟學。他們談經濟是出於職責。但實際上聖職人員的職責是要引導信徒通往天堂,而非享受更高的生活水準。在基督新教派系分裂之時,這項任務變得更不容易管理。

先別急,重商主義者不只這些人。一般而言,在十六到十八世紀間,重商主義者是一群作家,也是歐洲君主身邊溫文儒雅的策士。他們沒有那一本當作通則的「聖書」,也各自懷有不同利益。英國、法國、西班牙、葡萄牙和荷蘭等國家的皇室開疆拓土,四處征戰佔領殖民地,律師與商人於是對國王與皇后提出了經濟管理辦法。

回顧過去,我們可以從這些人的建言中列出幾項常見教條:首先,國家應以壟斷權、專利權、補貼款和特權來獎勵忠君之士,藉此鞏固政權;第二,國家應該積極尋求殖民地,設法獲取貴金屬和原料——都是良好的國家財富措施,能用來支付軍事費用。第三,國家應限制對外貿易,如此一來出口會大於進口。貿易差額持續出超,可從債務國賺取黃金(財富)。

因此,許多國家受到重商主義驅使而開疆拓土。與此同時,同業公會、壟斷企業和關稅將經濟力量分配給政治利益,國內經濟的控

制於是日趨嚴密。有些國家的控制比其他國家更嚴重。路易十四當政時期，財政大臣吉恩巴蒂斯特・科爾伯（Jean-Baptiste Colbert）徹底控管許多貨物的製造，並給予公會極大威權。某一次他展現了極為驚人的至尊權力，他宣布：「來自第戎地區的紡織品需含有一千四百零八條線！」

這些重商主義者成了亞當・斯密的完美箭靶，有了這些人，對現代經濟思潮的研究似乎變得相當合理。他從幾個層面來痛斥這些人的理論。首先，他們的財富衡量基準是錢幣和貴金屬，但亞當・斯密認為真正的財富必須用家計單位的生活水準來計算。成袋的黃金不一定能轉成一袋袋食物。第二，他說衡量財富必須要站在一國的消費者視角。金錢如果被總理或勾結的商人掌控，那就不一定對國家公民有幫助。第三，亞當・斯密知道個人的動機、發明和創新能鼓動經濟，造就更大的繁榮昌盛，所以授予壟斷權和保護，重商主義者的政策將會癱瘓國家政體。亞當・斯密的論點為現代經濟學奠定了基礎。

我們該忽視經濟學家嗎？

自亞當・斯密時代以來，甚少出現經濟學大師。主流經濟理論無法解釋一切。一個顯著的例子是，今日經濟學家傷透腦筋，難以解釋一九七〇年代早期到九〇年代早期的勞力市場和生產力成長率下降。但他們一致認為：國家與個人如果忽略經濟理論的基本宗旨，實

★第一章　緒論：經濟學家的困境

乃愚蠢風險。國家提高貿易壁壘，渴求回歸到原本穩定的商貿時期，反而卻傷了自己國家的消費者。國家高度維護農業政策，不但傷了國內的消費者，也只能任憑穀倉內過剩糧食日漸發爛。上述兩點少有經濟學家不同意，但極少有政治人物聽得進去。

即使政府不一定聽取經濟學家的建言，我們還是可以仰賴經濟學家提醒，得知我們目前的生活水準，以及未來可達的生活水準。自從英國發展工業革命，美國人總是不滿足現況，期待變得更強大。但這種進展可能中斷，這並非沒有前例。年復一年，每當工業化國家逃過最新發生的黑暗時期，就是在刷新人類的紀錄。古希臘、羅馬、巴比倫與埃及那些富庶至極的時期之後（而非之前），都曾有數十年慘淡光景。來看看偉大的史學家喬治・杜比（Georges Duby）如何描述十一世紀的歐洲。以下境況實在令人不寒而慄：

> ……在公元一千年的西方世界。一個幾無人煙的荒蕪世界，飢餓環繞各處。肌貧瘦弱的人口實在太多了。大家赤手奮力掙扎，深受無常的大自然奴役，在幾近寸草不生的荒地上求取溫飽。農夫播種麥子之時，不敢奢望收穫超過三成；若某年收成尚可，表示足以撐到復活節。然後，他必須跋山涉水，設法取得野菜、樹根等臨時替代糧食。為求填飽肚子，他們在豔陽底下辛勤工作；他們疲勞困頓，身形日漸萎靡，靜候收成……偶有暴雨傾瀉而下，浸透整片大地，阻礙秋耕；風雨猛烈襲擊，莊稼變質，經年累月缺糧最終演變成饑荒，帶來一波波致命的餓死狂潮。編年史家描述這些時代的饑荒時，

深感無力適切表達。「眾人彼此攻擊，把對方當成食物，許多人割斷同胞喉嚨，只為吃到人肉，行徑宛如狼群。」

已開發世界是否有這類駭人之事的傳聞？是否會倒退，陷入鄰近第三世界國家所處的可怕境地？就連偉大的凱因斯最異想天開的思考也無法下結論。但我們確知：經濟大師們試圖教導眾人避開黑暗深淵。

不難發現，許多經濟大師的教誨依舊引起迴響。時至今日，經濟學家最睿智的理論往往深具實用的觀點或類比。本書尋求經濟學家智慧，探究主流經濟學，探問：「是誰最先提出這些深刻、結構經久不壞的模型？」我們可以向大師們學習。本書的某些當代實例頗富趣味。李嘉圖解釋「比較優勢理論」（Theory of Comparative Advantage）時沒有用經典情景喜劇《蓋里甘的島》（Gilligan's Island）的演員陣容來作為例子。本書採用的幽默方式，並非意圖貶損，而是希望能幫助讀者理解艱澀的範式。經濟學不一定要枯燥乏味。何不隨諷刺作家卡萊爾笑到最後，幫助昔日的經濟大師們扭轉他們自己的壞名聲，並從他們的遺澤吸取教訓？與其讓經濟大師的鬼魂在墳墓裡流連，看見我們忘記前人留下的成果而深感失望，擔憂我們重蹈十一世紀的慘況，倒不如讓他們笑到翻過去，豈不是更好？

第二章

亞當・斯密：捲土重來

「我們不能靠著肉販,啤酒商或麵包師傅的善行而得到晚餐,而是源於他們對自身利益的看重。」

——亞當・斯密

雷根贏得一九八〇年美國總統選舉時，華府保守派的支持者歡欣鼓舞。眾人在雞尾酒聚會裡彼此慶賀，殷切盼著「雷根經濟學」（Reaganomics）將帶來繁榮。他們還發現大家打著一樣的領結──而這是亞當‧斯密的招牌特色。

　　政治人士與行動分子以愛國主義自豪，他們為何要仿效一個十八世紀蘇格蘭紳士的模樣？為何不學老羅斯福總統、傑佛遜總統（Thomas Jefferson），或甚至去學總統候選人高華德（Barry Goldwater）？與數千位後起的經濟學家和政治領袖相比，亞當‧斯密是否真的關乎當代經濟學危機？

　　亞當‧斯密深信自己的想法永遠切題。在十八世紀這個真正充滿革命性的時代，那是一種很常見的知識分子特質。當時法國與美國的政治騷動開始沸騰。就在亞當‧斯密撰寫偉大的《國富論》之時，商人正在不列顛群島進行貿易活動，並橫跨七大海域。人口成長、商人籌建小工廠、銀行體系擴展至整個英國與歐洲大陸。但啟蒙時代最強大、最深刻的革命卻是由思想家發起，對世界探究新的解釋。難怪在課堂上，亞當‧斯密曾說：「人類真是求知若渴的動物。」

　　約從中世紀到哥倫布時代，神學家主導了歐洲學術思維。教會長老以教條詮釋自然現象。但就在亞當‧斯密出生前的一百年間，愈來愈多人跟隨培根和哥白尼的大膽行徑，為自然活動探尋理性解釋。最後科學家開始出現，並獨立於主政教會之外。他們為自然界定律套用「科學方法」而不管是否會有爭議。

　　伽利略大力抨擊宗教的陳腐。他說上帝不只給人類「聖經」與

★第二章　亞當‧斯密：捲土重來

「大自然」兩本書，認為大自然之書的語言是數學，並用數學、實驗來證明他的「自由落體定律」，而不引用聖經教義。伽利略知道自己踩在極度凶險的界線上，試著規避各方譴責。哥白尼認為地球繞行太陽公轉，當時被認為是異端邪說；一六三二年，伽利略的望遠鏡實驗確認了哥白尼的假說，他十分惶恐，但仍把發現獻給教宗。他對地球的觀點沒錯，卻同時深怕激怒教會，後來的審理委員會果然大力譴責他。

笛卡爾一六三七年出版《方法導論》(Discourse on Method)，他在最後主張人類能透過科學「主宰自然萬物」，預示了十八世紀的思想爆炸。

不過，啟蒙時代的閃亮之星是牛頓。他追尋伽利略的科學探索，尋求宗教經文之外的答案，提出萬有引力、運動定律，並且發現微積分。牛頓似乎描繪了一個景象：上帝僅在創世紀之時擔任要角，對於今日世界的責任猶如當鋪老闆，被贖回的手錶一旦離開當鋪後，老闆就不再過問。但德國哲學家萊布尼茲(Leibniz)認為：牛頓把上帝描繪成笨拙的鐘錶匠，這加重了對上帝的褻瀆。

亞當‧斯密誕生在這般啟蒙運動時代。他努力找出因果關係，就像伽利略、牛頓一樣。但比起聚焦這顆星球，他更注重人群。

亞當‧斯密出生於一七二三年，由母親在英國柯拉底鎮(Kircaldy)扶養長大。柯拉底鎮是小港口，位於愛丁堡的福斯灣(Firth of Forth)對面。他父親曾任關稅查帳員，在他出生前幾個月去世。亞當‧斯密沒結過婚。

雖然從華府那些人戴的領結看不出來，但亞當‧斯密是一個相

貌奇特的蘇格蘭人。他大眼高鼻、下唇突出、緊張抽搐，還有言語障礙。亞當‧斯密某一次承認了自己的奇特樣貌，說：「我不夠英俊，但書中自有顏如玉。」

他是資優生，十四歲進入格拉斯哥大學（University of Glasgow）就讀，後來拿獎學金進入牛津大學貝利奧爾學院（Balliol College）。如同當時多數大學生，亞當‧斯密原本想攻讀神學以神職人員為目標。他也像每個時代的學生一樣，很愛抱怨老師。他痛斥大學課程：「牛津大學多年來，絕大部分的公聘教授連假裝有在上課也懶了。」更重要的是，亞當‧斯密抨擊學術審查制度。他向朋友抱怨，說大學的職員沒收他私藏的大衛‧休姆（David Hume）警世著作《人性論》（Treatise on Human Nature）。雖然他獲准閱讀古希臘拉丁經典，卻被禁止閱讀這本最具影響力的當代巨作。

《人性論》的副標題寫道，「試圖導入理性實驗方法，探究道德主題」。儘管有學術限制，亞當‧斯密深受大衛‧休姆的懷疑論影響，拒絕繼續朝向神職人員前進。他反而回到柯拉底鎮，在當地公開講授修辭學與法律，頗受歡迎。

一七四八年，亞當‧斯密回到格拉斯哥大學教邏輯學。翌年，他的昔日恩師法蘭西斯‧哈奇森（Francis Hutcheson）空出了道德哲學教授的職位，由他來填補。哈奇森是「校園激進分子」，拒絕以拉丁文授課，這激怒了大學的管理人員。於是長老會（Presbytery）指控他散播下列「不實危險」的教義：

★第二章　亞當‧斯密：捲土重來

1. 道德良善準則旨在促進他人幸福。
2. 不識上帝，亦可能分辨善惡。

如我們所見，亞當‧斯密吸收了哈奇森不少聳動的言論。哈奇森面對主流教條巍然而立，捍衛著學術自由。但不同於伽利略，哈奇森不試圖奉獻自己的教學論點給教宗，不藉此避開審查制度──而在新教徒派的蘇格蘭裡，這無論如何都不是件好事。

有趣的是，亞當‧斯密的想法通常與今日的保守政治學相關，而他的學術根源卻非常激進，當代某些保守派對他頗不以為然。話雖如此，其他人還是設法將他的資本主義理論與上帝、母親、蘋果派和民主同列聖壇。

亞當‧斯密抨擊牛津大學講師令人昏昏欲睡。他擔任教授時不願遵循這種風格，改用清楚的方式授課，也很關心學生，所以迅速獲得美名。他雖然授課、家教並舉辦非正式研討會，仍騰出時間擔任學院財務主任，後來成為了學院院長。

亞當‧斯密從未教過經濟學。事實上，他根本沒上過經濟學。當時也沒半個人上過。學術界直到十九世紀都還認為經濟學是哲學的分支。一九○三年劍橋大學才成立經濟學課綱，獨立於「道德科學」（moral sciences）之外。儘管如此，亞當‧斯密還是拼命擠出他的經濟學初始思維，加入他的法理學課程。他後來在《國富論》詳述「勞動」這個概念。以下是某位學生的筆記，指出一開始的關鍵分析：

勞動分工（division of labor）是增進大眾富庶的重要原因，而全民富饒則歸功於人民的產業，不是基於蠢蛋所想的金銀數量。

到目前為止，我們討論了亞當・斯密的教育背景及其外貌，但還沒提到他的怪癖。這是敏感話題。佛洛伊德觀察到，人總是容易吹捧自己祖先的身分地位，他稱之為「名門幻想」（family romance）。經濟學家的晚輩們可能很失望地發現，這位經濟學先祖既不如牛頓聰明，也不如哲學家伏爾泰風趣，更不像英國浪漫詩人拜倫瀟灑。事實上，人類儘管有「名門幻想」傾向，經濟史學家仍承認亞當・斯密有點大智若愚。

亞當・斯密總是心不在焉——經濟學專家早已聽膩了此類傳聞。不過以下軼事仍可讓新手學者會心一笑。

有一天，尊貴的查爾斯・湯森（Charles Townshend）來到蘇格蘭格拉斯哥（Glasgow）。亞當・斯密帶著這位貴賓參觀皮革製造廠，在他高談自由貿易的好處時，卻冷不防跌進一大池噁心的黏液中。工人把他拉出來，脫光他的衣服，給了一條毯子遮蓋——亞當・斯密大發牢騷，說他人生脫序了。

還有一次，亞當・斯密睡到一半，開始下床夢遊。他一直不停走路。大約走了十五英里之後，教堂鐘聲響起，他才從睡夢中醒來。有人目擊這位當代最出名的經濟學家一路奔回住處，身上的睡袍在微風中飄動。

哲學家亞當・斯密登場！

　　甚至早在撰寫《國富論》之前，亞當・斯密就頗有名氣。因為他在一七五九年出版了談論道德行為的《道德情操論》(The Theory of Moral Sentiments)。此書銷量不斷增加，他以「哲學家亞當・斯密」廣為人知。《道德情操論》遵循了啟蒙運動傳統。一如科學家探尋太陽系的起源，亞當・斯密探究「道德認同／不認同」之根由。

　　一個只關心自己的人，如何提出令人滿意的道德判斷？畢竟，每個人都是自我系統的核心，如同太陽是位居多顆行星的中心。太陽是否在乎小行星怎麼想？亞當・斯密拼命琢磨這種狀似矛盾的說法，他自問：假設人類天性自私，為什麼每座城鎮的自然狀態(state of nature)不是呈現邪惡？為什麼不是像政治理論家湯瑪斯・霍布斯(Thomas Hobbes)在《利維坦》(Leviathan)的敘述？霍布斯主張：直到政府出現之後，人類生活才不再「孤獨、貧窮、糟糕、野蠻、匱乏」。

　　最後，亞當・斯密編造了一個妙答。他說，人類面臨道德抉擇之時，會假想有一位「公正無私的旁觀者」為自己精心盤算並提出忠告。與其單憑自身利益行事，人們會採信假想旁觀者的建議。如此一來，人類是依同情心來做決定，而非出於自私。

　　許多評論家抨擊現代經濟學只看自私動機、只關心成本效益，而忽略人類更高尚的這一面。他們說經濟學家是道德侏儒──這適用於某些經濟學家，但不適用於亞當・斯密。他不只覺察到同情心和情操，還把整本書獻給這些情緒。再者，《道德情操論》指出不少概念，

而過了一百多年，佛洛伊德的精神分析也開發出類似概念。佛洛伊德提到「超我」(super-ego)，也就是良知會遏制人類從事某些行為，若不聽從，人類就會自覺罪惡。這樣的概念與亞當・斯密描述的旁觀建議者沒差多少。

亞當・斯密的書傳遍英國與歐洲大陸，聲望如日中天。有錢的學生家長聽聞這位蘇格蘭紳士的成就，要求子女中斷學業，轉往格拉斯哥註冊入學，有些學生甚至來自法國、瑞士、莫斯科。假設亞當・斯密活在二十世紀，到廣電的脫口秀上大力宣傳自己的書——他由於長期心不在焉，可能會表現得令人發噱，尤其可能穿睡袍上深夜電視節目。亞當・斯密當然不願自困象牙塔而滿足。在格拉斯哥，他與同一座城市內的大學和當地居民來往，會面銀行家、商人和政治人士。在政治經濟學會（Political Economy Club），他試圖理清企業家真實營運方式。正如我們所見，他學會不再信任商人動機。

法國之旅與重農學派

不久之後，連格拉斯哥這種大都會也開始讓亞當・斯密無聊。他在一七六四年辭去教授一職，受聘成為已故巴克盧公爵（Duke of Buccleuch）兒子的家庭教師。男孩的母親是達爾基斯伯爵夫人（Countess of Dalkeith），當時剛改嫁查爾斯・湯森。湯森是亞當・斯密的仰慕者，後來成為英國財政大臣被寫入史冊，因為他施加的徵稅惹毛了大西洋

★第二章　亞當‧斯密：捲土重來　　　　　　　　　　045

對岸殖民地某些人,後來引發波士頓事件。家庭教師的工作內容包括環遊歐洲、正確教養小孩、參加豪華舞會,年薪三百英鎊,開銷費用另計,外加每年三百英鎊的津貼,總額大約是亞當‧斯密以前的兩倍。他顯然已經向他那位「公正無私的旁觀建議者」諮詢過,對方同情地認同亞當‧斯密。而為了接下這份工作,亞當‧斯密被迫在學期中離開格拉斯哥,他試圖退還學費,但忠實支持他的學生拒絕了。

　　遊歐第一站,也是最無聊的一站就是法國圖盧茲(Toulouse)。亞當‧斯密不甚愉快,他回想起一天晚上,曾看過一段有關「到布魯克林住一週」的綜藝表演台詞。亞當‧斯密寧可去布魯克林一週還比較開心,至少那裡的人是說某種形式的英語,因為他不太會說法語。但他們後來不只待了一週,反而待了一年半。塞繆爾‧詹森(Samuel Johnson)曾說:「沒什麼比知道自己隔天要上斷頭台還要令人專注。」圖盧茲不是斷頭台,卻也激起亞當‧斯密的專注力,讓他提筆撰寫經濟學。某次,他在寫給大衛‧休姆的一封尋常信件上寫道:「我已開始動筆寫書,打發時間。」

　　在南法待了一陣子,他們一行人前往日內瓦(亞當‧斯密在此遇見伏爾泰),最後轉往巴黎。巴黎充斥著藝術創造力與智識的創意。亞當‧斯密很喜歡看劇場表演,也認識了大人物──包括班傑明‧富蘭克林(Benjamin Franklin),還發現一個響亮的「重農主義」(Physiocracy)經濟學派,創始人是弗朗斯瓦‧魁奈(Francois Quesnay)。魁奈曾任路易十五的宮廷御醫,自視甚高,只與名人雅士往來。重農學派提出了一些相當簡單的概念,卻使用高深莫測的語言,加上難以理解的圖

表──稱為《經濟表》（Tableau économique）。魁奈聚集起一群精於諂媚的弟子，稱他為「大師」、「父親」、「歐洲孔夫子」和「現代蘇格拉底」。重農學派大力推促啟蒙運動對於自然律的探索，但他們不相信人類能完全掌控自然；他們認為人類只有在明瞭自然律之時，才得以繁榮興旺。重農主義其實意指「自然規律」。

《經濟表》技藝高超，闡明重農學派思想。正如克勞德・貝赫納（Claude Bernard）之類的醫學博士解剖人體並用圖表標示血流，魁奈也用圖表標示經濟體裡的流動。醫生端看手腳、手臂和大腿，而魁奈把整個「國體」（body politic）看成三項自然互相依存的階級：農業勞動者、工匠與業主（地主與其他統治者）。遺憾的是，他的圖表相當曲折，實在晦澀難懂，似乎只有他自己才看得清楚。魁奈自己也承認，就連大弟子米拉波（Mirabeau）也「深陷圖表迷宮」。但米拉波仍舊阿諛奉承，讚嘆圖表是幾近文學作品的非凡之作。

重農學派積極主張兩項論點。第一，財富來自生產，而非重商主義者所想的來自金銀；第二，只有農業才可產出財富，商人、製造商與其他工作者無法產出財富。在經濟學的考試裡，他們可能只答對一半。他們認為「比起只會囤積貴金屬的國家，生產商品的國家比較富有」，這一點合情合理，但「製造業、商業和服務業不具生產力、收益很少，只會轉移財富」的主張則缺乏證據。我們不必將這個模型複雜化就可注意到：重農主義倡導農業政策，讓這個僅事生產的區塊提高生產力。例如他們敦促政府免除經貿限制，以人為方式保持農場租金的低廉，阻撓土地投資。他們還提議對地主徵稅，目的不是

★第二章　亞當・斯密：捲土重來

懲罰地主，而是因為只有地主負擔得起這筆錢，也只有地主持有「具生產力」的經濟區塊。總之，重農學派欣然信奉「私有財產」(private property)和「私人收益」(private gain)這種概念，但認為持有者須負起連帶責任。畢竟在他們的分析看來，這就是「自然」。

亞當・斯密傾聽這些法國人的言論。那些人確證了他某些想法，但他不贊同某些區塊才有收益與生產力的看法。休姆也不認同，還告訴朋友「他們活該被天打雷劈、徹底擊潰，搗碎輾壓成灰燼塵土」。亞當・斯密或許受到公正無私的良知制止，所以不想擊碎這些人，他承認：重農學派「儘管有不完美之處」，但「在政治經濟學這門科目上」，可能是「目前發表過最接近真理的論點」。不過他做了一個附帶說明，外加了某種程度的優越感：他們描述的一個「從未實現過的制度，對於世界各個方面可能不構成傷害」。如此一來，他輕輕拍了灰頭土臉的重農主義者幾下──至少他們給的信條對這世界無害。

一七六六年哀傷襲來，公爵的弟弟在巴黎病死了，於是亞當・斯密的旅程結束。他過境倫敦再回到柯拉底鎮。之後十年，亞當・斯密努力撰寫他的書，前往倫敦的文藝社團，與愛德華・吉朋（Edward Gibbon）和埃德蒙・柏克（Edmund Burke）舉杯相談，也與塞繆爾・詹森和詹姆士・包斯威爾（James Boswell）互相譏諷。儘管塞繆爾・詹森言詞辛辣尖酸，但只要亞當・斯密造訪巴黎，談話者對他依然評價甚高。

影響世界的《國富論》

一七七六年三月，亞當‧斯密寫來打發時間的《國富論》終於出版了。他的偶像休姆大力讚美此書，但也警告這本書未來才會受歡迎，但這錯了。亞當‧斯密生平第一次為這個休姆式錯誤高興。此書隨即獲得成功，第一版在六個月後銷售一空。

但這是一本好書嗎？不但是好書，也是偉大巨作。亞當‧斯密帶著傲氣，彷彿無懼招惹天神擊倒希臘英雄般，以自信眼光凝視世界，寫出九百頁的分析、預言、詳實資料及寓言故事。內容多半清楚明瞭、引人入勝，旨在讓讀者易於理解。《國富論》語帶玄機、抱持懷疑精神，而始終樂觀審視一切，以此擔任嚮導，向讀者介紹這個哲學、政治和商業的世界。當時正值工業革命爆發，亞當‧斯密自然提起每一個參與者，範圍從農夫、天主教修士、商人到託運人，娓娓道出社會動盪的意義，技巧十分高明。此外，他對任何黨派階級都無偏見，以此為基礎處理經濟政策。沒人能指控他奉承或言不由衷。雖然他終究認同資產階級（bourgeoisie）的興起，但他警告社會：不要天真屈服於資產階級的甜言蜜語。在某種程度上，一七七六年出版的《國富論》代表經濟學家宣告獨立。

亞當‧斯密這本傑作的完整標題是「探究國民財富的本質和緣由」，這句話顯示了關鍵要旨。注意看，他注重在某項特定目標：發掘可用來解說致富之方的因果法則。單就標題而言，亞當‧斯密有著啟蒙運動的傳統。他在正文部分解釋了「經濟個體」（economic actor）

的導引法則,接著提出這些行為法則對於社會的影響,藉此確證他的懷疑論點。「經濟個體」可能感覺有點技術性,但亞當·斯密僅是指人,因為每個人在某一日的某一刻都是經濟個體。正如沒有少了王子的《哈姆雷特》,如果亞當·斯密不理解人群,那他就無法建構任何經濟學。在這方面,他遵從馬基維利(Machiavelli)與霍布斯的領導——兩者都是以原貌看待人,而非以應該變成的模樣來看待人。霍布斯提及生命時,將其比喻成:「不過是肢體的運動⋯⋯心臟只不過是一種**發條**,**神經**只不過是諸多**細繩**串連,**關節**宛如許多**輪子**,讓身體活動自如⋯⋯?」(原本就如此強調)人類既不高深莫測,也非無懈可擊。

亞當·斯密發現人類天性有著重要的天生驅力(或稱傾向)。這構成了他的分析基礎,也是古典經濟學的基石。所有人都想過著更好的生活。他發現:「有種想讓自己條件更好的欲望,這種欲望通常看似風平浪靜,卻是與生俱來,根深蒂固,直到我們踏入墳墓為止。」人類從出生到離世,「罕有(或許有短暫瞬間)全然滿意自己的現狀,而總是想要變化或做任何改善」。再者,亞當·斯密指出「人類天性的某種傾向⋯⋯進行交易、易貨貿易、以物易物⋯⋯人皆如此」。

為了擴增國家財富,亞當·斯密主張社會應該利用這些天生驅力。政府不該壓抑利己主義者,因為「私利」(self-interest)是豐富的天然資源。如果依賴慈善機構和利他主義(altruism),人民會變得愚蠢,國家也會變得貧窮。他宣稱:人類幾乎總是需要他人幫助,但「期望從他人的善心得到幫助」只是徒勞,而是要「向對方展現這其實是為

了他們自己的利益，才可能佔上風」。經濟思想史上最廣受引用的一段話即是亞當・斯密所言：「我們不能靠著肉販，啤酒商或麵包師傅的善行而得到晚餐，而是源於他們對自身利益的看重。」就算再怎麼喜歡殺牛、釀酒或烘培，若無分文報酬，沒人願意整天都做這些事。亞當・斯密從未斷言這些人只受私利驅使，他的意思是：比起仁慈、利他或犧牲，私利較能持續激發動機。簡而言之：「社會不能把未來訴諸最高尚的動機，但必須盡可能運用最強的動機。」

　　但如果大家只依自己的方向往前衝，那為何沒有發生無政府狀態，社會也不像燈號故障時的十字路口那樣無序？私利發生衝突時，不是該聽聞陣陣衝撞嗎？沒有交通上的權威人士指揮，人們就無法平安通過道路。既然如此，如果沒有中央計畫機構可判定生產者與生產物，那一個社群是否能夠存活？

　　可以存活。不但能夠存活，而且比起其他有中央計畫的任何社群都繁榮。更令人訝異的是：其輸出量與社會和諧度將優於任何利他主義式經濟體系。亞當・斯密曾經研讀天文學，相信「星球天然和諧」的概念，亦即每顆星球朝各自的軌道運行。依他所見，人類可朝不同路徑移動，卻能協調一致並互助合作——這並非刻意而為。在亞當・斯密的經典陳述中，他宣稱假如所有人都尋求私利，那社會將繁榮興盛：「人……並非意圖促進公共利益，也不知自己能促進多少……人只盤算自己的獲利，在這方面，如同許多其他狀況，是由一隻『**看不見的手**』推動，昇華成一個遠超己欲的目標。」這一隻「看不見的手」變成亞當・斯密經濟學最顯而易見的象徵。

★第二章　亞當·斯密：捲土重來

　　亞當·斯密的主張說的不是幽靈。「看不見的手」僅象徵社會和諧的真正推動者，亦即「自由市場」(free market)。弗里德里希·海耶克(Friedrich Hayek)是二十世紀最活躍的自由市場擁護者之一，他曾說：如果市場系統並非自然而生，那麼它可說是人類史上最偉大的發明。由於市場競爭，促使私利之人一早醒來先環顧周遭土地，取用地球原料，生產他人想要之物，而非自己所要之物。產量並非出於己願，而是鄰人的需求數量。售價也不是自己理想中的報價，而是由鄰人衡量他產品的價值來反映價格。

這就是「自由市場」

　　讓我們用「利己的鄰居約翰」為例說明。約翰在床上睡醒，而不是跟亞當·斯密一樣在城鎮廣場醒來。有個禿鷹木雕懸吊在餐桌上方，猶如要俯衝吃掉桌上的殘羹剩飯。約翰一邊看報，一邊欣賞木雕。約翰很喜歡，他真的很愛木雕。他突然有個想法：何不雕刻更多禿鷹出售？何況從塔斯馬尼亞州進口特別處理過的木材，雕刻一隻禿鷹只需成本五十美元，他一週可以雕出一隻。他決定每隻禿鷹木雕的售價是兩百美元──這豐厚利潤會讓他發財，給他夢想的事物，譬如一輛大車、墨西哥阿卡普爾科(Acapulco)的狂歡假期。但最重要的是：他超愛雕刻。

　　他著手進行，也租了一間店面，邀請鄰居和當地藝術評論家慶

祝開幕。他們笑了，約翰卻哭了。這些人認為禿鷹木雕猙獰可怕，約翰哭得更大聲了。沒人要買木雕。最後，他的母親以四十九美元買下一隻木雕。他投降認輸，退出事業——「看不見的手」豎起拇指贊成他退出，為什麼？

比起生產鄰居想要的東西，約翰反而生產自己想要的。他並不考慮鄰人願意付出多少，而定了一個高昂的價格。在約翰的案例中，無人願意用木雕的實際成本價購買。難道他不能用超出成本的價格定價嗎？並非如此。答案不是「定價別過高」，而是「根本就別生產」！為何「看不見的手」該贊同約翰退出生意？約翰為了製作木雕消耗稀有資源。地球能給的材料就只有這麼多。假如他用去珍貴的塔斯馬尼亞木材，其他人就不能用了。如果材料無法創造出更有價值的物件，「看不見的手」就會逼人放棄。約翰用了價值五十美元的木材，雕刻成形，卻為世界帶來價值更低的禿鷹木雕。社會禁不起人類削減資源價值，進而形成浪費。取用木材製成義大利史特拉迪瓦裡（Stradivarius）小提琴或是殘障人士的枴杖，是在為這些資源增加價值，這種行為豐富了整個社會，值得「看不見的手」讚賞。而約翰，只值得被打一拳。

再回到約翰的處境。他倒了一杯茶，咒罵餐桌上方的禿鷹木雕，使勁捶了一拳。茶水溢出杯子流至桌面。他改罵自己讓茶水溢出來，弄濕他一個月前剛做好的新桌子。靈感再次乍現。他自問，何不製造桌子出售？現在他聰明多了，找到一家鋸木廠，同意以每張桌子約一百美元的成本，供應木材給他。每張桌子需要兩週完成雕刻、設計與安裝。以他先前擔任木匠的工作經驗來看，若以數字計算他的工作

時間,一週的價值是兩百美元。將工具、租金與其他附帶事項也列入考量,他計算一張桌子的總成本約為五百七十五美元。約翰到商店逛逛,看看類似的餐桌,發現他可用五百八十五美元的價格出售桌子。他不但有辦法支付週薪兩百美元給自己,同時還能賺到利潤。

「看不見的手」終於給約翰一個大大的讚。他取用稀有資源,生產的物件比原材更有價值,他並非根據自身品味,而是按照社會意向發展。

到目前為止,我們已經看到無形的手如何鼓勵與阻撓生產。然而亞當‧斯密還教我們看市場如何調節價格。切記,約翰是利己性格的人。他為何不把餐桌價格調高到五百八十五美元以上來增加利潤?他沒辦法這樣做。因為約翰調高價格的話,獲利會驟降──顧客會繞過他的店面,向其他競爭商店購買售價較低的產品。當然,所有傢俱製造商可以聚在一起哄抬售價。可是就算他們這樣做,其他利己人士看見傢俱業的利潤豐厚,也會想開店經營。新的創業者可能會訂出低於競爭對手的價格,以賺取高額價差,從壟斷聯盟(Cartel)那裡竊佔生意。

價格與利潤向創業家示意該生產何物、又該索取多少。在創業家耳裡,高價和高利潤聽起來像是緊急警報,大聲呼喚他們著手生產某類物品。低利潤或損失則會緊抓生意人領口,無情地搖晃他們的身軀,直到他們停止生產。

然而,價格與利潤並非僅是抽象之物。高利潤的真義究竟為何?這意指人人需要或想要某個產品。如果消費者認定自己喜歡CD手提

音響勝於錄放音機，手提音響的需求就會增加，生產者也能索價更高。但錄放音機製造商將減少錄放音機生產，轉而生產更多手提音響，以此回應這項警訊──工人轉移到另一個工廠，價格於是回穩。過去十年來，個人電腦和DVD播放機的價格下降，不僅因為成本降低，也因為有更多高科技製造商為謀求利潤而加入競爭。長期而言，沒有任何產業理應賺取暴利。自由市場勸服自私自利的約翰滿足陌生人需求。不須呼叫中央計畫者，也不需強制監工。

勞動分工：增加財富的妙方

亞當·斯密兌現承諾，顯示了「看不見的手」如何調節產量、價格和利潤。但這位爽朗的蘇格蘭紳士也承諾，將會教我們如何增進國家財富。如果他無法回答這個問題，他的聲望不會超過重農主義者。幸運的是，亞當·斯密以工整的四字「勞動分工」解答，並再度獲勝。他憑著經驗與邏輯來主張自身例證。他生動地描述一家扣針工廠的經驗，再次成為經濟思想最出名的段落之一。馬克·吐溫曾說：「大家都有經典名著，但多數人懶得去讀。」甚至更可悲的是，經典名著通常會變成枯燥的陳腔濫調，而我們只能懷念其乍現之時的影響力和戲劇性。在工廠普及之前，世界上多數的產品僅由一個三、四人的小組來製作。試想，當這一段出現時大家有多麼震撼：

★第二章　亞當·斯密：捲土重來

一個勞動者⋯⋯如果對於扣針這項職業⋯⋯沒受過相當訓練⋯⋯那麼縱使竭力工作，一天可能也做不出一枚扣針，二十枚自然更無可能。但按照現在的經營模式，不只這種作業全都變成專門職業，而且還分為許多部門，其中多數也同樣變成專門職業。第一個人抽鐵線，第二個人拉直，第三個人切截，第四個人削尖線的一端，第五個人磨另一端，以便裝上圓頭。要做圓頭，就需要有兩到三種不同的操作。裝圓頭，塗白色，乃至包裝，都是專門職業。如此一來，扣針的製造分為十八向不同的操作。有些工廠找了十八個工人來專職這十八種操作。我見過一個這類小工廠，只僱用了十個工人，因此在這一個扣針工廠中⋯⋯這十個工人每日可以產出四萬八千枚，即一人一日四千八百枚。如果他們各自獨立工作，不專習一種專門職業，那他們不論是誰，絕對不可能一日製造二十枚針，說不定一天連一枚針也製造不出來。

只要藉由分工且專習某一項業務，一天的產量居然能暴增四千倍！亞當·斯密對此會如何解釋？是否會另外引用「無形的腳」？或其實有個公正無私的鬼魂，在我們熟睡之時運作一切？持平而論，亞當·斯密從未承諾每一種狀況都能躍升四千倍，但他的確表示，有三種勞動分工方式能提升產量：首先，每個工人發展更多技能，嫻熟自己的特定工作。其次，工人花更少時間轉換工作任務——這很合理，尤其是轉換會強迫工作者換穿制服、變更工具或地點。最後，學有專精的工人更可能發明器械，輔助進行他們每日專注的特定工作。亞

當·斯密相信,比起工程師,工人更常推動發明:

> 今日用於分工最細密的各種製造業上的機械,大部分原是一般工人的發明。他們從事最單純的操作,當然會發明比較簡易的操作方法。不論是誰,只要參觀製造廠,一定會看到一些非常像樣的機械,而這都是工人的發明。

注意:亞當·斯密一開始讚許勞動分工強化生產力,最後卻頌揚勞動分工有益技術發展。

從一九七〇年代中期到八〇年代晚期,正值日本股市泡沫萌生之際,商業顧問、經濟學家與商業作家研究日本工廠,探尋日本成功的祕密。日本顯然在某些方面較少分工,也較不像亞當·斯密的方式,他們運用「工作圈」而非「生產線」。日本企業家聲稱:比起美國同業,他們的工人發明更多事物,也更創新。日式做法受到大力吹捧,興起一陣陣仿效風潮,也伴隨著不少寓言。有個故事寫到,日本、法國和美國的公司主管被判處了死刑。劊子手行刑前,讓這三人提出最後要求。法國人如此希望:「我想要一瓶卡本內—蘇維濃葡萄酒,一份有蝸牛、雉雞和焦糖布丁的大餐。」日本人回答:「我想演說日式企業管理的優點。」最後,美國人說:「在日式企業管理演說之前,拜託先殺了我吧!」

亞當·斯密主張:為了激發效率,應以任務將工作內容分工。但他也警告:由於任務不同,勞動分工會造成薪資的分歧。亞當·斯

密的薪酬費率假說（亦稱工資差別理論）非常複雜，無法簡化而有條理地進行探討。但他確實給了讓經濟理論家信服的論據，解釋為何某一群人的薪資比其他人高：

1. 工作涉及惡劣環境，所以極少有人願意接受，除非補貼薪資——即補償差異（compensating differential）。比起巷口簡餐店的洗碗女工，帝國大廈頂樓的洗窗工薪水更高。當然，洗窗工也能看到更棒的視野。
2. 某些工作需要特殊訓練。法庭速記員賺得比法警更多。
3. 不規律或有危險性的工作賺比較多錢。建築工比其他受過類似訓練的體力勞動者有更高時薪，因為他們礙於天候狀況，有時無法如常出勤。
4. 如果需要較高的信任度，薪資也會提高。外行人無法評估鑽石價值，因此很多人選擇蒂芙尼（Tiffany's）之類的精品店會更自在，而不是折扣商店。精品店雖然昂貴卻值得信賴。
5. 如果事成的可能性很低，成功的報酬也很豐厚。民事訴訟律師通常接的是偶發事故，只有打贏官司才有錢賺。打贏官司的話，就能比速記員賺更多錢。亞當·斯密不認為經濟個體全都展現完美的合理性。他猜想高風險的專業人士高估了成功機會，所以到頭來賺的比預期還低。

城鎮與國家之間的「勞動分工」

　　當然，亞當・斯密從未承諾單靠勞動分工就能帶來國家財富。製造商、供應商、小鎮與城市之間的自由貿易也是必要。若貿易由於限制措施或運費高昂而無法進行，那麼製造一萬支扣針又有何用處？製造商或許製作了二十個扣針，或根本沒做。再者，勞動分工可能發生在城鎮之間，不僅限於廠工之間。特定的城鎮能專門化，就像是個人專習某種技能。美國波夕市（Boise）生產小麥，而波士頓（Boston）生產電腦。重點在於：市場若擴張，國家的財富也會隨之增長。意思就是，要讓更多區域連接貿易網路。

　　來看看一七五〇年的美國。美國巴爾的摩（Baltimore）到波士頓的幾條東岸貿易路線，用來運送貨物相當方便。但賓州西部的殖民地則需自力謀生。殖民地要能自給自足，類似一個必須自行剪裁、彎折、繫綁和運送的扣針工人。在美國，隨著水陸運輸開發，配送成本縮減，愈來愈多城鎮進入共同市場，全面振興單一社區與國家財富。事實上，海運業建造了更安全的船隻並開發更好的導航技術，大西洋的航運費用於是壓低，讓十八世紀的英國與殖民地非常活躍。就連擊退海盜也可歸功於國家財富。

　　愛默生的《自立》（self-reliance）能反映出這種美式精神，但美國財力豐厚的原因不僅如此。

　　亞當・斯密呼籲自由貿易，他同時也堅持：只要從其他國家購入某物的成本低於自行生產該物的成本，英國即可從貿易中獲益。英

★第二章　亞當・斯密：捲土重來

國人或許不像法國人，但假設一瓶法國白酒的成本是一英鎊，而英國同等之物的成本是兩英鎊，那英國自行產酒就太蠢了。法國在酒類方面擁有「絕對優勢」(Absolute Advantage)。當然，如果法國酒類成本像英國酒類一樣貴兩倍，那麼英國向法國買酒就是愚蠢行為。亞當・斯密的觀點立意良善，他解釋英國為何該用低於法國的成本，耗用珍貴資源以生產羊毛，而不是用較高成本去生產葡萄。依他所見，國家只該進口他國有絕對優勢的產品。（要謹記亞當・斯密的主張，因為大衛・李嘉圖對這一觀點進行了改革，顯現出他的才華。改革後他幾乎勸服所有的經濟學家——他認為貿易最能讓國家增富，即使本國的生產成本最低。）

亞當・斯密以他的大衣為例，他引述那些位在不同地區的各類勞工，這些人的能力聚集，使他得以保暖。包括牧羊人、羊毛工、梳毛者、染工、紡紗工、織工、商人、船員（合理推測：他的大衣可能是進口貨！）最讓人訝異的是，勞工們不須彼此相識，也不用認識亞當・斯密，更不了解他為何想要大衣。他們只要知道：牧羊或染整的工資夠高，值得他們付出勞力賺取——也就是說，有人願意付錢請他們製出成品。海耶克在某一篇重要文章裡，進一步說明亞當・斯密的主張，他指出：資訊的分散是社會的最大障礙之一。沒有任何中央計畫師有辦法聚集所需的一切資訊，來判定社會是否該為亞當・斯密生產大衣。而且，即使這個計畫師擁有全部資訊，也可能有所變化。不過，市場價格系統會將所有必要資訊告知個人。海耶克以馬口鐵為例進行說明：

假設在世界某處，發生了馬口鐵大量需求的新機會，或馬口鐵的其中一個供應來源不見了。這兩個原因讓馬口鐵更稀有，但關鍵不在於我們的用途（而這個無關性極為重要）。所有使用馬口鐵的人都要知道：他們消耗馬口鐵，用在其他地方的話可能獲利更大，因此他們必須節約使用。其中多數人甚至不需要知道哪裡有了更迫切的需求……要是有些人直接發現新需求，將資源轉換於此，接著有些人又察覺了隨之產生的新差距，而從其他資源填補，則作用力將迅速散布整個經濟系統。這不僅影響所有的馬口鐵用途，也將影響其替代物，以及替代物的替代物之用途，影響全部馬口鐵製品及其替代物的供應量，而所有的這一切，都是讓促成上述替換的大多數人不必知道這些變化的根本原因。

哲學家阿爾弗雷德・懷特黑德（Alfred North Whitehead）一段吸引人的名言彰顯了這一點：「三思而後行──所有的教科書與名人在演講時都會重複的這句話，是一個大錯特錯的自明之理。事實正好相反。文明的進步正是透過這種大量不經思慮的重要行動來實現的。」透過我們不太理解的符號和信號，我們利用他人的知識。

海耶克還用他的「無知」論點，攻擊完全以利他主義為經濟學基礎的烏托邦式希望。全世界最了解自身所需的專家就是個人。沒人比我們更了解自己；達成所求時，也沒人比我們更能判定替代選擇的作用。所以人人理應顧好自身利益。所有人如果都為了「公共利益」，

那了解他人都必須像了解自己一樣。道德高尚的吉兒如果想關愛素未謀面的傑克，她如何了解對方需要，同時又了解對方如何評價自身需要？假設吉兒和傑克都是利他主義者，而吉兒正想賣房子。由於她關愛傑克，她只想用十萬美元的價格把房子賣給傑克。傑克也關愛吉兒，所以不敢付這麼少。他願意花二十萬美元，但她拒絕了，只收十一萬。她回絕他的好意，他於是覺得受辱，結果堅持付二十一萬。接下來沒完沒了，這正是海耶克要表達的：沒有出現市場信號，社會將失去稀有資源分配能力，因為無人承認自己如何評定這間房子。正如亞當‧斯密所言：「人類藉著追求自身利益，可以比有心造福社會者更有效地促進社會利益。我從沒聽說過，滿心掛念公眾福祉而經營貿易的人，真正做了多少好事。」

　　海耶克的邏輯受到恩師路德維希‧米塞斯（Ludwig von Mises）的影響。米塞斯在一九二〇年反對社會主義，理由是：組織一個有效率的經濟體所需的全部計算，沒有任何政府可以執行。米塞斯是奧地利經濟學派的領袖，採行自由放任觀點，且對數學模型抱持懷疑態度，因為他相信經濟事實不證自明，並反對以真實數據為基礎的模型。他的觀點直到最近才受到歡迎。現今，新奧地利學派努力拓展他的經濟學，以及他的維也納恩師門格爾與巴維克（Eugen von Böhm-Bawerk）的思想。

　　米爾頓‧傅利曼遵循亞當‧斯密／海耶克的傳統。如果你拿起傅利曼的《自由選擇》（Free to Choose），會看到封面有他的相片。他手上拿著一支鉛筆，這不是象徵他努力寫作，而是象徵亞當‧斯密經濟學。傅利曼主張：一支鉛筆無法由一個人獨力製成，就連諾貝爾獎得

主也做不到。石墨來自斯里蘭卡，橡皮擦是由印尼菜籽油和二氯化二硫製成，木頭來自俄勒岡州，然後在賓州的威克斯巴勒（Wilkes-Barre）組裝而成——這支值十分美元的鉛筆是國際市場的產物。

平民百姓有福了

雖然亞當·斯密不斷頌揚自由貿易與商人崛起，但他並非資產階級花錢找來的殺手。《國富論》對商人充滿批判，內容也非給富人看的簡報。他之所以大力頌揚自由貿易和勞動分工，是因為他確信這些對平民百姓的幫助，遠超過對於王室的幫助：

> 若無成千上萬人的互助合作，一個文明國家裡的微小個體也無法取得供給……的確，比起奢華的大戶，他的住所無疑非常簡單樸素。此話或許為真，但歐洲王子宅第不一定比自耕農房舍舒適，而非洲國王統領萬名赤身土著，其寓所可能也不如自耕農的房舍。

如同追隨者，亞當·斯密樂觀地提議：在市場制度之下，就連窮人和政治弱勢也能有榮景；相反地，在中央主導的體系之下，經濟地位取決於政治力量，只有國王和地主的親友會發財。傅利曼在他的《資本主義與自由》(Capitalism and Freedom)中再次拓展亞當·斯密的觀點，他主張市場制度能有效減少種族歧視或民族歧視，因為消費者會向價

格最好的人購物，而不是向會祈禱、或特定膚色的人購物。另一方面，他指出：在社會主義制度之下，弱勢團體成員必須取得中央計畫者的政治恩惠，以求發展。

傅利曼的想法仍飽受爭議，批評者提出許多反例，暗示少數族裔工作者只有在「領導力」和「個性」等軟性變項有較高分數時，公司主管才會予以提拔。再者，批評者認為經濟力量可透過競選獻金轉譯為政治力量，讓經濟底層沒有政治發聲的餘地。傅利曼接受後者，但也提出反擊，他主張規模較小的政府可避免干預多數的經濟事件。辯論越演越烈，文獻不斷擴增。

雖然亞當・斯密相信自己已透露了致富祕訣，但他並未被驅使建立一套沒有破綻的教義問答集。他爽快地承認「勞動分工」有缺陷，並再一次證明自己對成本與效益之外的東西也很敏感。尋思一下，道德哲學是他的初戀。他堅信身體狀況對人類心智有所影響，擔憂生產線可能剝奪工人的才智與精神：「一個工人耗費終生去執行幾個簡單動作，而或許影響層面一成不變……他沒有場合發揮理解力，也沒辦法動腦發明，不能找出權宜之計來解決困難……所以他自然而然喪失動腦習慣，變得非常愚笨無知，而這很可能是人類的寫照。」在亞當・斯密某些家長式的溫情時刻裡，他建議用公共教育補救公眾愚鈍，因為工人受過教育的話比較可能發明創造，幹體力活時還能鍛鍊心智。他認為：「只需些許花費，就能輔導且鼓勵大眾接受最基本的教育，甚至幾乎能施行於全人類。」

就這一點，讓我們簡要說明《國富論》。亞當・斯密認為勞動力

是經濟成長的主要引擎，在下列時候會加速：①勞動力供給增加。②勞動力細分。③透過新機器提高勞動力品質。只要「新發明的點子」與「有利可圖的投資」持續從人類的想像力中湧現，且自由交易得以進行，那經濟就會持續成長。最重要的是，一般大眾可享有較高的生活水準。諾貝爾經濟學獎得主保羅・薩繆爾森（Paul Samuelson）頗具份量，他跟傅利曼抱持不同意見，還利用現代數學重新檢驗亞當・斯密的成長理論，他發現：「如果發明不斷反覆出現……獲利率和實際工資平均高於他們的生活水準。」薩繆爾森宣稱：「經過現代的回頭分析，我們很愉快地發現，亞當・斯密以出色成績過關。」

政策與實踐

亞當・斯密並非象牙塔理論家。他想要世界遵循他的訓誡，渴望接觸政治人士和權力掮客。英國首相威廉・彼得（William Pitt）採納他的忠告，外相查爾斯・福斯（Charles Fox）也引用他的話，讓他欣喜若狂。他不在意福斯沒有讀過他的著作，而只是引用其中段落。

杜魯門總統曾經很想要一位「獨臂」經濟學家。為什麼？因為他太厭煩經濟學家常說：「我們可以在某一方面（on the one hand）這樣做……但在另一方面（on the other hand）或許可以這樣做……。」亞當・斯密有兩隻手，但他很有自信地用手指著最佳政策，供政治組織遵循。他告誡立法人員：特殊利益將嚴重擠壓國富增長措施。在全世

界的國會和議會裡,他的告誡仍應聲聲迴盪。亞當‧斯密提倡「自由市場」經濟途徑,但他不像伏爾泰筆下的《老實人》(Dr. Pangloss)那種天真樂觀。儘管事實如此明顯,但老實人活在一個「千萬種世界中最美好的地方,結局永遠美好」。另一方面,他也不像美國作家薩菲爾(William Safire)說的那樣——借用美國前副總統阿格紐(Spiro Agnew)之口——是一個「喋喋不休的否定論富翁」。他並非如此,反而認清障礙,並展現避開障礙的方法。讓我們看看幾個政策問題:

國內貿易限制:回想一下前述的競爭市場體系——某種產業進入這個體系時會迫使價格與利潤降低,直到價格等於生產成本加上正常的投資報酬。不過亞當‧斯密有時候也看到,商人顯然賺取太多利潤。他的模型為何不管用?亞當‧斯密描述了兩種不同的模型來解釋超額利潤。

在第一個情境裡,創業家之所以無法進入暴利產業,僅僅是因為天然資源的限制。舉個例子,假如只有西班牙赫雷斯(Jerez)附近可以栽種合適的雪利酒葡萄。那就算英國皇室自願用皇家的大腳踩碎葡萄,還是沒辦法讓英國當地創業家在白金漢宮附近栽種雪利酒的葡萄。所以赫雷斯的地主可享有高額獲利。當然,創業家也可試著說服大眾改喝波爾多葡萄酒,已消除這種暴利。

亞當‧斯密舉的第二個情境較為惡性。如果一小群商人訂定條約維持高價,不正常的利潤可能持續下去。他寫道:「同業人士不太常聚在一起,就連一起喝酒也不太可能,不過他們最後密談的是對抗

大眾的方法,或者改變用途來提高價格。」依亞當‧斯密之見,通常商人之間的惡魔條約本身不夠強勁。所以商人會誘使政府進行惡魔之事。密謀通常不會妨礙進入市場,除非政府支持這種壟斷聯盟。他砲火朝向許多相互矛盾的限制——這些限制為了某些可識別團體的利益,侷限了貿易和勞動分工。學徒制法律和同業公會尤其哽住了競爭。亞當‧斯密描述了一種昏庸的結果:馬車製造商無法為自己的馬車合法製造輪子,但車輪製造商卻能生產車身架,然後不小心放在自己製造的四顆輪子上!如果車輪製造商能透過法律禁止競爭,就能索取高價。亞當‧斯密除了貶斥《徒弟法規》(Statute of Apprenticeship)之外,還有英國《濟貧法》(English Poor Law)。為了得到救濟金,公民必須符合居住規定,也就是說,如果各類型的勞工需求發生變化,那他們就不能隨之在產業或城鎮間流動。亞當‧斯密嚴斥政府准予的壟斷,這些壟斷「會讓市場持續供應不足,也絕不補足有效需求,以遠遠超過自然價格的高價出售商品,然後提高他們的⋯⋯工資或利潤」。

而在大西洋的另一邊,是如何處理亞當‧斯密對於密謀的恐懼?自從老羅斯福的「解散托拉斯」以來,美國較關注的是「市場獨佔」(monopoly)與「寡頭壟斷」(oligopoly),較不擔心學徒制法規,因為徒弟法規在美國不如歐洲普遍。美國經濟學家與政治人物害怕:大企業可以保護自己免於競爭,從而迅速獲得高額利潤。所以多年來,美國政府把數千家企業拖入法庭,依照《休曼反壟斷法案》(Sherman Antitrust Act)和《克萊頓法》(Clayton Act),控告他們操縱價格、遏制競爭,這些企業聘請律師大聲喊冤。另外,美國司法部也時常試圖阻擋企業併

購。整個一九七〇年代,許多經濟學家和法律教授以前在芝加哥大學是師承傅利曼、喬治・斯蒂格勒(George Stigler)和理查・波斯納(Richard Posner),這些人紛紛主張:雖然操縱價格實乃邪惡,但透過併購「變大」卻可能不壞,因為「變大」不一定妨礙進入,事實上或許能促進效率。

再者,許多當代學者堅持:老舊過時的反托拉斯人士看待市場的角度太過狹隘。現代競爭包括國外企業,不只是國內企業而已。舉例為證,他們會搬出一九八〇年代通用汽車的失敗對比現代汽車的勝利——後者是一家韓國汽車製造商,登陸美國幾個月內,於底特律一路暴衝,在通用汽車的資產負債表留下剎車痕。而在個人電腦市場,從車庫起家的投資者成立了公司,以水果名稱命名,挑戰IBM和漢威聯合國際公司(Honeywell)這些龐然大物。諷刺的是,蘋果電腦起初在英國只是不起眼的美國進口貨,後來成長為強大的領導者,讓更寒酸的後起之秀群起效尤,譬如杏果電腦公司(Apricot Computer)。

在史丹佛一場著名的畢業典禮演講裡,賈伯斯回憶起他大學中輟一路挑戰IBM的日子:「我沒有宿舍,所以睡在朋友房間的地板上。我退還可樂瓶,用換回的五分錢來買食物,而每週日晚上,我會走七英里穿過城鎮,就為了在國際奎師那知覺協會(Hare Krishna temple)一週吃一次像樣的飯菜。我超愛!而我跟隨好奇心與直覺力,涉足大部分的事情,後來都證明是寶貴經驗。」三十多年來,美國司法部不斷找IBM的麻煩,但卻是由賈伯斯這種中輟生創造出更強烈的競爭,而不是刻版拘謹的反托拉斯律師。

在芝加哥學派（Chicago School）經濟學家的影響之下，雷根與布希政府對企業合併的阻擋比前人少，因此招致不少批評。相對地，政府打擊物價操縱。芝加哥學派的批評者聲稱：物價操縱只是「變大」後的症狀，而雷根政府允許的企業併購將很快引起壟斷聯盟。

但幾乎沒有壟斷聯盟出現，事實上，世界經濟仍競爭激烈一如既往。當然有遺留幾個弱點。近年來，最有名的反托拉斯案件是司法部對微軟提出的訴訟。政府的反托拉斯監管者主張：微軟獨佔電腦作業系統，阻礙競爭者將產品送至消費者面前。許多新聞記者把微軟創辦人比爾·蓋茲比擬為約翰·洛克菲勒（John D. Rockefeller），暗指他獨佔電腦系統，所作所為如同標準石油公司（Standard Oil）在石油領域將市場逼入困境。羅伯特·伯克（Robert Bork）是芝加哥學派其中一位主要思想家，曾任法官和耶魯大學教授，他發布簡短聲明抨擊這項獨佔，讓微軟的對手們高興不已。世界首富蓋茲被拍到在證人席上坐立難安。微軟後來與司法部達成和解，但讓對手們遺憾的是，該和解並未讓它把自己的程式碼開腸剖肚，也沒讓它綁定新程式到Windows視窗作業系統。事實上，這項和解只不過表示微軟有義務稍微與他人「分享」介面。更常發生的狀況是：在律師於法庭爭執不休之際，新科技出現，法院決議顯得過時又浪費時間。

不過，最大的諷刺顯而易見。就二十世紀絕大多數情勢而言，諸如瓊安·羅賓森（Joan Robinson）、愛德華·張伯倫（Edward Chamberlin）和約翰·高伯瑞（John Kenneth Galbraith）等諸多顯赫的經濟學家宣稱：這麼多年過去，企業越變越大，亞當·斯密那種簡單的完美競爭世界已

逐漸式微。但許多現代經濟學家堅持：由於國際競爭，亞當・斯密的願景日漸耀眼，愈來愈成顯學！

國際貿易限制：亞當・斯密寫道：「對於一個小家庭而言是精明之事，對於一個大國而言很少是荒唐之舉。」他已證實絕對優勢理論，嚴厲批評商人遊說政府——這些人希望受到保護，以免受到國外生產者傷害，而政府居然屈服。政府透過關稅、限額強迫消費者資助商人，因為消費者付出了不必要的高價。沒有外國商品競爭，國內商人提高售價和利潤。這股力量打擊自由貿易，看起來「像一支太過龐大的軍隊，不但可能脅迫政府，而且還可能脅迫立法機關」。反對自由貿易的官員出盡鋒頭，受到阿諛奉承，而為公共利益戰鬥的人卻慘遭辱罵，個個聲名狼藉，亞當・斯密對此深感痛惜。

當代類似論調不計其數，李嘉圖改進亞當・斯密的理論，這點我們稍後再深入討論。誠然，即使我們接受亞當・斯密的基本理論，他是否容許自由貿易有任何例外？是，但不多。他經過思慮，不採信「幼稚產業保護理論」（infant industry argument），因為該理論要求在產業發展初期，要有「臨時關稅」。稍後幾年，美國前財政部長亞歷山大・漢密爾頓（Alexander Hamilton）欣然接受「幼稚產業保護理論」，而兩百年後，日本以此培育新生的半導體產業。亞當・斯密懷疑：一旦產業成熟，政府是否還可以有決心移除這些補貼。有著成人胃口的產業，卻裝得像嬰兒一樣哭鬧。或者，在這項理論的新版本裡，產業將氣喘吁吁，像老邁的公民一樣淌著口水，要求受到幫助而免於競爭。如美

國鋼鐵工業即以這兩種理由，大聲嚷嚷要求保護，一開始像個老糊塗，後來又像一個再次出生的嬰兒。但如果政府保護鋼鐵業，可能會帶來極大壞處，不僅抬高一切事物的價錢，包括洗碗機到傾卸車，也損害了美國機械出口。

二〇〇二年，布希總統關閉了國外鋼鐵出口商面前的大門，輕打了幾記耳光。他針對美國鋼鐵的進口量，將關稅從八％提高到三〇％。美國汽車業和電器製造商很快就覺得自己能張牙舞爪，因為美國鋼鐵價格飛漲了三〇％到五〇％，遠超過日本和歐洲的平均價格。憤憤不平的人暗指：布希制定這種關稅，是要收買諸如俄亥俄州、西維吉尼亞州、賓州這些搖擺州的鋼鐵工人選票。世界貿易組織（WTO）二〇〇三年裁定這項關稅不合法，布希收回關稅法作廢了，卻已經傷害美國鋼鐵製造商的消費者，而歐洲人也受到鼓動，威脅針對佛州的柳橙。

亞當・斯密鮮少贊同「以關稅為報復手段來對抗他國的保護主義」，因為報復性關稅只抹煞世界上更多潛在財富。當然，報復行動若成功到能讓始作俑者們收手，反而也是一樁好事。但我們如何事先知道，報復性的關稅是否會造成另一波關稅報復？一九三〇年代，許多國家豎立高關稅門檻，部分原因是要報復他國，這無疑加劇了經濟大蕭條。亞當・斯密曾挖苦：「要判斷報復能否產生效果，與其具備立法家的知識，不如具備所謂政治家或政客的技巧⋯⋯狡猾的動物就是再說他們。」雖然美國明顯保護某些產業，政治人士和經濟學家時常提及日本，當作明目張膽違反自由貿易的例子。

★第二章　亞當・斯密：捲土重來

　　有兩種報復技巧值得一提。由於日本據稱有高深莫測的保護法規，哈佛經濟學家亨利・羅梭夫斯基（Henry Rosovsky）幽默地建議，日本人可借道愛達荷州的波夕市進口物品到美國，而羅梭夫斯基會事先買通海關人員，把通關時間改為「以R結尾」的月份，每週一早上九點至下午五點。[1]另一種技巧的案例中，前德州州長康納利（John Connally）一九八〇年角逐共和黨總統提名，他斷言需要更強力的措施。他粗俗地建議封鎖日本進口到美國，並叫他們「在橫濱碼頭，待在豐田車裡聽索尼音響」。結果花費數百萬美元競選的康納利，在美國的得票數卻差不多是橫濱市人口數。

　　只有在偶爾某些時候，亞當・斯密的自由貿易邏輯思維才會屈服於保護主義者的請求。比方說，他容許關稅抵消國內產品的內地稅。他也承認，維護英國安全須有健全的造船業，所以基於國防理由可呈遞關稅訴求。儘管如此，他仍舊主張此類保護有礙「增長豐饒富庶」。

　　如果政府不該保護自己的產業、規範勞動力或施惠給商人，那政府該做什麼？要到何時，亞當・斯密才會解開政府這雙「看得見的手」的鐐銬？他清楚定義了政府的正確角色：①提供國防。②透過法院體系，掌管司法制度。③維護公共機構和資源，例如道路、運河、橋樑與教育機構，並且維護國家主權尊嚴。

1　日本人一般較難發出「r」音。

捲土重來，強勢回歸

　　一九八〇年，打著亞當・斯密領結的人堅信：國家政府限制要少、社福計畫要少、政府的物價管制要少，聯邦干預與援助地方政府事務也要少——因為自由市場可提供公民絕大多數生活所需。雷根在一九八一年執掌政權，據說他的主要經濟顧問開玩笑說：「別只是呆在那裡，快來放鬆管制吧！」一九七八年卡特政府已有《航空解除管制法》(Airline Deregulation Act)，放鬆管制的趨勢自此開始。不過加速腳步的雷根，讓天然氣、石油和航運價格步入「無形之手」的方向，同時也揚棄卡特總統的薪資規範。

　　儘管雷根初期大獲全勝，但當強大的海事、貨運和營造利益開始與政府抗衡時，放鬆管制的努力動搖了。一九八三年，政府解散了「放鬆管制工作小組」(Task Force on Regulatory Relief)，該小組的主席是時任副總統的布希。雷根第一次總統任期之後，這批解除管制大軍發現：比起在華府鬆管，解放莫斯科更棒。舉例來說，有線電視業發現國會對他們進行監管，然後又再次放鬆管制，這取決於投票人對自家有線電視的憤怒程度。不過銀行業成功爭取到與證券公司合作的新自由，而聯邦政府在民營公司推出革命性的網際網路時，基本上只是袖手旁觀。政府將如此眾多的行業置於殘酷無情的競爭之下，迫使美國企業變得精實堅韌——這些特徵讓他們能夠站穩全球市場。在一九九〇年代期間，歐洲與日本還沒準備好面對如此令人驚懼的競爭對手，美國公司於是贏得全球市佔率。

★第二章　亞當‧斯密：捲土重來

　　反對放鬆管制的人經常指出：瑞典、加拿大這些國家，都比美國還要嚴加控管，但其家庭收入與美國差不多，看起來也一樣快樂。他們因此主張「政府管制不會妨礙經濟成長」。我的「布希霍茲式評論」回答了這一點：一個像美國這種相當未加監管的經濟體，會比他國產出更有銷路的創新物。結果，就連高度監管的國家也能從極度競爭的美國市場中獲益。舉例而言，網際網路在美國蓬勃發展，但現在全世界消費者都能登入網路。遠在西藏的學生使用先進的微處理器，開發商是來自加州聖塔克拉拉縣的英特爾公司。如果美國公司像西藏公司一樣受到緊繃約束，或許就不會有網際網路或更快速的微處理器。所以，假如只比較國家之間的經濟水準，即會忽視「溢出效應」（spill-over effect）——點子與科技潑濺而出，跨越邊界，通常從最自由的經濟體發出。

　　安迪‧沃荷（Andy Warhol）說過：「在未來，人人都可成名十五分鐘。」亞當‧斯密已經成名超過兩世紀，我們要如何記住他？在西方文明最具革命性的時代，各處喧嚷著社會反叛、智識劇變，同時經濟成長迅速激增，不少人相當困惑，而亞當‧斯密讓世界井然有序——市場與經濟學並不是他發明，但他教導世界學習市場和經濟。《國富論》將近七十五年來，提供了經濟學家大部分的知識。

　　《國富論》出版兩百年後，亞當‧斯密的點子重新流行，倍受讚揚。但亞當‧斯密後來怎麼了？他從此過著幸福快樂的生活——這是真的，但也有點諷刺。這是真的，他與當時的名人往來，看著自己的書被翻譯成歐洲各國語言，在英國和歐陸得到美名，而政府官員皆專

心記下他的每句話。諷刺的是,在他一七九○年過世前的十三年間,他為政府工作,擔任陛下的關稅專員。他對政府變得寬容,從而幫助國家增加財富!

第三章

托馬斯・馬爾薩斯：
預言末日與人口爆炸的先知

「人類的歷史，不過是菁英階級的歷史。」
——馬爾薩斯

很久很久以前，回到一九〇八年的國聯冠軍賽決賽，芝加哥小熊隊（Cubs）對上紐約巨人隊（Giants）。第九局下半發生了一支戲劇性的打擊，巨人隊年輕有為的一壘手卻不知為何沒有觸碰到二壘，這引發了爭議，必須進入延長賽。小熊隊在隨後的一場季後賽贏得冠軍。

這名年輕人叫作佛瑞德・馬克萊（Fred Merkle），從那時到他過世為止，他飽受「笨蛋馬克萊」的稱號所苦。雖然他後來達成不少英勇的佳績，但仍無法擺脫這個稱號。

現今，幾乎人盡皆知西格蒙德・佛洛伊德，以及佛洛伊德式錯誤（Freudian Slip）和性象徵。受過教育的人說自己不知道佛洛伊德，可就太虛偽了。

托馬斯・馬爾薩斯沒打過棒球，也沒看過精神分析學家，但他出名程度有如佛洛伊德，臭名則不遜於「笨蛋馬克萊」。英國詩人拜倫可能比他還需要去找精神分析學家吧？拜倫居然寫到他，孩童們唱著押韻的詩句嘲笑。他過世後數十年，遭到馬克思惡毒的抨擊。他過世後一個世紀才受凱因斯吹捧，凱因斯預測：馬爾薩斯的兩百周年忌日，「我們理應緬懷他，依然不減對他的器重」。不過這是要比什麼不減？

就連浪漫詩人柯勒律治（Coleridge）也惋惜：「看到這個強大國家、統治者和智者都在聽……馬爾薩斯的話！可悲！真是可悲！」馬爾薩斯到底犯下什麼歹毒罪行？

一七九八年，眾人懷抱烏托邦式信念看向將至的十九世紀，而馬爾薩斯剝奪了眾人的浪漫幻夢。他預言：人口爆炸使未來不再普世

★第三章　托馬斯・馬爾薩斯：預言末日與人口爆炸的先知

歡騰，而是社會分裂敗壞。他因此被報紙社論公審判定有罪。在新世紀來臨前夕，馬爾薩斯真是個超級「白目」，或至少他的理論是如此。

一七六六年二月十三日，他出生於魯克利（Rookery）——他古怪的父親丹尼爾・馬爾薩斯（Daniel Malthus）任職之處。他出生才三星期，就認識了兩位童話般的仙女教母：大衛・休姆以及尚—雅克・盧梭（Jean-Jacques Rousseau），都是他父親十分景仰的人物。在童年時期，大家叫他「羅伯特」。他從小就極其聰穎過人，年幼時在家接受教育。長大後變得英俊高大，在一七八四年進入劍橋大學耶穌學院學習當神職人員，並研讀數學和哲學。如同亞當・斯密，馬爾薩斯非常欽佩牛頓，詳讀其著作《自然哲學的數學原理》（*Philosophias Naturalis Principia Mathematica*）。馬爾薩斯有著強烈的學術興趣並渴望擔任神職，而他風趣詼諧，隨時準備做出消遣別人的滑稽表情或聲音，在劍橋頗受歡迎。他一頭細捲式淺色頭髮，一路長到脖子，而當時流行綁辮子。他可算是新潮流的開創者，因為十年之後，幾乎所有大學生都燙成細細捲髮。更讓人驚訝的是，大多數學生把頭髮塗白，馬爾薩斯有時卻塗成粉色。真是個前衛龐克的人啊！

他一七八八年畢業之前受到耶穌學院的院長提醒：他唇顎裂導致的口說能力缺陷，將會影響往後在教會內的升遷機會。儘管如此，他仍舊在劍橋的希臘文、拉丁文和英文致詞課程得到不少獎項！馬爾薩斯不理會院長提醒，依然投入神職工作。他到奧克伍德（Okewood）某間教堂短暫從業，一七九三年以院士身分重返耶穌學院。雖然他後來沒有繼續擔任全職神職人員，經濟學家仍稱他「馬爾薩斯牧師」——

或許是因為清教徒式悲觀主義的形象很契合他的人口論，而較不符合快樂幽默的信徒形象。這讓人聯想知名記者孟肯（H. L. Mencken）對清教徒的定義：恐懼縈繞心頭，深怕有人在某時某地太過歡樂。忽略馬爾薩斯的警告，而把他描繪成清教徒，或許比較能讓人在心理上釋懷吧！

烏托邦只是個泡沫

馬爾薩斯重返耶穌學院，時值革命浪潮爆發之際。一七九三年，革命者將國王路易十六推上斷頭台，當時的法蘭西共和國向英國宣戰。雖然時局悲慘，有些作家和傳道士仍宣稱鼎盛時期終將來臨，這將是伊甸園以來人類最恬靜愉快的太平盛世。盧梭早期寫過烏托邦散文，間接表明人類天生自由而快樂，卻因社會道德敗壞。伏爾泰對此調皮地譏諷，說盧梭的著作有著超自然主義，會喚起讀者渴望，讓人想回到用四肢爬行的日子。但馬爾薩斯回擊烏托邦願景，尤其針對威廉・葛德文（William Godwin）——葛德文是牧師、時事評論家、作家，一七九三年出版《論政治正義及其對道德和幸福的影響》（*Enquiry Concerning the Principles of Political Justice, and Its Influence on General Virtue and Happiness*），純粹相信「人類趨於完美的特性，意即人類會不斷改善」，但他女兒瑪麗・雪萊（Mary Shelley）應該不這麼認為吧？因為她寫了一本《科學怪人》。由於「真理無所不能」，人類可自我轉化為更好的

生靈，適合與鄰人融洽和諧共存：「人人和藹可親又熱情，為全人類尋求福祉。」葛德文遵循盧梭的宣言「公民社會的歷史是人類病史」，他抱持的展望是：人類趨於完美，政府、法院、犯罪、戰爭、憂傷與悲痛也隨之根除。甚至連死亡與睡眠都能平歇：「世代不會傳承⋯⋯在驅逐死亡之前，必須先消除睡眠，因為睡眠是死亡的意象。睡眠是人類構造最醒目的弱點。它是⋯⋯不合常規又紊亂的身體機能狀態。」類似的唬人意象也在孔多塞侯爵（M. Condorcet）腦袋裡飛舞——孔多塞是法國哲學家、數學家，一七九四年出版《人類精神進步史表綱要》(Sketch for a Historical View of the Progress of the Human Mind)，其樂觀主義實在太引人注目，被羅伯斯比爾（Robespierre）追捕，逃亡不久就被逮住，在獄中永久長眠。

最讓馬爾薩斯惱怒的是，葛德文和副主教威廉・佩利（William Paley）主張「人口增加是好現象，整體幸福將隨之擴增」。佩利聲稱，國家最不能忍受的災禍就是人口衰敗。十八世紀尾聲，有些學者準備了資料，估算過去一百年來人口以非常緩慢的速度成長，但這些資料沒被採信，其他學者甚至斷言人口急遽下降。既然強大勞動力會支持經濟成長，首相威廉・彼得推行了一項法案，增加貧困救濟金給有小孩的夫婦，堪稱現代「撫養未成年兒童家庭援助」（AFDC）計畫的先驅。

不出所料，馬爾薩斯的父親丹尼爾點頭同意的「葛德文—佩利—死後的盧梭」聯盟。父親點頭，兒子卻搖頭。他們在樹林裡散步，各自以合理結論努力說服另一方。最後，綽號「羅伯特」的馬爾薩斯對

老眼昏花、不切實際的老爸心灰意冷，於是怒氣沖沖地寫了《人口論：人口原理及其對未來社會進步之影響，並評論葛德文、孔多塞與其他作者之論文》（An Essay on the Principle of Population as It Affects the Future Improvement of Society, with Remarks on the Speculations of M. Godwin, M. Condorcet, and Other Writers）。老爸於是對兒子的高超智識老眼昏花，竟安排匿名出版這份論文。

最嚇人的經濟理論

鮮少有論文這麼令人震驚。想像一下，地球以狂暴的速度縮小，每二十五年地球就分裂成兩半，其中一半留在軌道上，另一半則快速旋轉飛向太陽，最後燃燒爆炸。眾人攜家帶眷，隨手帶上珍貴的個人物品，爭先恐後地踏上倖存的那一半地球。更糟的是，沒人知道哪一半會存活。馬爾薩斯的預言稍有不同，卻沒那麼嚇人。馬爾薩斯沒提到地球爆裂，描述的是人口膨脹且以爆炸性的速度增加，而食物供給卻緩慢增長。馬爾薩斯利用美國班傑明‧富蘭克林提出的資料，斷言每二十五年人口就會加倍成長。當然，甚至可能更快。馬爾薩斯選擇的資料其實相當保守。富蘭克林的報告曾寫道，某些村落每隔十五年就會人口加倍！至於食物供給，雖然富蘭克林沒提供可靠數據，但馬爾薩斯推論食物產量絕對無法跟上人口。他設想：若不加以抑制，人口將呈等比級數成長，而食物供應僅以等差級數增加。

這些級數有何意義？等比級數（幾何級數）意指一個數字持續

★第三章　托馬斯・馬爾薩斯：預言末日與人口爆炸的先知　　　081

自我乘以一個常數，例如不斷倍增。等差級數則是數字再加上一個常數。馬爾薩斯提出一個好例子：如果現有全球人口是十億，人口增加的數字將是一億、二億、四億、八億、十六億、三十二億、六十四億、一百二十八億、兩百五十六億，而食物增加的數字則是一億、二億、三億、四億、五億、六億、七億、八億、九億。起初每個人可分得一籃食物，兩百年後，兩百五十六人必須共用九籃食物。然後再過一百年，四千零九十六人必須共用十三籃食物！

　　等比級數非常強大，令人訝異卻也常引起誤導。在此舉幾個例子。假設史考特想跟鄧尼斯借電視看一月二十一日的超級盃，於是答應從一月一日開始支付一分錢，金額每日加倍到球賽開始。那史考特最好非常有錢，或鄧尼斯最好笨到分不出大富翁的假鈔，否則史考特在開球之時，大概會欠鄧尼斯一萬零四百八十五美元！銀行的複利率也可以說明等比級數。以前有個故事是：荷蘭人用大約二十四美元向印地安人買下曼哈頓島——假設當時印地安人把錢存入複利帳戶，他們的繼承人現在就有能力買回這座島，包括帝國大廈、林肯中心，還有十七世紀以來的全部「增建物」。

　　複利也可能產生誤導，一如我們近來所見。一九八一年，美國國會通過一項法案，核准「個人退休帳戶」(IRA)，大致允許民眾每年存下高達兩千美元到一個基金，直到退休都不會扣稅。報紙隨即出現廣告，宣稱二十五歲的人每年只要存下兩千元，養老時即可輕鬆擁有一百萬美元以上的退休金。圖片上的美鈔受到複利魔法推動，一路直衝天際，但真實的狀況寫在附屬細則的小字裡：假設銀行接下來四十

年的利率都是十二％。廣告卻沒有告訴讀者：如果四十年的利率平均是十二％，那通貨膨脹也可能肆虐了四十年，抹除你大多數的利潤。想像一下，有個雅痞非常節儉，終日埋首努力工作四十年，幾乎不問世事。他到了二〇二一年終於退休。他拿著這一張泛黃的一九八一年廣告，雙手微微顫抖，打電話給銀行員，安排一輛裝甲車載回他的寶藏。銀行員表示，等著他的是將近一千萬美元，還另外附贈一台果汁機。雅痞喜極而泣，為了不癱倒在地必須扶著他的製麵機。突然電話被中斷，接線生插話進來：「請再投四十萬美元，可再講一分鐘。」

對馬爾薩斯或其他人而言，《人口論》的結論並非全新，因為富蘭克林與詹姆斯・史都華爵士（Sir James Stewart）各自出版過預言性的論文。早在兩年前，馬爾薩斯自己也在某篇論文也提出他的憂慮，但找不到出版商願意出版。他寫道：「我不同意佩利副主教的說法，他說人口最能衡量一國的幸福程度……事實上，人口可能只是一種徵兆，讓幸福成為過往雲煙。」即使非原創，馬爾薩斯論點的措辭精簡，意象撼動人心，展現出新式的精湛技藝而頗具說服力。他描繪的這項理論擄獲了英國人目光。

若地球一再減半，眾人將會驚慌失措、四處逃難。而如果人口多於食物，那究竟會發生何事？遠在等比成長衝破圖表之前，有兩種阻礙會將其擋下：「積極抑制」（positive checks）和「預防式抑制」（preventative checks）。說到「積極抑制」方式，馬爾薩斯顯然不是指樂觀手段，而是在說「提高死亡率」。什麼積極力量可以「拯救」我們免於等比級數成長？戰爭、饑荒和瘟疫。黑死病潛伏在大街小巷，準備拯救我

★第三章　托馬斯・馬爾薩斯：預言末日與人口爆炸的先知　　083

們。嬰兒死亡率則讓我們從人口爆炸中解放，總是揮之不去的是饑荒陰影：

> 饑荒似乎是大自然最可怕的終極應對手段。人口增加的力量遠遠超過地球為人類生產糧食的能力，以至於在某種形式或方面，早夭厄運降臨人類。人類的悖德行為主動讓人口減少。它們是毀滅大隊的先鋒，通常能夠自行完成駭人任務。不過，萬一它們在這場滅絕之戰失利，流行病、傳染病、黑死病和瘟疫將以恐怖陣仗襲來，橫掃成千上萬人口。如果仍舊未竟全功，無可避免的龐大饑荒會從背後悄悄靠近，給予致命一擊，最終彌平人口與地球糧食的差距。

另一種「預防式抑制」，也就是降低出生率──看似較不慘烈，卻也較不可能達成。馬爾薩斯主張：如果人民都能節欲晚婚，生活狀況就能改善，畢竟生養小孩會降低家庭生活水準。但他知道這種做法希望渺茫，因為他的宣導對象是懂得轉換信念的一群。他的論文讀者多是接受他主張的中高階級人士，但他卻沒有機會說服低下階層，後者顯然子女眾多，並不停繁衍後代。他要如何力勸這些人克制、不結婚生子，尤其是在《濟貧法》助長夫妻生育之時？馬爾薩斯描繪出一個週期循環：人口成長受到嚴酷的大自然抑制，工資帶來的生活水準只能維持勉強餬口，而如果提高工資，工人會生養更多小孩，導致糧食短缺，生活水準降低在所難免。

馬爾薩斯以絕妙的輕描淡寫口吻承認，他的劇本帶有一種「憂鬱

色調」（有人能說黑色是一種顏色嗎？）後來他悲歎道：「為了防止悲慘的重演？老天啊！人類無能為力。」話雖如此，他還是努力面露微笑，維持一貫的說教幽默。生活是「一場無關未來狀態的祝福……我們有各式理由去想，世上不盡然絕對充斥邪惡」。是神（而非馬爾薩斯）呈現了馬爾薩斯災難，希望人類能表露憐憫美德。

這本匿名小冊的力量像是瘟疫，讓佩利和葛德文備受煎熬──他們的理論看起來像是被「學術饑荒」侵襲的烏托邦，信徒人數於是大減。佩利轉身跟隨叛徒腳步。葛德文則猛烈回擊，但是他根據馬爾薩斯的理由中止了烏托邦式幻想，主張道德約束（moral restraint）能預先阻止災難。然而對於馬爾薩斯來說，最重要的勝利是他贏得首相威廉・彼得的心。雖然一七九六年彼得在議會滔滔不絕提倡濟貧，但短短四年之後採納了馬爾薩斯論點，撤回對新法的支持。首相現在主張馬爾薩斯的立場：濟貧只會助長窮人生小孩，而「積極抑制」之日將更快來臨，蹂躪普羅大眾。從公共分類帳抹去貧窮救濟金，其實是一種「權宜之計」，可增加工作誘因，減少糧食壓力。

不要把馬爾薩斯貶為憎恨窮人之人。《人口論》中充斥著同情論調──窮人在積極抑制肆虐之時最受折磨。如同凱因斯後來所言：馬爾薩斯熱愛真理，明辨公益精神，驅使自己下此般結論。但彼得強壯的喉嚨肌肉，要如何吞回他在一七九六年說過的話：「要視濟貧為正義榮譽之事……賜福給大家庭，而非詛咒；也要正確區分勞力維生者、生小孩增產報國者，後者需要《濟貧法》協助維生。」

即使有彼得支援，馬爾薩斯對未來仍舊抱持懷疑。男歡女愛、

★第三章　托馬斯・馬爾薩斯：預言末日與人口爆炸的先知

繁衍後代乃人之常情。很多傳道士很清楚，只要聽者下半身蠢蠢欲動，再多勸誡也無濟於事。

　　正當全國吹響馬爾薩斯的警語，他卻因為自己用了略為鬆散的科學方法而深感不安。畢竟，他的結論零碎且是通則，根據前殖民地的資訊片段而成。另外，此書帶有宿命論般的悲觀主義，也讓他覺得不自在。《人口論》的修訂版似乎較為合宜。馬爾薩斯進行全面、詳盡的研究，遊歷瑞典、挪威、芬蘭、俄羅斯，甚至在一八〇二年英法兩國停戰期間造訪法國和瑞士。他鑽研民事紀錄和法律，得知奧地利和巴伐利亞仍維護十七與十八世紀的法令，禁止貧民結婚。一八〇一年，英國首次推行全面人口普查，結果讓馬爾薩斯大感意外，卻也更鞏固了他的主張。這項調查顯示，人口在一七〇〇年代晚期急遽膨脹，此前多數人都相信人口增長緩慢。更早的一世紀前（一六九六年），統計學先驅雷高利・金（Gregory King）曾經錯估六百年內的人口不會倍增。

　　馬爾薩斯一八〇三年提出《人口論》新版，採用全新的標題：《人口論：人口原理，或其過去與現在對人類福祉影響之觀點，關於去除或減輕未來引發的害處前景之論文》（An Essay on the Principle of Population or a View of its Past and Present Effects on Human Happiness, with an Inquiry into Our Prospects Respecting the Future Removal or Mitigation of the Evils Which It Occasions）。標題刪除了葛德文和孔多塞的名字，也縮減烏托邦預言的相關討論。其他內容都有所增加，就算擴展程度並非等比級數，那至少長度、深度和質量皆有進化。馬爾薩斯取材非洲、西伯利亞、土耳其、波斯、西藏、中國與

先前提到的美國（這次包括印地安人），以無數趣聞、實例說明純理論。沒人可以抨擊他的資料沒有經驗依據了。第二版的語氣比較不驚悚，而且提供了希望：工人階級在繁衍後代之前，可先改變習慣，表現「道德約束」。當然，改變態度需要時間。這種較不偏激的語氣也影響《濟貧法》的相關討論。與其釜底抽薪，馬爾薩斯提議「要**緩慢地、循序漸進地**廢除」，才不至於傷及現存者或兩年內出生的幼兒（初衷所在）。而且停止發放救濟金的對象只有四肢健全者。為提升食物供給，他也力勸對糧食進出口施加限制。這些限制將使英國內的價格上揚，從而促進國內生產。馬爾薩斯大致上提倡自由貿易，只有糧食除外。本書稍後討論李嘉圖時，再來檢視馬爾薩斯的貿易主張。

　　新版出現，名作家和政治人士再度臣服於馬爾薩斯的邏輯力量。主流報刊雜誌就算沒誇他簡潔有力，也會稱讚他的洞見與勤勉研究（不像先前的匿名版本，現在他的名字已經印書上了）。不到兩年，《每月雜誌》（Monthly Magazine）宣布第三版即將發行，並於一八〇六年問世，隔年接著發行第四版。當然，每一次的新版總是引起熱議。許多知識分子與他敵對，以刻薄的言詞大肆撻伐，像是第二版比第一版招來更多批評，因為他不再是匿名作家，讓這些人有了攻擊目標。詩人羅伯特・騷塞（Robert Southey）告訴朋友：「馬爾薩斯真是《英國評論》（British Critic）的紅人，像是個正在骯髒經期的女性，人人避而遠之。我很樂意伸手幫忙，定期抨擊這個傻子……花幾天來推翻他的理論，應該會有效果。」這簡直不是十四行詩了。騷塞的無韻詩惡毒程度甚至超越柯勒律治的批評。柯勒律治未經耶穌學院許可就從軍，於是遭到

★第三章　托馬斯・馬爾薩斯：預言末日與人口爆炸的先知　　087

驅逐，而馬爾薩斯居然投票贊成，因此結下樑子，使柯勒律治抨擊馬爾薩斯。儘管有這些尖刻辛辣的批評，馬爾薩斯頗受經濟學家讚許，迅速成為這項專業裡的領導者。史學家詹姆斯・彌爾（James Mill）、大衛・李嘉圖以及後來的約翰・彌爾和阿爾弗雷德・馬歇爾都採納了《人口論》觀點，即便他們的著作有時忽略《人口論》的引申意義。

　　第二版出現後不久，馬爾薩斯拋開道德約束，在三十八歲時迎娶艾柯莎（Harriet Eckersall）。由於婚姻有違耶穌學院院士信條，他毅然辭職，一八〇五年接受了哈利柏瑞學院（Haileybury College）的職務。這是東印度公司的培訓學校，為英國政府代管印度。馬爾薩斯的頭銜是「通史政治商業金融教授」，是英國首位政治經濟學教授。因此，儘管馬爾薩斯曾任聖職，我們仍可以將他視為第一位職業經濟學家。附帶一提，亞當・斯密的信徒抨擊東印度公司惡性壟斷，而功利主義的傑瑞米・邊沁（Jeremy Bentham）則為該公司辯護，主張若有其他英國公司進入印度商業，將剝削當地人民。

　　在哈利柏瑞學院，馬爾薩斯再次證明：就算自己描繪出殘酷的瘟疫與饑荒，但其實還是能享受生活。某個朋友描述，他的心境一如往常輕鬆幽默，隨時準備與年輕人玩耍，也鼓勵他們用功讀書。三年內，馬爾薩斯自己就生了三個小孩一起玩耍。批評者喜歡嘲笑他「多子多孫」。雖然他們夫妻倆只有三名子女，但不知何故，人人文庫出版社（Everyman's Library）一九五八和六七年版的《人口論》都說他多生了八個，而且全都是女生！

精準的預言家？

馬爾薩斯的追隨者有好幾千人，到了一九六〇和七〇年代才突然激增，這些人呼籲重視大師預言裡的現代關聯性。檢視文獻之前，且讓我們用後見之明評論馬爾薩斯的預測。事實十分明顯，他的預言根本不準。人口沒有以等比級數增長，糧食供給也非緩慢成長。悲慘災難或許降臨窮人，但並非馬爾薩斯之故。相反地，在英國和歐洲大陸（馬爾薩斯強調之地），眾人吃得更好、更長壽，更能展現「約束」，遠超乎他所預期。

馬爾薩斯沒注意到某些最重要的歷史趨勢，以及統計數字某些明顯的浮動。在細節方面，他忘了問班傑明·富蘭克林：那日趨升高的人口數字是否區分移民與土生土長的美國人。換句話說，馬爾薩斯把富蘭克林的數據資料混在一起，實際上假設了偏遠村莊的英國裔媽媽所生的荷蘭小孩，是坐船到紐約的。看到數字升高，他就說英國媽媽很會生小孩——這種統計方法有瑕疵，但可算是一個無痛生產系統。更關鍵的是，馬爾薩斯沒注意到醫學進展、農業變革與工業革命發生的跡象，這些全都會讓他的預測像太妃糖一樣被扭成奇特的幾何形狀，而非穩定的幾何趨勢。

正當他父親丹尼爾·馬爾薩斯與尚—雅克·盧梭在樹林裡散步，沉思人類的完美性，十八世紀的農夫為求產量，使用了更完美的方法。歐洲十八世紀初的農業生產力不比先前兩千年高。但是從一七〇〇到一八〇〇年，英國每一個工人的產量倍增。至於法國，儘管

★第三章　托馬斯・馬爾薩斯：預言末日與人口爆炸的先知

有革命與戰爭影響，從馬爾薩斯出生到《人口論》初版的這段期間，產量大約成長了二五％。大躍進歸功於多項創新，包括輪作、選種、工具改良，並使用馬匹取代牛隻，這些減少近一半的耕種時間。到了一七五○年，由於進展飛快，英國不但可以餵飽全民，還可出口額外一三％的穀類作物和小麥粉。如果國家的農業進步，就能讓更多公民可以到城市或非農業區工作。而一六九○年有七五％的英國人務農，但一八四○年卻只剩二五％。今日美國僅需一小部分的農業人口即可餵飽整個國家，還能出口好幾百萬噸的糧食。人口成長完全不受限制，糧食供給量擴大，容許更多人當父母。

雖然如此，值得注意的是：較高的生活水準並未導致馬爾薩斯所說出生率螺旋攀升。他看待人口統計數字之時，並沒有看到：死亡率降低也可能讓人口數增加。從一七四○年以來，由於農業革命改善飲食，加上醫學保健療法進步，歐洲的死亡率下滑。十八世紀之前，醫生誤診致死的人可能比救活的人還多，比起揮舞刀子動手術的「水蛭放血」醫生，巫醫操控巫毒娃娃搞不好更有效。在一七○○年代，人類的預期壽命大約是三十歲，在一八五○年提升至四十歲，於一九○○年是五十歲，現在遠超過七十歲。收成量由於農業變革很少大起大落，西歐饑荒消失殆盡，除了一八四○年的愛爾蘭。至於大不列顛最後一次饑荒，則約發生在《人口論》出版的前一百年。

但為何人口沒有穩定攀升？經濟學家指出了「人口轉型」（demographic transition）四個階段。在工業化前的社會，高死亡率與高出生率互相平衡，人口成長平穩。第二階段是工業發展初期，健康狀況改善，死亡

率降低，於是出生率看似過度增加，人口急遽上升——馬爾薩斯就是在此時期蒐集資料，他沒有（可能也無法）預想接下來的發展。第三階段，都市化和教育讓許多人節育。因此，死亡率持續下降，出生率也下跌，而人口曲線趨於平緩。最後在一個成熟的社會，由於節育成功，且通常夫妻兩人都有工作，只會想生養一到三個小孩，人口於是穩定下來。馬克思曾說：「每當歷史列車轉彎，所有的知識分子都會摔車。」馬爾薩斯沒有預見第三和第四階段。一旦人口數字從他繪製的圖表轉彎，馬爾薩斯也從歷史列車摔下。

　　我們能怪他嗎？畢竟，他沒有什麼確鑿的事實可用。他揭示的主張確實太過崇高、異想天開，相較之下他的努力顯然非常用心。雖然如此，如果我們運用了他自己的準則，正如他之後在自己著作《政治經濟學原理》（*Principles of Political Economy*）中提到的概念，那麼他是有罪的：「在政治經濟學方面，現今學科作者之間普遍出現謬誤和差異，依我看來，主因在於他們貿然企圖簡化而概括論之⋯⋯也無旁徵博引的閱歷來充分檢驗自己的理論，而在這麼複雜的主題上，單靠這些閱歷即可建立真理，發揮用途。」他疏忽農業革命，也太過倉促分析人口數字升高的原因，有鑑於此，他太過「企圖簡化而概括論之」，難逃罪責。

　　馬爾薩斯犯錯，這件事最重要的道德教訓是：如果沒有厚臉皮，沒有畫底線、粗體又大寫的免責聲明，也沒有該具備的謙遜，絕對不要用過去資料妄下臆測。如果希臘悲劇詩人愛斯奇勒斯（Aeschylus）還在世，他會寫一齣悲劇，內容關於某個高尚學者，因為自命不凡妄作

論斷,遭到眾神責罰。如果愛斯奇勒斯要找現代人主演,可以找馬爾薩斯的追隨者,他們就像特洛伊公主卡珊德拉絕望喊著厄運將至。(差別在於:卡珊多拉預言神準卻無人相信,馬爾薩斯預言不準卻有很多信徒。)

世界末日只是延期了嗎?

　　一九七〇年代,公害汙染、人口成長與能源價格提升令人憂心,促使某些團體試圖描繪世界未來。悲觀的偽真理論調再度出現──就當前趨勢來推測,資源將縮減,工業將汙染看似沒有減少的天然資源,產量將潰堤,而人口將大過食物供給。是誰說了這些偽真理?其中最駭人的研究是由羅馬學社(Club of Rome)匯編而成,那是歐洲的學術團體,在一本暢銷書《成長的極限》(The Limits to Growth)提出論點。他們用進階電腦技術,推測一百年內的趨勢且預測災難將發生,除非採取嚴厲的預防措施,而且必須比馬爾薩斯建議的更嚴格。這些預防措施是:立即停止經濟成長、制止人口擴張、進行資源回收。預言太過驚悚,這個學社只好重新評估,不久後發行了一份較為樂觀的研究。有經濟學家形容他們是「大喊狼來了的電腦」。不過原始報告仍引起大眾注意。一九七三年,當時的世界銀行總裁羅伯特·麥克納馬拉(Robert S. McNamara)將「人口爆炸」與核武戰爭威脅相提並論。一九七四年,美國經濟學家羅伯特·海爾布魯諾(Robert Heilbroner)出

版《探索人類的未來》(An Inquiry into the Human Prospect)，內容提到現代世界的人類毫無希望。他推算產業趨勢，斷定資源無法跟上產業需求。就算跟得上，大氣層也愈來愈熱，我們全都會被烤焦。他建議：或許徹底改變，過著像修道院僧侶的簡樸生活會是明智之舉。面對這項建議，目前多數人都用電影大亨塞繆爾・戈德溫（Samuel Goldwyn）的名句「Include me out—別把我算在內」來回應。

一九八〇年，為了回應卡特總統早先的請求，國務院和環境品質諮詢委員會（CEQ）發布《全球二〇〇〇年報告》(Global 2000 Report)。雖然這份報告比羅馬學社樂觀且合理，但它宣稱：「如果今日趨勢持續，二十一世紀的世界將會更擁擠、汙染更嚴重、生態更不穩定，比目前我們所住的世界更容易崩壞……除了革命性的科技進展之外，在二〇〇〇年，地球上大多數人的生活比現在更不安定……除非各國果斷行動，改變當前趨勢。」《華盛頓郵報》表示贊同，寫道：「這份報告的預測顯然不樂觀。」

然而，大多數經濟學家對這些報告仍舊存疑。編制模型的人灌入了等同馬爾薩斯的悲觀統計假設。有人給這些模型取名「PIPO」，意指「裡外皆是悲觀主義」(pessimism in, pessimism out)。有一個關鍵假設違背了經濟學的核心原則——即價格會向經濟個體發出保守或節約的訊號。回想我們在亞當・斯密一章中，海耶克的馬口鐵例子。如果馬口鐵的需求增多，價格就會上揚，消費者於是較少使用馬口鐵，促使創業家尋求馬口鐵的替代品，或額外供應馬口鐵。根據羅馬學社的原始報告，如果需求增加，世界的馬口鐵都將用完，只可能會有這

★第三章　托馬斯・馬爾薩斯：預言末日與人口爆炸的先知

種結果。沒錯，某些產品的供應量或許是固定的，沒有替代物，而價格會隨著需求升高。然而想必這全都是例外。諾貝爾獎得主華西里・列昂惕夫（Wassily Leontief）一九七七年為聯合國研究這項問題，他提出報告：「在本世紀剩餘的幾十年，金屬礦物和化石燃料等已知的世界資源，大致上足以供應全球所需⋯⋯以維持相當高速率的世界經濟發展。不過⋯⋯這些資源最有可能變得更貴。」

　　回想起來，就連列昂惕夫也太悲觀了。能源價格從一九八〇年開始漸漸滑落，一路持續到世紀末（除了一九九〇年伊拉克前總統海珊（Saddam Hussein）領軍入侵科威特時，價格有過短暫躍升）。到了一九九〇年代中期，油價去除通貨膨脹因素後，反而比一九六〇年代早期還低──早於石油輸出國組織（OPEC）一九七三年實施的石油禁運之前。即使金價在一九七〇年代曾經躍升至一盎司四百美元，在一九九八年卻跌至略低於三百美元。生物學家保羅・埃爾利希（Paul Ehrlich）寫了《人口炸彈》（The Population Bomb）與《富裕的終結》（The End of Affluence）兩本書。一九八〇年，樂觀的經濟學家朱利安・賽門（Julian Simon）挑戰悲觀的埃爾利希。賽門問埃爾利希敢不敢選一種商品，打賭其價格會隨時間下跌而非升高（表示不虞匱乏）。埃爾利希購買了價值一千美元的五種金屬。他們會等到一九九〇年再來核對價格。如果價格上揚，賽門將支付增額給埃爾利希。如果價格下滑，埃爾利希將支付差額給賽門。縱使世界經濟成長且世界人口擴張，埃爾利希當然要付錢，因為資源價格下降了。最後，賽門收到一張五百七十六美元的支票。為何他贏了？首先，創業家從北海或墨西哥抽取大量石油，「石油恐

慌」模型對此始料未及。再者，就像馬爾薩斯一樣，他們沒注意到農業革命讓農夫事半功倍，產量增多。在一九五〇年代，植物遺傳學家暨病理學家諾曼・布勞格（Norman Borlaug）促成「綠色革命」，他們想出辦法，把硬梗的矮稈小麥與大穀穗株系進行配種。其成果讓莊稼大豐收，印度、墨西哥和非洲的數百萬人得以溫飽。最後一個原因，人類想發明稀有物的替代品，而這項誘因被低估了。今日鋁業、鋼鐵業和塑膠業劇烈競爭，努力殺出重圍，涉足新式汽車業。一九六七年的電影《畢業生》（The Graduate）中，有個中年人告訴年輕人一個熱門的投資消息──塑膠業。後來證明這是聰明點子，比書呆子專家提供的建議更好。石器時代結束不是因為我們找不到更多石塊。停用化石燃料也不是因為我們耗盡了最後一滴油。

「世界末日」模型假設：科技進展速度比不上資源需求。科技或許不是希臘劇場裡的解圍之神，也不是好萊塢西部片裡的正義之士，但我們也不能太過蔑視。舉個例子，末日模型譴責汽車造成汙染，也預示石油之類的化石燃料即將耗盡。根據模型，石油和汽車對現代社會雖然重要，卻具破壞性。但在本世紀裡，石油和汽車取代了何物？答案是馬匹運輸和木材能源。今日只有在紐約中央公園附近還有少數馬車營運，不過味道很刺鼻。想像一下，馬匹在百年前位居運輸主力，城市各處臭氣沖天，疾病四散。至於木材，比起石油或許是較可再生的能源，但化石燃料較為便宜。促發轉變的是價格，而不是由末日模型促使。重點在於：上帝一手掌握了經濟資源與科技方面的長期預測，經濟學位並非萬能。

★第三章　托馬斯・馬爾薩斯：預言末日與人口爆炸的先知

　　意思難道是，經濟學家必須傻笑，任由「看不見的手」處理落後國家的汙染和飢荒？並非如此。稍後我們會深入討論汙染問題，但現在經濟學家必須承認，「汙染」指出了亞當・斯密簡易模型裡的缺口。若把汙染當成事業成本，那麼霧霾與勞動成本、機械成本或租金成本有何不同？企業付錢換來其他成本，是營運的「內部成本」。但是企業沒有為汙染付費。汙染是「外部效應」，讓社會大眾呼吸到髒空氣，付出代價。結果是？製造商生產過多非必要物品，因為生產成本似乎比實際成本便宜。為求理想生產額，除了例行成本之外，還應該強迫製造商吸收社會汙染成本。經濟學家紛紛建議課徵汙染稅，以實現這項訴求。

　　「馬爾薩斯陷阱」看似比較適用落後國家，他們改善了醫療保健服務，死亡率降低，但出生率仍舊居高不下。儘管悲觀，許多貧窮國家過去二十年來因為教育宣導、節育補貼，以及伴隨經濟發展而來的自然「人口轉型」，生育率已經有所下降。巴西的電視節目裡，有社會學家將出生率驟降歸功於中產階級，因為他們讓一九七〇年代的預測失準了。另一方面，某些國家的節育措施頗具爭議。中國抑制出生率的「一胎化」政策顯然太過極端嚴苛，而其他國家的控制政策有違傳統和宗教戒律。雖然如此，斯里蘭卡、中國、印尼與幾個印度聯邦屬地的生育率已經顯著下降。新加坡看到華裔人口出生率暴跌，很擔心人口負成長。「兩個恰恰好」口號過了二十年，新加坡官員改口：「只要養得起，三個以上不嫌多！」

　　值此之時，貧窮國家努力提振農產量。中國和印度占了世界人

口超過四〇％，其中多數是窮人。但過去十五年以來，兩國的農業幾乎都能自給自足。一九七八年，中國開始改造農業部門結構，將權力下放，不再中央集權控制生產，改由市場力量決定。中國最終允許價格浮動。價格成為中國經濟部門的指標，產量向前大躍進。

不過，令人憂心的另一方面：非洲國家很難同時減緩人口數又增加生產量。雖然他們的嬰兒出生率比一九五〇年代還低，整體人口成長率卻升高，因為預期壽命大幅提高。馬爾薩斯的鬼魂看見衣索比亞這些國家應該會皺眉——該處雖然受到旱災和戰爭等積極抑制，但飽受摧殘的他們仍有潛力餵飽國內人口。經濟學家指出兩個主要問題。第一，貧窮國家的低收入無法負擔新科技的存留或投資。收入低是因為生產技術缺乏效率，讓他們陷入惡性循環，而外援（aid）試圖打破這種輪迴。第二，也是更重要的一點，許多根基不穩的政府為了安撫消費者而讓食物價格保持低廉，但人為的低價減少了對於農業的投資，有礙進一步提高產量。結果是：消費者看到低價標籤非常開心，但抬頭一望，貨架空空如也，不禁悲從中來。

第三世界國家的做法通常是抬高幣值，鼓勵進口卻阻撓出口，結果加劇了這個問題。過去十年來，對於人口成長是否有害第三世界國家，許多學者重新檢視這個基本問題，結論是：對於某些國家來說，尤其是具有大量可耕地的國家，人口快速成長不一定有害。人口稠密可降低貨物運輸成本，刺激國內需求。世界銀行指出：在不降低生活水準的前提下，大多數發展中國家可承受二％的人口成長率。非洲國家的平均年增率是三％，而亞洲和拉丁美洲國家平均大約是

二％。當然我們有樂觀的理由,但絕大部分的希望在於——政府能否制訂有效的經濟政策,鼓勵貿易往來,並推展兒童教育。

本書於一九八九年發行第一版後,有些非洲國家已經真正摒棄頑固的僵硬政策,並譴責造成長期飢荒的就是這些政策。聽到衣索比亞,就讓人聯想到旱災和農業困境,但幾年來讓人明顯改觀,該國一九九〇年的糧食產量已經倍增。獨裁者門格斯圖(Mengistu)懷抱馬克思主義,逼迫農民以低價合作經營。但他的繼任者在一九九一年之後,允許農夫依照市場價格索價,鼓勵他們生產更多穀物,更加照料自己的田地。幸運的是,衣索比亞並非孤軍奮戰,迦納和烏干達兩國也對飢餓宣戰,而不是對農人宣戰。可惜辛巴威總統羅伯·穆加比(Robert Mugabe)當時沒加入戰局,真是感嘆。

馬爾薩斯與移民

雖然馬爾薩斯警告「整個地球將過度擁擠」,現代的抗議者卻擔心祖國擠滿了移民。在法國和德國,新政黨承諾趕走外國人。德國在二戰之後門戶大開,容納了七百萬名外國人,有許多是土耳其人和阿拉伯外勞,但這些人最近不再被視為上賓,反而像是不受歡迎的擅自居留者。而在澳大利亞,英美裔的白人也抗議亞洲人湧進,但這個國家以前卻是英國罪犯的流放之地!

美國是移民大國,排斥新移民的聲浪確實不時作響,尤其在經

濟成長遲緩、失業率升高之際。「本土主義者」（可別與「本土美國人」搞混了）不太擔心馬爾薩斯預言的「移民吃光糧食」，他們怕的是移民奪走當地人的工作機會，降低美國的生活水準。此言有損美國的「文化誠信」。這些當然不是新主張。愛爾蘭裔美國人泣訴祖父輩的傷心過往：徵人啟事寫著一行「愛爾蘭人不得應徵」。在一九九一年的電影《追夢者》（The Commitments）裡，有個角色宣布：「愛爾蘭人在歐洲等於黑人。所以我要大聲說——我以身為黑人為榮！」但在今日墨西哥移民眼中，愛爾蘭裔美國人看起來還是像五月花號上的移民，隨著斯坦迪什（Myles Standish）船長飄洋過海。有本書叫《愛爾蘭人如何變成白人》（How the Irish Became White），寫出飽受譏笑的愛爾蘭人如何在美國爭得一席之地。諸如喬治・科漢（George M. Cohan）這位傑出又愛國的愛爾蘭人，無疑激勵了移民的奮鬥目標。

　　本土主義者主張「這次不一樣」。首先，過去幾十年來的移民不再迅速與美國同化，一如二十世紀初歐洲難民潮帶來的數百萬人。為何沒有快速同化？早期難民潮來自多語系歐洲國家，說著十幾種不同語言。從一九一五到六五年，歐洲人在一千一百萬個新移民中約占七五％。相較之下，最近的移民有一半來自拉丁美洲，大部分是墨西哥，而歐洲的移民大約只佔一五％。由於人數優勢，許多家庭可用西班牙文謀職過活。西班牙語的有線電視／衛星電視橫掃佛州與加州。在一九一二年，從德國移民美國的小姐如果想與家鄉的母親聯繫，唯一方式只有透過漢堡船運公司（Hamburg Shipping Line）載運德國寄來的郵包。對照之下，新移民有了現代科技，可以輕鬆打電話、傳真、收發

郵件,甚至坐飛機回鄉探視親友。長途電話的費率暴跌至每分鐘十分美元以下,就連工資最低者也能「奢侈」打電話回家。「大熔爐」的比喻已經束之高閣,取而代之的是「沙拉碗」,這個詞暗指:族群混處卻沒有同化,每個族群仍舊保有各自的身分認同。在過去,移民小孩因為同儕壓力而被迫學英文,但現在,如果華裔小孩太快美國化,就會被取笑是外黃內白的「香蕉」。

經濟學家較關心另一個次要議題。移民的收入是否能追上本地人?正如愛爾蘭人、德國人、義大利人、波蘭人和猶太人最後的成果,或者是,移民將遠遠落後,且過於依賴社會救助計畫?雖然大多數經濟學家起初都很贊同移民法規不宜太嚴格,最新的資料卻讓他們困惑。問題在於:經濟體的科技進展太快,無技能的勞工想要躍升主流幾乎沒有希望。一八八〇年代,艾薩克和約瑟夫·布雷克史東（Isaac and Joseph Breakstone）兩兄弟可以沿街叫賣乳製品,推著手推車打造成功事業。但手推車資本主義在今日毫無機會。誠然,一些有技術的華裔移民可以設計電腦設備出售,賺進大把鈔票,但南加州的墨西哥裔園丁很少發生這種故事。近來,移民一開始的薪水比本地人少了約三〇%,而且之後也無太大進展。瓜地馬拉人一九八〇年之前就抵達美國,他們到了九〇年代的收入仍比其他人少二八%。華裔移民的平均收入都能迎頭趕上,但寮國人落後二二%。再者,根據某些學者所言,一旦登陸的是無技能的移民,那麼無技能的本地人工資會被拉下二·五%至五%,尤其是城市裡的黑人。

數據自然會變動,且學校制度變革可能也有助益。數據資料只

能看出整體狀況，幾乎無法得知移民的**個別**貢獻。如果愛因斯坦待在德國，被迫協助第三帝國（一九三三至四五年的納粹德國）將會如何？他的聰明才智肯定壯大德國，德國移民也就不會在一九三〇年代逃出祖國，而讓英美裔白人看不順眼。不論如何，沒有愛因斯坦對美國的貢獻，自由女神像就無法成為經濟象徵，矗立在紐約港口。雖然偶有強烈反對聲浪，但若有人渴望呼吸自由空氣，且在過程中可以富及他人，美國依然歡迎你。

經濟學家還有另一個樂觀的理由──戰後嬰兒潮數百萬人在二十年後退休時，美國需要**更多**工作者來支撐這一群領養老金的人。這對職場新成員來說是新契機。他們是否能善加利用？且讓我們拭目以待。

全球暖化：馬爾薩斯復仇？

大自然變幻無常。我們今日航行、游泳、划船的海洋，以前是滾燙的熱水。蒙大拿州熱帶蕨類族群的蹤跡附近，深埋著恐龍化石。在真正的侏儸紀公園裡，熱帶蕨類在南極附近留下煤礦。數百萬年後，維京人在真正一片綠油油的格陵蘭島打獵，而英格蘭中部地區的英國人，在茂盛的葡萄園裡喝著英國紅酒。時間再往後一點，到了文藝復興時期，小冰河期逐漸形成。冬天嚴寒刺骨，激發法蘭德斯畫家老彼得・布魯格爾（Pieter Bruegel）創作出影響深遠的作品《雪中獵人》(Hunters

★第三章　托馬斯‧馬爾薩斯：預言末日與人口爆炸的先知

in the Snow)。與此同時，荷蘭人喜愛在運河上面滑冰，這種樂事今日十分罕見。《全球二〇〇〇年報告》預言環境災難與能源價格飆漲，卡特政府發布這份報告前不久，國會舉辦了氣候公聽會。一九六〇到七〇年尤其寒冷，暴風雪頻傳，科學家警告新冰河時代即將來臨，說氣溫在一九四〇年代已達巔峰。電腦模型警告：地球可能驟變，長期一路邁向**全球寒冷化**（global cooling）。畢竟，上一次冰河期的溫度只比我們現代低了攝氏五‧六度。細微變化就能讓極地冰河蔓延，讓幾百英尺高的灰藍色冰岩覆蓋整座紐約市，就像數百萬年前那樣。

幾乎出現這些警告的同時，氣候再度變暖。到了一九九〇年，各國科學壓在聯合國的幫助下聚集在一起，預測地球正以危險的速度暖化，在二一〇〇年之前，暖化將使平均溫度升高約攝氏五度。不僅愈來愈多人汗流浹背，全球暖化也將引發可怕洪水，還有毀滅性的旱災，危害食物與水的供給。這場災難的起因是什麼？「政府間氣候變遷小組」（IPCC）根據瑞典科學家斯萬特‧阿瑞尼斯（Svante Arrhenius）的研究建立理論——化石燃料產生二氧化碳，形成了絕緣層，可讓太陽輻射穿透，卻不讓熱能散離。經過了一百年，全世界的汽車數量大幅增加，二氧化碳含量也增加。北歐冰河縮減，已露出前次冰河期冰封的骨頭和化石。天氣變熱、海平面上升，冰河和極地冰原融化，暴風雨變強。許多地方更潮濕，引發如瘧疾的熱帶疾病，且將摧毀全球農業——總而言之，一個了無希望的馬爾薩斯式人口成長故事，摧毀了地球維護人類生活的能力。

這是真的嗎？或許是。抱持懷疑態度的人引用一些主張，反對

假想的世界末日情境。例如在過去一世紀，地球溫度變動約只有攝氏〇‧五五度，且數據非常模糊（衛星讀數顯示的上升程度較小）。有些科學家相信「太陽變亮」足以解釋這次的小幅上升。他們也認為，雲形成的過程對電腦來說仍太過困難。另外，世界上有些冰河其實是在延伸，而非縮減。最後懷疑論者主張：就算氣溫上升攝氏二‧五度（政府間氣候變遷小組的中期預測），但許多地區的生長季節會因此變長、冬天也較不寒冷，結果從中獲益。一群樂觀的經濟學家把自己的分析稱為「李嘉圖式」方法論，以我們下一章的主角命名。在李嘉圖式的分析中，農夫利用全球暖化，轉而耕種適合較暖氣候的作物，例如用棉花田取代麥田。英國鄉間已經湧現葡萄栽培熱潮，而七百年前此處的葡萄一度滅絕。當然，已經很熱又潮濕的國家沒什麼新選擇。一旦季風來襲，對美國堪薩斯州農夫有利的條件可能會有害越南的稻農。全球暖化本身並不會證明馬爾薩斯沒錯。真正的試煉在於如何因應不斷暖化、更具威脅性的氣候。難道人類要一直排放二氧化碳到大氣層，直到悶死或植被消失為止？或是找到科技工具，讓物種存活？我們的後代子孫或許能知道答案。

晚年生活

馬爾薩斯如果知道自己過世一百五十年後，這個世界仍舊完好如初，甚至足以抗衡他的理論，他應該會相當驚訝。

★第三章　托馬斯・馬爾薩斯：預言末日與人口爆炸的先知

　　在哈利柏瑞學院和倫敦，馬爾薩斯度過人生最後三十年，與偉大人物和社會名流來往。塞繆爾・詹森形容他「善於交際」。他還成為國王俱樂部和政治經濟學社的會員。他寫了幾本書和小冊子，其中《政治經濟學原理》最值得注意。更重要的是，他用友善卻有力的語氣，與大衛・李嘉圖辯論貿易政策和經濟蕭條等問題，我們稍後會討論。

　　馬爾薩斯甚至在一八三四年過世時，還是覺得有義務否認自己是人類公敵──雖然講師、作家們對他的描述不過是陰沉的牧師，最壞也頂多是萬聖節小妖怪。但他認為，他的批評者戴著歡樂的面具，阻礙了自己的視野──這些人沒看見隧道盡頭微光中，那輛迎面而來的列車。

第四章

大衛・李嘉圖：高呼自由貿易

「對外貿易的擴展不會立即增加一個國家的價值，不過這非常有助於增加商品的數量，從而增加快樂的總值。」

——李嘉圖

大衛‧李嘉圖沒上過大學，但他深入探究經濟理論，比任何學者更稱職。他從未正式研究金融市場，卻從股市賺了數百萬英鎊。他有強大心智與實務知識。他辯論中辯倒學者，大力駁斥對方，說只有大學教授才會笨到相信這些主張。

有個大學教授「笨」到跟李嘉圖唱反調，他就是前一章的托馬斯‧馬爾薩斯。馬爾薩斯受到批評者窮追猛打，但他其實很享受李嘉圖面面俱到的攻擊——馬爾薩斯飽受雪萊和柯勒律治罵聲後，李嘉圖的惡意誹謗似乎只是一首小夜曲。況且，李嘉圖至少同意他的人口原理。

李嘉圖和馬爾薩斯的關係始於媒體，兩人各自針對貨幣、貿易相關議題，發表文章批評對方。最後，馬爾薩斯一八一一年寄信給李嘉圖，提議：「既然我們**主要**是站在問題的同一邊，我們大可不必長期公開筆戰……坐下來私下好好討論較好。」幾乎同一時候，李嘉圖也正要寫類似的短信。他們幾天後見面了，展開了終生友誼。李嘉圖一八二三年過世之前，曾寫信給馬爾薩斯，表示儘管有無數爭執，但「如果你同意我的意見，我應該就不會那麼欣賞你了」。李嘉圖的遺囑裡只出現了三個人，其中一位就是馬爾薩斯。後來馬爾薩斯也說：「我從未這麼深愛家人之外的任何人。」

馬爾薩斯與李嘉圖兩人的身世背景完全迥異。馬爾薩斯出身舊式英國家庭，恪遵英國國教派（Anglican Church）聖命。李嘉圖一七七二年出生，是猶太移民之子——當時有十二名「猶太經紀人」獲准在倫敦擔任股票經紀人，其父亞伯拉罕‧李嘉圖（Abraham Ricardo）是其中之

★第四章　大衛・李嘉圖：高呼自由貿易

一。馬爾薩斯接受的是精緻的家教指導，在劍橋受教育；李嘉圖十四歲就與父親一起工作，開始在職學習錯綜複雜的金融系統和策略，可以說他學得相當好。到了二十五歲，李嘉圖這個能「點石成金」的人已經建立自己的事業，透過股票、債券和不動產投資，積聚了大筆財富。馬爾薩斯只有過一次投資獲利，是李嘉圖為他操盤來的。有個主要例子可對照這兩人的精明程度。在拿破崙時期，李嘉圖為自己和馬爾薩斯買了一些英國政府股票，但後來法國新憲章公布，馬爾薩斯很緊張，害怕法國領導人的良好轉折有害股市。馬爾薩斯性格實在膽怯，最適合的不是股票，應該是教會的賓果遊戲才對。他要求李嘉圖出售這些股份，還寫說「這可能不合時宜，或對你造成不便，姑且不論發生何事⋯⋯我都能感受到你的好意，也不會心存埋怨」。李嘉圖賣掉馬爾薩斯的股份，自己則長抱一段時間，最後賺到的比馬爾薩斯還多兩倍。

雖然財富圍繞李嘉圖，他卻未讀過《國富論》，直到二十七歲才「不小心」看到這本書。有一次他在英國巴斯景點度假，覺得太無聊——於是這位未來的古典經濟學領袖開始翻閱最偉大的宗師著作。回想起來，亞當・斯密也是在旅法途中，出於無聊才著手撰寫《國富論》。既然經濟學看似比其他學科更該感謝無聊時刻，那也許在教授偶爾說笑解悶或談起經濟學之初時，學生不該抱怨才是。

一八〇九年，李嘉圖以經濟學作家身分首次亮相，在報章雜誌和小冊子高談闊論貨幣、通膨議題。詹姆斯・彌爾是政治經濟學家，也是下一章主角約翰・彌爾的父親。在詹姆斯・彌爾敦促下，李嘉圖

進入倫敦知識分子的社交團體，後來成為馬爾薩斯政經俱樂部、國王俱樂部（社交團體）的會員。李嘉圖能言善道，總是賓主盡歡，讓小說家瑪利亞・埃奇沃思（Maria Edgeworth）尤其印象深刻，形容道：「不論深入或淺談，皆能交談甚歡。李嘉圖先生氣度穩重，心智充沛有活力，談話間總能激發新想法。與人爭辯或討論問題時，沒有人像他這樣論據持平，不爭強好勝，只求尋得真理。」

這位移民之子很快就變成了英國紳士的模範，在工業革命時期表現得英明睿智，在社交圈中則聰明機靈。在詹姆斯・彌爾催逼之下，李嘉圖一八一七年終於寫完專題論文《政治經濟學和稅收原理》(On The Principles of Political Economy and Taxation)，針對亞當・斯密和當代議題提出充分的評注。兩年後，詹姆斯・彌爾再次力促，李嘉圖於是贏得英國下議院席位，高聲疾呼自由貿易與政治自由。

難以置信的絕妙理論

我們不知道有多少國會成員真正理解李嘉圖，特別是他對貿易的見解。這並非是他見解難懂，或是他沒解釋清楚，而在於他試圖主張的是最複雜且違反直覺的經濟學原理。美國福特總統（Gerald Ford）有一次在電視發表關於聯邦預算赤字的演說，用了重大事件一覽表當作視覺輔助，並經過了精心的事先排演，以免做出任何尷尬的手勢。今日沒有任何總統像福特一樣，試圖做出李嘉圖努力之事。遺憾的

★第四章　大衛・李嘉圖：高呼自由貿易

是，李嘉圖的難懂原理是現代經濟學的理解關鍵。一位傲慢的自然科學家曾質問一位知名經濟學家，要他說一個不易發現的重要經濟學法則。經濟學家馬上說是李嘉圖的「比較優勢原理」。令人惋惜的是，不論古今的政治人物很少能遵循這項分析，於是配額、關稅和貿易戰損害了世界經濟史。

　　檢視這項原理之前，讓我們看看為何李嘉圖需要煞費苦心解釋。在亞當・斯密的觀點下，生意人喜歡在扶輪社的會議中闊談自由企業，卻在國會山莊的政治人士耳畔低語，要求得到好處。在李嘉圖的年代，地主們低調遊說國會，激增自己的錢財，確保拿破崙戰爭後的穀物進口保護。戰時的穀物價格飛漲，部分原因是拿破崙的禁運政策，再加上地主害怕和平來臨造成價格驟跌。新興資產階級是工業革命的新企業家，位居另一環節。資產階級雇用勞工，樂見食物低價，這樣就不必被迫支付較高工資。地主贏得了影響力之爭。一八一五年國會通過法案，禁止穀類進口物低於特定價格，實際上是准予農人壟斷。英國辭典把「穀物」一詞定義為燕麥、黑麥、小麥和大麥之類的作物，因此這些法案稱為《穀物法》。

　　李嘉圖看到英國有兩種未來可選：第一，成為閉關自守的保護主義島國，阻隔國外貨品；第二，成為積極外向的貿易國，擔任「世界工廠」。這是至關重要的抉擇。如果英國選擇前者，自給自足的經濟體很快就會衰敗。我們必須先了解為何李嘉圖偏好「門戶開放」政策，然後檢視他棘手的「定態」(stationary state) 問題。

　　回想一下亞當・斯密的「絕對優勢」貿易模型。接著想像他為了

支持自己的理論，這樣侮罵法國人：「法國人吃青蛙，我們不喜歡他們。我在法國圖盧茲體驗過這種單調乏味的時光。但如果他們生產的酒比我們更便宜，我們應該舉杯祝賀，喝他們的酒。如果他們沒辦法用更便宜的方式製酒，就讓我們隔著英吉利海峽偷笑他們吧！」這個論調真是有邏輯，又直觀正確。

想理解李嘉圖的回應，可借用老影集《蓋里甘的島》。劇情裡，蓋里甘倒楣絕望、笨手笨腳，隨著精明能幹、有自信的船長一起被沖上岸。有兩個任務要完成：捕魚與搭建遮蔽處。假設船長在十小時內可抓到一條魚當晚餐，在二十小時內建好一間茅草屋，而蓋里甘通常自己跳下水，花十五小時抓魚，然後花四十五小時建茅屋。按照亞當·斯密的邏輯，船長應盡量遠離蓋里甘，自己建屋捕魚，因為他各方面都勝過蓋里甘——而李嘉圖卻說「船長應與蓋里甘一起合作」，經濟學家聞之無不肅然起敬。

我們先來算一下，如果他們把一半的時間用來釣魚，另一半時間用來建屋，那他們能靠自己得到多少魚肉晚餐與小屋。假設在一年之中，如果船長工時總計兩千小時，而年輕的蓋里甘大副是三千六百小時。船長將花費一千小時捕魚，產生一百次魚餐，並耗費一千小時建屋，產生五十間小屋。蓋里甘花費一千八百小時捕魚，產生一百二十次魚餐，並耗費一千八百小時建屋，產生四十間小屋。所以，島上總共會有兩百二十份魚餐，可在九十間舒適小屋享用。

如果他們專精某事，相輔相成又會如何？船長花費全部時間建屋的話，可建造一百間；而蓋里甘專心捕魚，會有兩百四十條魚可供

食用。如此一來,僅需藉由專司其職,島上的產量就會明顯增加——而蓋里甘在兩項任務的能力卻都比較差!

想像一下,對於亞當・斯密假想揶揄法國人,李嘉圖用以下說詞回應:「我跟亞當・斯密一樣不喜歡法國人。但他們要是沒辦法像我們製造的成本低廉,我也不會因此暗笑他們。就算他們比較差,我還是會跟他們進行貿易。」

下一個關鍵問題在於:要如何知道專攻之事?讓我們回到那座島。由於船長的建屋時間比捕魚時間多出兩倍,每建一間小屋,他就得放棄兩餐。至於蓋里甘,他建屋比捕魚高出三倍時間,建造一間小屋必須放棄三份餐點。既然對船長而言,建屋的犧牲較小,那應該由他來建屋才對。李嘉圖指出:人民和國家應以「犧牲最少的事」為原則選擇專攻之事,這就是他們的「比較優勢」。選擇不生產某物而作出犧牲,即是「機會成本」。如此一來,只要判定誰對一件事的機會成本較低,則該由此人專精。

李嘉圖的分析重點是:**無論**貿易夥伴是否在經濟上比我們更先進或更落後,自由貿易讓家計單位可能消費更多商品。李嘉圖對《穀物法》立場的重點是:如果法國農夫願意餵飽我們,而這比我們靠自己的「成本」還低,那我們不如就吃著法國食物,然後把時間挪作他用。

迎戰「保護主義」

如果耶誕老人騎著馴鹿，開始空運蛋糕、餅乾和衣物，我們是否該為了自己也有烘培業和裁縫業，而從空中擊落紅鼻子馴鹿魯道夫？李嘉圖和所有「自由貿易人士」面臨的問題是：烘培師和裁縫師寧可要政府攔截魯道夫，摧毀他們的空運。這些人宣稱，工作機會取決於我們為自己烘培。但他們忘了全國消費者的利益，尤其是低下階層──對低下階層而言，食物更便宜意味著生活大幅改善。李嘉圖著書寫作，在國會提出主張，值此之時，工人們將幾乎一半的薪資購買穀物製成的麵包。若阻擋便宜穀物進口，反而會對工人和雇主有不利影響。另外，保護主義者忘了一件事：透過銷售產品與服務到其他國家，才可創造工作機會。李嘉圖認為，「地主的利益總是不同於社群內其他階層的利益」──也難怪他會變成上流社會的敵人。

李嘉圖雖然智識超群且善於辯論，卻無法說服國會改變態度。《穀物法》一直持續到一八四六年。不過他確實說服了往後的經濟學家：雖然保護主義對特定團體有利，但對經濟整體而言幾乎都是有害。經濟學家對政治處方時常各持己見，有時因此遭人譏諷。蕭伯納曾預測：「就算經濟學家齊聚一堂，也沒辦法下定論。」不過二十世紀倒有過幾次，數千位經濟學家簽署請願書，懇求美國政府不要阻擋進口。每當國內經濟看似停滯，政客們就會試圖威脅國外經濟體，藉此安撫投票人。經濟大蕭條時期，美國最需要與全世界自由貿易，卻徵收本世紀最高的關稅。經濟體只要閉關自守，幾乎總是走下坡。在

經濟學裡，不可能出現封閉卻螺旋上揚的經濟循環。

一九八〇年代，日本汽車製造商開始「自願」限制出口到美國，以防美國國會施加更嚴厲的措施。因為日本車供應量受限，美國製造商抬高美國車價錢，於是車價高漲。經濟學家預估：在第一年，美國消費者因此損失三億五千萬美元，而在這些管制實施後的前三年，車價飆漲了將近三千美元。雖殘這最多「拯救」了一萬個工作機會，但美國經濟體原本一年可以支付每一個待業者三萬五千美元的失業救濟金。結果，愈來愈少消費者有能力買車，而買車的人由於所剩不多，無法購買其他物品，其他產業的工作機會因此減少。布魯金斯學會（Brookings Institution）的羅伯特‧克蘭德爾（Robert Crandall）斥責：「美國汽車製造商有能力也理應削減價格，但政府卻讓美國消費者任人宰割，無力抵制車商恣意妄為。」

一九八九年期間，汽車製造商的說客哀求美國財政部，將進口的迷你廂型車和休旅車歸類為卡車。如果財政部屈服於壓力，這類車輛的關稅將會增加十倍。英國政府代表英國路華汽車（Rover）對此特別抗議。英國駐華府大使館知會白宮，說女王本身就是搭乘「攬勝」（Range Rover）車款，而女王**絕不會**乘坐卡車。

林肯簡潔敘述了保護主義者的主張：「我對關稅了解不多，但我知道，若我買了美國製的外套，我會得到外套，而美國賺到錢。若我買了英國製的外套，我一樣有外套，賺錢的卻是英國人。」林肯說得沒錯，他真的不太了解關稅。就像重商主義者，林肯不了解的是：一個國家會因為消費大量產品服務而富有，而不是因為囤積金屬或印有

總統肖像的紙幣而富有。如果林肯買了自己喜歡的倫敦外套，他是在把某些美元現金轉成英鎊。於是，倫敦人現在有了美元。倫敦人不會為了把美鈔當壁紙而放棄英鎊，而會二選一：①購買美國產品。②把美元兌換成英鎊。如果此人購買美國產品，林肯總統將慶幸自己選了倫敦外套，而倫敦人也很高興享有美國產品。如果此人拋售美元，就是在把這些錢賣給其他想買美國產品的人。

如果我們是用一百萬艘塞滿美金的小船，換回整個瑪麗皇后二號滿滿的英國貨呢？那麼，美國財政部可以加印數十億張五美元的鈔票。根據林肯的邏輯，我們將得到漂亮的毛衣、茶壺和斜紋軟呢套裝，而英國人得到紙張！林肯雖然不甚了解，但這筆交易可真划算！但你可別五十步笑百步，林肯不明白的是：英國人接受美元，**是因為**他們能用來購買美國產品與金融資產。金錢不一定能使世界轉動，但金錢肯定繞著世界運轉。若阻止金錢流動，即是妨礙產品從最便宜的產地流向最需要它們的地方。

問題不在於外套是否為美國生產，而在於：我們是否善用珍貴資源，以較高或較低的機會成本生產商品。若國家允許貿易往來，即強制國民將資源轉移，從低度生產力產業轉成高度生產力產業。如果國家進行轉換，家戶就能以較少代價享有更多商品。

然而，在低度生產力產業的員工與雇主立場，**轉換確實非常痛苦**。但若太過保護，反而讓消費者付出更多代價，政府最好有辦法直接補償被淘汰的員工，讓他們付錢再度職訓。一九八〇年代早期，保護一個煉鋼工的職缺需要花費至少十萬美元，而「拯救」一個鞋匠需

★第四章　大衛・李嘉圖：高呼自由貿易

要花七萬七千美元。一直到近年，美國二〇〇二至〇六年對加拿大木材業施加懲罰性的關稅，結果卻讓美國人蓋新房的成本升高約一千美元。再者，保護主義的邏輯可能造成經濟停滯。大部分提高我們生活水準的產業與發明物，會迫使其他人失去工作。全錄公司（Xerox）有個電視廣告，描述一名修道士在修道院當抄寫員，悉心逐頁抄錄文件和祈禱文。有一天，上級給他一份厚厚的文件抄寫。修道士覺得很煩，快步走向角落的新式影印機，短短幾秒就完成了。他的上級非常高興，仰望上天說「天賜奇蹟」！你能否想像，或許一個組織良好的修道士政治行動委員會要求保護？想像一下，有數千名修道士在華府示威遊行──影印機可能取代多少抄寫員？

　　自由市場並非「無痛」市場。「看不見的手」不會像媽媽保護小孩一樣保護我們。如果人們偏愛穩定，他們或許該優先選擇保護行動。但就在政府守護港口、拒絕不懷好意的外來品之時，經濟成長和經濟進步的好處通常無法擴及那些蜷縮角落的人群。

　　這個世界不會欣賞經濟學家的幽默感。不過，法國在一八四〇年代提高進口稅，法國經濟評論家弗雷德里克・巴斯夏（Frédéric Bastiat）寫出了最精彩的社會學譏諷作品：

　　下文來自蠟燭、燭芯、提燈、燭台、路燈、燭剪、滅火器等製造商，以及燃油、動物性油脂、樹脂、酒精等生產者，還有事關照亮法國眾議院尊貴成員的所有一切。

先生：

……我們遭受外來者毀滅性的競爭，在製造光線方面，它的工作條件顯然遠勝我們，以不可思議的低價，**淹沒了國內市場**……這個敵手沒有別人，就是太陽……

我們懇求您大發慈悲通過法律，規定人人務必關緊全部窗戶、屋頂窗、天窗、內外護窗板、窗簾、平開窗、舷窗、內窗蓋、百葉窗等等。總之，封閉所有的開口、孔洞、裂口、縫隙……

如果能盡量關閉所有自然光的管道，由此產生人造光需求，法國還有什麼產業終究不受鼓舞？……

如果法國消費更多動物性油脂，勢必要有更多牛隻和羊群……

海運業也同理可證。

現在認真一點看待我們的時代。李嘉圖的分析暗指：富有國家採行保護主義，使低度開發國家處於停滯。提供數百萬美元外援和借款，卻同時在接收者面前築起高牆，這種做法起來很矛盾。比方說，美國國會由於國內製糖業者施壓，已經阻撓許多加勒比海地區國家的發展計畫。進口配額緊縮，糖在一九七七年的進口量大約是六百萬公噸，在一九九八年僅剩一百二十萬公噸。南方邊境許多農夫發現古柯鹼更誘人，而美國的地下毒品產業更願意成為他們的貿易夥伴，這完全不令人意外。

有時把範圍縮小，有助於想像保護主義者的主張。一個有錢人會因為跟窮人貿易而吃虧嗎？石油鉅富保羅・蓋蒂（J. Paul Getty）是否

該自己製作鞋子，而不是買鞋來穿？如果不是，那美國向馬來西亞買鞋，又有什麼傷害？全民都能自給自足的話，國家一定會更富裕嗎？所有鄰里街坊都自給自足的話呢？每個郡縣是否該立起貿易界限？答案幾乎不是肯定，且一定會牴觸憲法。那為什麼一個國家要拒絕外國價廉產品，藉此讓自己更富有呢？

二戰之後，許多國家加入「關稅暨貿易總協定」（GATT），這個組織旨在促進自由貿易，也是今日世界貿易組織的先驅。後來也有舉行多邊貿易談判，降低全球關稅壁壘，但劇烈的孤立主義氣力威脅依舊倖存，在這方面，往後的幾年顯然極不穩定。

李嘉圖的描述與上述討論並非證明關稅總是錯的。這僅顯示關稅容易壓縮經濟成長，而大多數用來呼籲保護主義的藉口都很不可靠，例如，對消費者有益、增進工作機會或振興經濟等。不過，如果局勢嚴重動盪，那國家基於國防目的，或為了確保政治穩定性，則可以審慎運用保護主義政策。

國家未來的岔口

前文提到李嘉圖說英國有兩種未來：一種是擔任積極外向的貿易國，未來一片光明；另一種則是閉關自守，前程黯淡。透過比較優勢，李嘉圖預見英國將成為世界工廠。他在國會面前高興地宣稱：「英國將成為全世界最幸福的國家，繁榮富裕的進展遠超乎想像，只要我

們能擺脫兩大禍端——國家債務和《穀物法》。」李嘉圖不預言厄運，反而指出一條國家進步之路：「一個人從青年長成壯年，然後衰老死亡。但國家的進展並非如此。國家一旦到達巔峰，進一步發展確實可能受抑制，但國家的自然趨勢仍會持續多年，財富不衰，人口也不會減少。」

儘管李嘉圖對貿易如此樂觀，有些作家還是堅持把他描繪成一個悲觀的分析家，跟馬爾薩斯這隻小妖精一樣灰暗，卻比較聰明。李嘉圖確實花了許多時間，分析令人沮喪的孤立主義未來。但我們不能忘記：這種未來只是第一條路徑的背景，是用來嚇阻政治人物的手段，使其採取更自由放任的政策。

第二條路徑是什麼？進行分析之前，我們先列出順序。李嘉圖接受馬爾薩斯的人口原理，他設想：①人口增加，導致食物需求增多。②糧食需求增多，導致農業擴張，肥沃土地變少。③接著農業成本高漲。④糧食價格因此升高。⑤必須支付更多錢給工人。⑥結果創業家獲利較低。⑦如此一來，那些擁有最佳產地的人會拿到更多錢。

要了解李嘉圖的競賽策略，我們必須攤開計畫，辨識其中的參加者。第一群最多人的是工人。依照馬爾薩斯原理，只要工資升高，工人數量倍增，到頭來工資反而會減少。因此在這場漫長競賽的過程中，薪資將會按照當時的習慣與期望，維持在一個高到能讓他們維生的水準。李嘉圖並不將這些人定為：僅須滿足生物性需求、四處乞討殘餘菜飯、穿著破衣蹣跚而行：

★第四章　大衛・李嘉圖：高呼自由貿易　　　　　　　　　　119

　　勞動力的自然價格就算用糧食與必需品來計算，也絕對固定不變——不該如此理解。在同一個國家，勞動力在不同時期會有變化，而在不同國家也有很大差異，本質上取決於風俗習慣。如果英國勞工只能吃馬鈴薯、住比泥屋好一點的房子，那他們會認為自己的工資低於自然率，無法養家餬口。

　　第二群我們看到佃農。但請注意：他們**不擁有**自己所耕種的土地。李嘉圖形容他們是「資本家」，他們承租土地、聘僱工人、賺取利潤。農夫不在工廠中使用工具，他們用的是犁。李嘉圖同意亞當・斯密的觀點：資本家／農夫有「永不滿足的欲望」，他們會遵循市場信號，轉換資源和投資品到利潤最高的項目上。因此，他們為社會執行非常重要的任務，卻不一定是因為他們熱愛社會。

　　第三群，根據李嘉圖描述，是最有權勢的有錢地主，會將土地出租給農夫——他們自己過著悠閒生活，最後卻比其他參加者獲得更多財富。

　　李嘉圖改進了「租金」(rent)的經濟俗規與定義。回想一下《穀物法》相關爭論，有些人認為穀物成本變高，是因為地主向農夫索求更高的租金。李嘉圖不贊同這一點，他主張戰時物資短缺而導致糧價升高，誘使創業家投入農業。他們加入農業之後，地主看到有更多資本家前來敲門探問，因此哄抬地租。這樣看來，地租漲價是因為穀物漲價，而非前者帶動後者。一旦困鎖解除，穀物價格隨之下跌，地主不得不降低租金。以現代經濟詞彙來說，租用土地的欲望是「派生需求」

（derived demand），由穀物的供給和需求來決定。

　　李嘉圖接著主張：地主只有在他們的地產被需要時，才有辦法要求租金。有些地主的地產勢必比其他人更肥沃，於是會按照肥沃度差異來建立租金等級。如果艾爾的一塊地能產出一千公噸穀物，而瓊安在附近的另一塊地只能產出五百公噸，那麼，艾爾就能向資本家農夫索求更高費用。

　　租金的上升，是因為並非所有土地完全等值：

在社會進步過程中，第二級肥沃度的土地開始投入耕作，而第一級土地會的租金會開始收租，地租的價格取決於這兩部分土地的品質差異。當第三級的土地也投入耕種，第二級土地租金隨即上漲，且如之前一樣受到生產力差異的制約。與此同時，第一級土地的剩餘部分也將漲價。

　　如果李嘉圖說的沒錯，租金是隨人口成長而出現。食物需求人數不多的話，只需耕作最佳的第一級土地就能餵飽大家。隨著人口數增加，農夫開始墾殖第二級土地。由於第二級的產量較少，擁有較佳土地的地主現在會開始收租。第二級土地的工資和正常獲利將決定穀物價格。況且較佳土地的成本費用較低，於是產生盈餘。地主收取盈餘。

　　為何李嘉圖的遠見讓人皺眉畏懼？根據他的說法，經濟成長的盡頭是溝渠，不論從字面上或比喻上來說都是。資本家在短暫時間內

★第四章　大衛‧李嘉圖：高呼自由貿易

可以擴張工業生產，甚至支付更高薪資給工人。但不久之後，快樂的工人生養更多工人，造成工資下降。英國要如何餵養嗷嗷待哺的這群人？耕作更多土地。但別忘記了，其他土地的生產力較差，耕作成本也最貴，因為農夫一開始就先墾殖最富饒的土地。

穀物價格將上漲，但資本家不會獲利，因為要付更多錢給工人才能生存。如果資源「是由農夫與勞動者分攤，而後者所佔比例較大，那麼前者的剩餘部分就變少了」。此外，農夫開始耕種次級土地時，擁有最佳土地的地主會收取較高租金。誰贏了？地主贏了。誰輸了？資本家輸了。誰沒有影響？工人沒有影響──即使農夫耗盡土地之時，飢荒終究會襲來。李嘉圖稱這種黯淡的困境為「定態」。字面上，飢餓迫使社會耕種，或甚至讓人飢不擇食。比喻上，資本家和工人被拋下，在溝渠裡中揮舞雙臂，大聲呼救。

為何李嘉圖與亞當‧斯密的歡樂美夢如此不同？亞當‧斯密一般假定農業不會衰退至低生產力，而工業將持續成長變得更有生產力。以現代詞彙來說，亞當‧斯密認為農業收益持續穩定，而工業收益遞增，讓所有各方都能繁榮興盛。李嘉圖認為工業收益持續穩定，而農業收益遞減。當然，李嘉圖也抱持希望，認為科技會定期拯救經濟。利潤降低的趨勢「由於機械改良，每隔一段時間會幸運地受到抑制，連結到必需品的生產過程，加上農業科學的新發現（讓我們減少以前必須使用的部分勞動力），從而降低了勞動者的必需品價格」。但我們不能完全依賴科技拯救。

記得狄更斯的《小氣財神》嗎？幽靈述說往後的耶誕節非常可

怕,被飢餓、恐懼和絕望深深褻瀆。史古基膽怯地問:「耶誕節非得這樣嗎?」枷鎖鐵鍊作響,沙啞刺耳的沉重呼吸聲揮之不去,幽靈留下史古基一人等待明天。

李嘉圖不是某些人描繪的小妖精,反而較像《小氣財神》裡的幽靈,他警告英國:思想狹隘的貪婪政策將讓時局更艱難、更貪婪,而開放外向的貿易立場可以為讓未來更幸福。他寫道:「我為穀物的自由貿易而戰,理由是:在自由貿易的國家,穀物價格低廉,利潤不會下跌,無論資本累積有多大。」經濟成長不會遭逢溝渠。而且,雖然阻礙來自「食物與其他原料產品的稀缺性以及隨之而來的高價……讓這些東西從國外供應,來交換完成製造的商品,這樣一來很難斷言財富累積的極限在哪裡」。

李嘉圖的分析招來廣泛的批評和延伸。如同馬爾薩斯,他低估了工人的「約束力」。工人並沒有像他害怕的那樣迅速繁殖。前文提到米爾頓·傅利曼手裡拿著鉛筆,象徵著經濟自由——古典經濟學家有時似乎更該抓著幸運兔腳,不是為求好運,而是象徵他們認為人類會快速繁衍。如同馬爾薩斯,李嘉圖憤怒反對《濟貧法》,因為這最終帶來飢餓。他堅稱:「窮人的每一位朋友都要支持廢除此法。」

李嘉圖對於地主、地租的嚴厲批評一八七九年傳向美國,媒介為一本書,是現代土地制度改革運動人物亨利·喬治(Henry George)的《發展與貧窮》(*Progress and Poverty*),以通俗熱誠的言語敘述。喬治是一個充滿救世情懷的記者,領導追隨者投入「單一稅運動」(single-tax movement)。喬治對於地主的不當得利十分不滿,譴責他們只會收租,

★第四章　大衛・李嘉圖：高呼自由貿易　　　123

而其他人卻拼命掙錢產生財富。喬治提議對土地課徵重稅來吸收租金，他比任何舊約聖經的先知還更熱情，預言道：「如此便能根除貧窮，馴化人類對殘酷的貪婪熱愛，讓邪惡與悲慘的源頭乾枯，點燃黑暗中的知識明燈，為發明注入新活力，為發現投入新鮮衝勁。並以政治優勢取代政治缺點，暴政和混亂不可能發生。」

這項提議有幾個問題。首先，經濟學家區分了李嘉圖所述的「經濟租金」(economic rent) 與佃農支付給地主的簡單租金。根據李嘉圖說法，在土地現有用途裡，經濟租金是比維持土地、勞力或資本之所需還要多的這一份款項。在他的分析中，土地僅能用於穀物，不須支付任何金錢即可維持農地原樣。持有者毫無選擇，只能用土地生產穀物。因此，支付給地主的任何款項都是經濟租金。棒球好手威利・梅斯 (Willie Mays) 曾說他可以免費打球。如果他這樣做，他所收到的任何款項都是經濟租金，因為已超過請他打球的必要支付額。

電影明星也收經濟租金。假設史特龍 (Stallone) 常常考慮要擔任「演員」還是「專業裁縫師」——如果每部電影的片酬不到三萬美元，那他可能會轉行去縫衣服的摺邊和袖口。所以，如果新電影《洛基遇上藍波第二集 3D 版》給他五百萬美元酬勞，就可以說其中的三萬美元是「移轉賺額」(transfer earnings)，而四百九十七萬美元則是經濟租金。亨利・喬治或許膽子夠大，敢取走全部這些租金。

重點在於：用來維持土地、勞力或資本於特定用途的部分款項並非經濟租金，而是移轉賺額。超過移轉賺額的款項才是經濟租金。因此，如果地主每月未從佃戶收得一千美元，而可能將土地轉作遊樂

園用途,那麼他所收取的第一筆一千美元就不是經濟租金。要小心這段話中含糊不清的地方。公寓房客一般所稱的租金並非經濟租金,要扣除必要款項後的金額才是經濟租金。但亨利・喬治要如何知道總款項中的哪一部分是應該課稅的經濟租金?他在此需要更多神人啟示,遠超出他自己的揭示。

　　土地單一稅運動也面臨道德障礙,有待忽略或超越。若是基於公平正義而對經濟租金課稅,那麼為了公平起見,必須從土地、勞力和資本的經濟租金課稅。喬治先生要如何分辨史特龍的移轉賺額與經濟租金?至於參議員和知名經濟學家的薪酬,又該如何辨別?並非每個人都像威利・梅斯這位選手一樣誠實。

　　雖然喬治先生沒有完成過使命,但他紅遍美國與英國,支持者設立「單一稅社團」傳播福音。這本好書《發展與貧窮》廣為流傳,遠比勞工增加速度還快。儘管該運動最終告歇,但喬治的粉絲們可以驕傲地指出地產稅是國家和地方的財務來源。不過,他們無法像六十年前那樣自信滿滿。喬治高估了租金和租賃收入的未來重要性。過去一世紀以來,各級政府已大為拓展規模。就算政府能在沒有抗爭或嚴重摔對的狀況下收回所有租金,租金也無法彌補開支。在一九二九年,地產租金大約佔了國民收入的六%,這個比率已經穩步下降之今日的一%以下。地產稅曾經提供了六五%的國家預算與地方預算,但今日僅佔一七%。

　　若說喬治接住李嘉圖的球之後拔腿狂奔,那麼李嘉圖的同代人馬爾薩斯則是試著把球擊回。針對《穀物法》問題,馬爾薩斯接受了

★第四章　大衛‧李嘉圖：高呼自由貿易

李嘉圖關於租金與農業收益遞減的分析。但他提出了四個部分的反駁。第一，他堅稱《穀物法》實際上促進了國內糧食產量的增加，因為它提振了穀物價格。第二，馬爾薩斯認為穀物是極為重要的生活必需品，不該徒留外國生產者之手。第三，他斷定較高穀價其實增加了工人薪資，因為工人受薪是依照穀物價格。因此，馬爾薩斯聲稱較高的工資足以彌補食品價格的上漲。李嘉圖不表認同──以今日的術語來說，他認為較高的「名目」工資不等於較高的「真實」工資。也就是說，薪資調漲不一定能讓勞工買到比以前還多的物品。對李嘉圖而言，馬爾薩斯的主張聽起來有如獨裁者，對人民微笑眨眼，承諾給予雙倍薪資。人民群起歡呼，向這位獨裁者五層樓高的海報行禮致敬，深感欣喜。隔天，他們去商店購物才發現，店鋪員工徹夜未眠，把所有標價全都提高一○○％。

第四，馬爾薩斯恭維了李嘉圖，為地主辯護得非常無力：

> 由於才幹與勤奮，李嘉圖現已成為大地主──一個可敬又優秀的人，智識高超，心腸也很好，都值得賺這麼多錢⋯⋯地主圈裡無人能出其右。

馬爾薩斯的奉承沒有多大作用，倒是讓李嘉圖邀請他到鄉間別墅度假。李嘉圖從未說過地主蓄意吸乾國家命脈。就像吸血鬼一樣，地主也是受到外力驅使。諷刺的是，最有錢的地主李嘉圖惹惱了其他地主，而謙遜的教師馬爾薩斯卻激怒了卑微的人民。

「供過於求」與方法論：李嘉圖 V.S. 馬爾薩斯

然而，李嘉圖與馬爾薩斯的對決不僅限於地主相關辯論。對於經濟不景氣，這兩位經濟學家也意見分歧。馬爾薩斯相信「總體供過於求」(general gluts) 這個不討喜的詞語，意指企業有時過度供給大眾想要買的產品服務。李嘉圖原本早先相信葛德文的烏托邦論調，而非「總體供過於求」。李嘉圖後來轉而信奉「賽伊法則」(Say's Law)——根據法國經濟學家賽伊 (J. B. Say) 而命名，賽伊以邏輯證實「總體供過於求」只是空想。科學家喜愛發掘定理和圖表曲線，可能是因為這些定理和曲線照例都根據發現者而命名！在經濟學裡，我們有羅倫茲曲線 (Lorenz Curve)、奧肯定律 (Okun's Law)、哈伯格三角形 (Harberger Triangles) 等等。

什麼是賽伊法則？工人賺到薪資、地主收到租金、資本賺取利息，全都加總到產品售價裡。製造過程中的每項成本成為某人的收入。因此，原本是勞工、資本家和地主的人，下班回家後成了消費者，有能力購買已生產之物。賽伊法則以「供給自創需求」這句口號而廣為人知。

賽伊從未否定「局部供過於求」(partial gluts)。若消費者決定少買特定產品，仍會發生「局部供過於求」。最後賣家降價求售，消除局部供過於求。但對於賽伊、亞當・斯密、休姆和李嘉圖而言，「總體供過於求」仍是不可能之事，因為人類總想拿錢做些事情，且對物質商品有無窮欲望。

★第四章　大衛・李嘉圖：高呼自由貿易

　　馬爾薩斯大叫反對。首先，他注意到拿破崙戰爭後一八一八年的不景氣，失業率似乎非常高。但賽伊畫了一個小圈圈並由李嘉圖強化，馬爾薩斯如何能強勢進入？他開始追蹤這個圈圈，認同消費者**能夠**買下所有市售之物，但萬一他們不想把錢都花光，那又會怎樣？要是他們寧願存錢或囤積呢？難道這筆錢不會滲出賽伊的購物圈，徒留商人坐困成堆乏人問津的商品上？

　　李嘉圖迅速回擊。如果消費者存錢，把錢放在銀行，而銀行再把錢借給想要花錢購買消費財貨或投資商品的人。不管怎樣，總有人在花錢。就連亞當・斯密也懂這個道理：「每年存下來的錢定期在每年被拿去花用，幾乎在差不多的時間被用來消費……只不過是由不同群人消費。」然後，李嘉圖責備他的朋友「馬爾薩斯先生顯然沒記住」這個簡單要點。

　　馬爾薩斯雖然說服不了多少經濟學家，但他仍舊意識到存款與投資之間的差距。為了解決「總體供過於求」，他提出「雇用窮人建築道路和公共工程，而傾向由地主和資產持有人出錢建設……並且要雇用工匠和粗工」，可作為「我們能力所及的最佳方式，也是最能直接計算，用來補救這些壞處」。

　　但李嘉圖回應馬爾薩斯的《人口論》：「幾乎每一頁都有謬誤。」

　　即使李嘉圖當時贏了，一世紀後，凱因斯卻讓馬爾薩斯敗部復活。在一首輝煌的讚美詩裡，凱因斯讚揚馬爾薩斯的經濟蕭條理論，說他是「劍橋經濟學家第一人」，同時還貶損李嘉圖：「真希望是馬爾薩斯是十九世紀經濟學進展的主要推手，而非李嘉圖，如此一來今

日世界將變得更睿智且更富裕！」他說李嘉圖「完全征服英國，一如神聖宗教裁判所（Holy Inquisition）鎮壓西班牙異端」。凱因斯顯然誇大了李嘉圖的主導地位，以及他自己與馬爾薩斯論點的相似性。雖然凱因斯和馬爾薩斯都否定賽伊法則，但馬爾薩斯不像凱因斯那樣。馬爾薩斯幾乎不認為存錢與投資有很大關聯，同時還力勸公共工程可以減緩投資，而非刺激產品銷售。話雖如此，若凱因斯說馬爾薩斯啟蒙他，我們又要反駁什麼？

馬爾薩斯與李嘉圖之間的真正差異並非關於供過於求、租金或貿易保護，而在於方法。兩者都活在科學發現時代，也都尋找因果關聯，還曾預言這些關聯造成的未來。李嘉圖相當注重過程中的錯綜複雜步驟順序。馬爾薩斯找到通則且應用於世界，並似乎因此滿足。回想李嘉圖精心描述的「定態」七步驟路徑。亞當·斯密或馬爾薩斯都沒有建構出如此嚴謹的模型。在詹姆斯·彌爾引導之下，李嘉圖試圖運用一長串演繹推理法，想導出確鑿觀點，一如歐幾里德幾何或牛頓力學。他的假定、前提有時顯然有誤，但在那些前提下，他的理論堅不可摧。但或許不那麼實用。凱因斯和約瑟夫·熊彼得（Joseph Schumpeter）都指責李嘉圖，說他只選用能確保希望結果的假設或示例。熊彼得說這是「李嘉圖惡習」（Ricardian Vice）──有誰也被熊彼得指責受「李嘉圖惡習」所苦？凱因斯。

李嘉圖親切地探討他在方法論上的差異：「我認為，我們在某方面的差異可能歸因於：你認為我的書應該比我預期的還要更實際。我的目標是要闡明原理，為此，我要想出強力的示例。」李嘉圖也偏

★第四章　大衛‧李嘉圖：高呼自由貿易

好長期分析，而非短期描述，他告訴跟馬爾薩斯：「你的腦中總有著特定變化的即時和暫時作用，而我不置可否⋯⋯只把全部注意力放在上述導致的恆常狀態。」難怪書信紀錄顯示，李嘉圖拒絕認同馬爾薩斯的實證觀察，因為這些觀察不符合李嘉圖的強力案例，或者稍縱即逝，也因為馬爾薩斯從未建構精密的分析模型——他以「反覆無常」出名。與馬爾薩斯同一時代的羅伯特‧托倫斯（Robert Torrens）曾寫道：「在經濟學的主要問題中，馬爾薩斯先生經常自持原理而後拋棄。」後來，凱因斯也得到同等名聲，讓他最尖刻的批評者「讚美」他是折衷主義——在最好的東西中選出最壞的。

儘管受到凱因斯和熊彼得的抨擊，但包括馬克思、瓦爾拉斯、馬歇爾和維克塞爾（Knut Wicksell）在內的經濟大師，都曾盛讚李嘉圖卓越不凡。最近有一位傑出的經濟方法論學者表示：「假如經濟學基本上是分析引擎，是一套思維方法而非大量可觀結果，那李嘉圖確實發明了經濟學技巧。」

人們得到的印象是：馬爾薩斯過世後，一些人來參加喪禮哀悼，另一些人則是去確認他真的死了。李嘉圖的才智、善良與性格吸引了較多仰慕者。他是一個有錢人，原本能在鄉間盡情享樂、周遊世界。但他反而利用閒暇，研究複雜難懂的問題，從中得出抽象、深刻而讓他自認正確的解方。他自行探討這個世界，透過著作、報刊與國會演說來教育他人。他的「比較優勢」法則和「經濟租金」理論至今仍出現於教科書，一如既往地具說服力，也相當重要。

雖然全世界都在傳授李嘉圖的理論，卻是歐洲國家最能檢驗李

嘉圖的遺澤。那些國家已履行一九九二年的誓言，卸載彼此所有殘餘的貿易壁壘，讓李嘉圖獲得局部勝利。若要全盤得勝，歐盟國家還必須守住第二項承諾：不在邊界豎立堡壘，不阻止美日等國參與活躍的繁榮振興計畫。目前為止，結果有好有壞。雖然美國的金融公司強勢進入（通常藉由併購歐洲企業實體），但法國農夫仍在某種程度上贏得特別優惠待遇，惹惱了美國和澳洲的農業。荷蘭人儘管如此盛讚南非革命家曼德拉（Nelson Mandela）的聖潔，卻依舊阻擋南非的切花進口。德國馬鈴薯農夫反對南非馬鈴薯，法國釀酒業者推拒南非的霞多麗（Chardonnay）白葡萄酒。最引起熱議的可能是香蕉了！歐洲持續保護自身在非洲的前殖民地，免受加勒比海地區和拉丁美洲的蕉農侵襲。至此，香蕉已成為對抗自由貿易的致命武器。李嘉圖對此可能感到失望，但仍抱持著希望。

第五章

約翰・彌爾：
狂風暴雨的心智

「當一個人的思想沒有受到挑戰,那捍衛自己思想的能力就會減弱。」

——彌爾

自亞當‧斯密之後，幾乎所有知名的英國經濟學家彼此往來密切。亞當‧斯密的好友大衛‧休姆是托馬斯‧馬爾薩斯的「教父」；馬爾薩斯是大衛‧李嘉圖的密友；李嘉圖與詹姆斯‧彌爾是患難之交，後者總是激發前者的經濟理論想法。約翰‧彌爾是詹姆斯‧彌爾之子，由於他未與後繼者馬歇爾成為朋友，因此經濟學家的關係出現少許斷層。但馬歇爾從約翰‧彌爾的著作獲益良多（也從經濟學家法蘭西斯‧埃奇沃思〔F.Y. Edgeworth〕學到許多事，這位是李嘉圖友人瑪利亞‧埃奇沃思的侄子），後來成為凱因斯的老師。二戰以前，凱因斯在英國經濟學佔有首要地位，作育無數顯赫英才。

約翰‧彌爾想法天馬行空，塑造他精彩的人生經歷。透過他的視野，我們可看見古典經濟學潛藏的哲學衝突。他對經濟理論提出貢獻，雖然經濟學家有時懷疑他的原創性，但無可否認，彌爾對於經濟學和資本主義的倫理道德基礎，提出過不少值得探討的問題。

喜劇演員吉米‧杜蘭特（Jimmy Durante）最知名的台詞是：「人人都想軋上一角。」繼牛頓之後，幾乎每個知識分子都想參與科學舞台演出，為自己的問題找出確切答案。亞當‧斯密、李嘉圖和馬爾薩斯發掘自然法則，意欲成為經濟學裡的牛頓。比較優勢法則、賽伊法則與人口原理法則都是在這個時期出現。值此同時，傑瑞米‧邊沁試圖成為「道德普遍主義」（moral universalism）領域的牛頓，也就是**道德**科學家。道德科學家和經濟科學家醞釀理論，讓詹姆斯‧彌爾深感著迷，他很愛品味邊沁的思想，也強迫兒子試試看。

約翰‧彌爾出生於一八〇六年的倫敦，在乳臭未乾之時，就開

★第五章　約翰‧彌爾：狂風暴雨的心智

始接受嚴格教育。三歲那年，他父親詹姆斯傳授希臘文。到了八歲，這個男孩已經用希臘文讀過柏拉圖、色諾芬（Xenophon）、第歐根尼（Diogenes）的著作，而且開始學拉丁文。他的母親不是個慈祥和藹的人。約翰‧彌爾當時還年幼，對經典僅有粗淺認知，就算母親冷酷嚴峻，他依然錯把母親當成「斷臂維納斯」。彌爾在八到十二歲之間就讀遍整座圖書館，鑽研亞里斯多德和阿里斯托芬（Aristophanes），精熟微積分和幾何學。而在閒暇時刻，他被迫教兄弟姊妹拉丁文。他有嗜好嗎？閱讀歷史書就是嗜好。有朋友嗎？沒半個。

　　十四歲時，這對父子開始在樹林裡漫步，父親對兒子大談李嘉圖的經濟學。兒子曾描述：「他對這門課，每日闡述一小部分，而我隔天必須交出紙本筆記，他要求我反覆重寫，直到內容夠清楚、夠完整為止。」請想像一下，一個可憐小男孩努力抄寫，記下李嘉圖的複雜理論，同時還得跟著父親在樹林裡前行。

　　小彌爾受到嚴格管教，智識上宛如飛馳良駒，情緒上則如溫馴木馬。他一貫謙遜，否認自己有非凡心智、精準記憶力或充沛精力。他說：「我的天才大概只有中下程度，我相信任何平庸的男孩女孩也都跟我一樣。」他肯定不認識家人以外的小孩，直到有一天，父親帶他去海德公園散步，這才確定他認識其他小孩。但詹姆斯怕他太驕傲，告誡說：「只要有我這種嚴父，任何人都能做到。」有這種父親，兒子真是獲益良多卻也深受其害。這位父親給了兒子「四分之一世紀的有利條件」，遠遠超過同時代的人。

　　如此有利條件增進他的智識，卻也傷害了他的心靈。他說「我沒

當過小孩」，有什麼比這句話更令人憐憫？他與父親的朋友們往來，那些人才不想玩躲貓貓或其他兒童遊戲，他們臉部表情嚴肅，個個宛如競選失利。一八二二年的春天到來，多數男孩心神蕩漾，想找女孩一起在草地玩耍，但小彌爾智趣大發，因為他看見邊沁的三大冊著作《立法論》(Treatise on Legislation)，內容談及功利主義。他說：

> 看完最後一冊……想法徹底改觀。我能理解邊沁的「效益原則」(principle of utility)，以他的應用方式加以運用……我認為這正好切合關鍵意義，總結了我知識和信念裡的片斷要素，統一了我對事物的觀感。現在我有主見了，這是一種信條、教義和哲學，更明確地說，是一種宗教信仰。諄諄教誨，廣為流布，成為邁向人生目的之主要理念。眼前我有宏大的變革見解，想透過這項信條影響人類境況。

接下來幾年，小彌爾加入他的「童年」朋友詹姆斯·彌爾和大衛·李嘉圖，透過《西敏寺評論》(Westminster Review)傳遞邊沁的福音。

《西敏寺評論》聲名大噪，在意見研討論壇，認可邊沁式類型的激進主義地位，不成比例地超乎邊沁擁護者人數……文筆語氣強而有力，雖然此時似乎少有其他人肯定信條且心懷同等信念……因此在哲學和政治方面，讓所謂的「邊沁學派」攀至大眾心念巔峰，遠勝以往。

邊沁的「快樂、痛苦與計算」

邊沁的福音究竟是什麼,居然吸引這麼多支持者?就像大自然用重力支配地球,邊沁說大自然「讓人類受到兩大主要力量支配——快樂與痛苦」。邊沁在這些法則之中,發現了敘述性暨規範性的信仰。人類喜歡快樂而討厭痛苦(受虐狂除外,他們偏好苦痛,因為痛苦讓他們快樂),所以選擇能帶來快樂的事。邊沁以規範性的章節,該主義鼓吹人類選擇快樂的道路。目前聽起來頗為趣味,就像古希臘亞里斯提卡(Aristippus)的享樂主義。但邊沁補充了一條道德上的告誡:如果所做的選擇會影響別人,那個人必須做「能造就所有人最大幸福」的選擇。功利主義運動的口號就是「成就多數人的最大快樂」。一個負責任的政府立法者務必謹記在心。

邊沁說在決定幸福之時,所有人的價值都是平等的——這讓民主主義者熱淚盈眶。如果國王傷到一隻腳趾,而侍女「珍」傷到兩隻腳趾,那國王的痛苦是侍女的一半;如果給侍女繃帶包紮傷口,對她的幫助會大於國王受的痛苦,那麼侍女理應得到繃帶。難怪貴族們會祈禱,邊沁傳播福音之前先把自己的舌頭弄斷!

但身為道德界的牛頓,邊沁覺得這類制式說法在數學上不夠精確。他巧妙構思一套量化快樂與痛苦的方法,稱為**「幸福指數」**(felicific calculus)。眾所皆知,某些經驗比其他經驗帶來更多快樂或痛苦。為什麼?任何單一經驗皆可用以下四項因素衡量:①強度。②持續時間。③確定性。④遠近關係。大家寧願知道可以放一段長假,而不是週末

可能放假。而對喜劇演員來說，嬉鬧活潑會比溫和內斂帶來較多歡樂。

開發這些指數時，顯然邊沁得到不少快樂。於是後來他又加上三項因素：「衍生性」、「反作用」與「對他人之影響」。有些快樂會衍生更大幸福。假設馬克參加夏季歡樂營，有更多機會認識新朋友，那麼這個娛樂顯示了第五項產生幸福的因素，也就是「衍生性」。但這項娛樂也可能造成痛苦，因為馬克睡了足球選手妻子，於是有了第六個因素「反作用」，即可能產生相互牴觸的感受。最後，足球選手賞了馬克幾巴掌，許多人見狀哄堂大笑，我們還必須考量眾人的這種歡樂感。

有了這些工具，邊沁又加上繁複說明。乍看之下，使人聯想日本家電的組裝說明書，搞不好還是原始的日文版，因為費解難懂的日文至少比莫名其妙的英文翻譯版好多了。話雖如此，深入思考後，邊沁所言其實頗有道理：

以任何人開始……然後加以記述：
1、當下行為所帶來的每項可辨識快樂之價值。
2、當下行為所帶來的每項可辨識痛苦之價值。
3、由第一筆快樂或痛苦所產生的每項快樂的價值，這構成第一筆快樂的衍生性與第一筆痛苦的反作用。
4、由第一筆快樂或痛苦所產生的每項痛苦的價值，這構成第一筆痛苦的衍生性與第一筆快樂的反作用。
5、加總全部的快樂價值與痛苦價值。如果總快樂大於總痛苦，

★第五章　約翰・彌爾：狂風暴雨的心智

那麼就此人本身的利弊而言，該行為的整體趨向是好事；如果總痛苦大於總快樂，該行為的整體趨向是壞事。

6、考量所有與這個行為的利害關係者。對每一個人重複以上步驟。加總所有面臨良好趨向的人之快樂程度……同樣也要加總所有面臨不良趨向的人之痛苦程度……將兩者相比。如果快樂大於痛苦，則對這群人來說，該行為的普遍趨向良好……如果痛苦大於快樂，對同一群人的普遍趨向不良。

邊沁一定很認真看待第三步驟裡的長期快樂。他過世後，把遺體捐贈給倫敦大學，校方把他的遺體放在推車上，供人瞻仰遺容。遺體經過處理，靜靜躺著。不幸的是，有幾個身手敏捷的學生找樂子，偷走了他的頭。由此可見，要衡量「衍生性」與「反作用」，有多麼難。

小彌爾閱讀邊沁著作，滿足自己對科學精確性的渴望，也對社會互動有新的見解。他很快加入邊沁陣營的戰鬥行列，成為邊沁哲學激進派一員，其中包括某些知名的國會議員或作家。諷刺的是，這些人生勝利組討論幸福快樂，本身的快樂程度卻只跟奧地利小說家卡夫卡一樣。

在政治方面，邊沁激進派追求民主與言論自由，宣稱「自由言論造就真理」。他們抗議《印花法》(Stamp Act) 課徵期刊稅，也反對施加各種集會限制（彌爾後來極力爭取婦女投票權）。他們依據李嘉圖立場，反對《穀物法》。邊沁也痛斥英國的監獄系統不夠開化，認為懲罰手段僅是輔助性質，旨在制止報復，而非假借正義之名挾怨報仇。

依邊沁之見，罪犯只是個認為犯罪值得的人，那真正的解決辦法在於調整犯罪成本。雖然邊沁曾提出政府的座右銘應該是「不動聲色」，但激進派卻已準備就緒，萬一效益大於成本，就要揚棄放任政策。「無論過去、現在或未來，政府的手從沒讓我有情緒化或混亂的恐懼。且把『侵犯天賦自由』這類話題……交給亞當・斯密。」在他們心中，「發揮作用」才是神，而非「無形之手」──雖然這個神常常借用無形之手。

順帶一提，他們的神肯定與教會、猶太會堂或清真寺毫無瓜葛。詹姆斯・彌爾無法在罪惡世界與善良造物主之間找到平衡，而小彌爾回想父親的無神論狂言：

> 我聽過父親說了幾百次，任何時代和任何民族的神都是邪惡，而人類點點滴滴進展，不斷持續添加他們的特質，直到設計出人類心智能想出的最邪惡概念，然後稱之為神，並且在他面前平伏自己。

在一八二〇到三〇年代，激進派贏得多次政治戰爭和衝突，這出乎大眾預料，也超過彌爾自己的預料。一八二三年，為求維持生計，彌爾於加入父親任職的東印度公司。如同馬爾薩斯和凱因斯，他在政府的印度辦事處工作卻沒去過印度。同年他加入群黨，創辦功利主義協會，成員大多是年輕的邊沁信徒。彌爾與他們理念相近，全心投入，彼此長期持續研究，一起高談闊論。他們的主要對手是浪漫主義者、烏托邦幻想家和社會主義者，因為在柯勒律治的詩中，那些對手不切實際，在世俗世界的論辯無法獲勝。

★第五章　約翰・彌爾：狂風暴雨的心智

思考機器一度當機

　　彌爾在這段期間，或許太過著迷邊沁的嚴謹理論，全然忘記自己的最終目標是幸福快樂：「對邊沁學派最常見的描述是，他們只是推理機器。儘管這種說法對大多數人極為不適用，可是……對我而言，雖不中亦不遠矣。」

　　彌爾早在二十歲就步入中年危機。這台推理機器故障，彈簧鬆弛、襯墊損壞，而且接觸不良。他長達好幾年認為「當個改革家才是人生真正目的」。但一八二六年冬季的某一天，他顯得「陰沉喪氣……曾經一度認為快樂之事，現在覺得索然無味」。他自問了一個決定性的問題，得到了毀滅性的答案：

　　倘若人生所有目標皆已實現，且在關鍵時刻裡，也完全實現自己對制度和輿論的期許——這對自己而言，真的最快樂嗎？自我意識明確地回答「不是」，而我無力抵抗。此時，我的心情墜入深淵，生命根基全垮。長期追求的幸福快樂竟然導致這般結局。而且結局已不再吸引人，毫無樂趣可言。似乎已經失去生活目標。

　　他絕望沮喪，有時抑鬱到很想自殺，大概持續了半年左右。他從未培養人文情感，只分析表面徵象，而不探究背後人文素養。浪漫主義抱持玫瑰色的斑斕夢想，但彌爾猶如松節油，洗去浪漫主義的繽紛色彩。幾年後，尼采宣稱「上帝已死」。對小彌爾來說，嚴格的父

親表情冷峻，根本得不到父愛，除了理性之外一無所有，人類有如行屍走肉。他如此描寫父親：「若有人頌揚各式情感與熱情，不管是口頭或書面，父親全都輕蔑以對。他說，那都是瘋子行徑。」

小彌爾在理性年代渴望熱情。他不是受到理性哲學家蒙騙，卻因為無能的理性哲學狂熱者而受傷。休姆就是其中之一，他認為理性永遠「受到熱情奴役」。確實，就連邊沁也用理性對照熱情，而非取代熱情。

對於心理分析師來說，彌爾倒是不錯的研究個案。他之所以被罪惡感折磨，可能是因為壓抑渴望：他希望揮之不去的獨裁父親早點過世。彌爾比希臘悲劇英雄更可憐。伊底帕斯至少有慈愛的母親，但彌爾連在他的三百頁自傳裡，都不太樂意提到母親。從他的草稿即可看出端倪：

> 首先，溫暖的母親與父親截然不同。再者，好的母親讓子女感受到愛與關懷。但我的母親充其量只想埋首工作……因此，我的成長環境缺乏愛，而充滿恐懼。

彌爾的母親沒有寫自傳。難道她與詹姆斯‧彌爾的婚姻耗竭了她全部的愛？沒人能知道。但能肯定的是：彌爾的家並不適合長久駐留，沒有溫暖的雞湯，也沒有溫暖的陪伴。

★第五章　約翰‧彌爾：狂風暴雨的心智

低潮後的浪漫與重生

　　彌爾耽溺於理性主義浪潮，內心翻騰不已，而浪漫主義的暗流反過來救了他一命。尼采的作品《悲劇的誕生》(Birth of Tragedy)描述兩股強大力量衝擊人類心智：太陽神與酒神。太陽神象徵理性與秩序，如同莫札特的交響曲，而酒神則是狂想與情感，猶如普契尼歌劇。十八世紀的理性主義使彌爾瀕臨絕望，於是他開始讀華茲華斯（Wordsworth）作品，甚至是柯勒律治詩集。華茲華斯對於大自然美景的描寫豐富，終於啟發他鼓舞的感受以及想像力的發現。這個世界看似令人愉悅了。彌爾擁抱美學，藉此突破心理障礙，走出父親帶來的威權陰影。

　　彌爾展開學術漂泊之旅，宛如柯勒律治筆下的舊時代水手。他拜訪諷刺作家卡萊爾和法國哲學家孔德（Auguste Comte），這兩人強調經驗主義論，深深影響彌爾。不過，水手似乎有時太過崇敬新主而排斥舊主。驕傲自負的孔德在認識彌爾之後，居然要求金錢資助。彌爾默許，甚至要求自己的朋友拿錢給孔德。大概一年後，彌爾才停止這種善心義舉。孔德一點都不感激，反而寫了一些不堪入目的信件來教訓彌爾，指責他應該資助貧困的博學人士。儘管彌爾獲稱為「理性主義之聖」，但從這段軼事來看，稱他「愚聖」可能更恰當。

　　彌爾父親在一八三六年過世。之後彌爾開始發表文章，表示自己已遠離哲學激進派。一八三八年，他發表一篇題名為「邊沁」的文章，抨擊邊沁主義使靈魂窮困匱乏。個人應該追求的目標是「靈魂的完善」，不論是痛苦還是快樂。彌爾謙遜地附加說明：邊沁固守立法

議題時，效果會比固守個人道德來得好。兩年後，彌爾讚言「柯勒律治超越理性」。

父親過世反倒讓彌爾解脫，卻也感到煩擾。史學家格特魯德‧希梅爾法布（Gertrude Himmelfarb）說，彌爾父親與世長辭之時，彌爾腦袋發熱、兩眼迷茫、身心抽搐。若以心理分析看待彌爾，如此抽搐是否顯示：威逼獨裁的父親讓他深感壓抑，一旦父親過世，他反而大大鬆了一口氣？

這段漂泊之旅兼具智性與美學。彌爾生平第一次墜入愛河，頭眼昏花，拜倒在石榴裙下。但遺憾的是，他的愛慕對象海瑞（Harriet Taylor）已婚有小孩。彌爾不因此放棄，繼續以邊沁學派方式，勇於追求幸福快樂。他們之間的三角戀愛無關性事。海瑞仍與先生同住，老公是約翰‧泰勒（John Taylor）。彌爾會趁著泰勒先生出門之時去拜訪海瑞女士，兩人共度多次夏日週末。這段關係從一八三〇年一直持續到五一年兩人結婚為止。約翰‧泰勒在結婚前兩年過世。但彌爾認為訂婚之後要等久一點，才可消除流言。彌爾將自己的大部分知名著作歸功於海瑞的智慧。她是彌爾的繆斯女神。從心愛的妻子身上，彌爾得到渴望已久的溫暖與支持，而從前他冷漠的母親無法給予這些：

> 她的心是完美樂器，穿透人心，直指事物精髓，總是捕捉最本質的概念和原理。她不僅蕙質蘭心，還兼具精準敏銳，多愁善感又富想像力，簡直是無與倫比的藝術家。她有溫柔璀璨的心靈，口才流利，時時都能言之有物。此外，她洞察知識與人性，對人生持有真

★第五章　約翰・彌爾：狂風暴雨的心智

知灼見與英明睿智。若有機會，一旦時代為女性開啟大門，她必定成為人類傑出領導者。她結合智識與完美品格，是前所未見、各項才華均衡的良材。

很多朋友認為彌爾有幻覺。海瑞是否真的貢獻這麼大？史學家仍雄辯不休。但可以肯定的是：贏得美人芳心的彌爾受寵若驚，對自己造成無數衝擊。

海瑞與浪漫奇想充斥腦中，我們或許會以為彌爾從此虛擲人生，盡將時間用來創作希臘式的聖壇頌歌。在心靈與現實都遊歷世界之後，我們這位浪漫英雄浪子回頭，比以前更像個漢子──邊沁主義是他的家。這次他打算修正邊沁主義，加以改進。在往後的文章與政治生涯中，他抱持著出更深的功利主義。彌爾認為，不能光靠快樂獲得最大幸福。欣賞貝多芬交響曲或米開朗基羅名作，使人心感愉悅，但並非只是感官層面。偉大作品與作為能昇華心靈。邊沁曾言，若撲克牌與詩詞給人同等快樂，那兩者都是好事。但彌爾不認同，他駁斥：寧可當勤儉度日的蘇格拉底，也不願當飽食終日的懶豬。他以柏拉圖式的美德榮譽、尊嚴和自我發展，提升功利主義內涵。於是，他熱心推動公共教育。依他之見，唯有透過心靈改革，方能經世濟國。

一八四八年，他出版了經濟學重要著作《政治經濟學原理》(*Principles of Political Economy*)。如同書中提到的獨佔廠商，彌爾這本書也壟斷出版界數十年。牛津大學到一九一九年還在用這本書當教科書，或許是因為後繼之作的馬歇爾畢業自劍橋大學。確實，經濟大師們的

著作是大眾的指引明燈。從一七七六年到一九七六年，只有五本著作獨霸整個經濟學領域，且未曾間斷。這些書是：亞當‧斯密的《國富論》、李嘉圖的《政治經濟學和稅收原理》、彌爾的《政治經濟學原理》、馬歇爾的《經濟學原理》（Principles of Economics）、薩繆爾森的《經濟學》。雖然書名缺乏想像力，卻都是歷久不衰之作。

彌爾的方法論

彌爾在理性主義與浪漫主義之間掙扎，直到探討經濟學方法的《政治經濟學原理》出版後才找到出路。他父親詹姆斯‧彌爾追隨政治理論家霍布斯，認為社會科學要像幾何證明一樣精準。詹姆斯‧彌爾以一般性的前提，演繹出特定結論和策略。這些通則主要類似「自利」之類的人性法則。推理過程毋庸置疑，猶如三角形有三個邊和三個角一樣理所當然。父親傳授「三段論法」或「理性論證」，讓他據此學習經濟學。

彌爾在危機時期重新自我教育，學到了「歸納法」這類較不精確的方法。在許多情況下，社會學家只能透過觀察研究對象，針對行為趨勢提出假說，無法證明恆常不變的定理。歸納法有兩項目的：找出行為模式，並用實證資料進行預測。歸納法較不精準，但不代表比演繹法差。有些學科不適用演繹法，如社會學不具備精準演繹性，因為人類行為不可能一成不變。演繹法或許比較適合用來推測殭屍行為。

第五章　約翰・彌爾：狂風暴雨的心智

彌爾用以下這段話捅了已故的父親一刀：一個「實踐智慧之人」不會「從假定的通則中推論出個別的特例，而忘了時常回到推論式科學基本原理之必要」。

彌爾不因為歸納而放棄演繹，他用所羅門王般的智慧，將兩種方法互用。倘若經濟學家用錯誤前提進行推論，那實證主義者必能找到反例。舉例而言，馬爾薩斯的人口論一開始是演繹後的真理，但我們可從超市琳瑯滿目的產品來否定該法則的正確性。而另一方面，理論家在演繹論述之時，可檢驗實證主義者的結論是否符合邏輯一致性。例如，一個呆頭的實證主義者可提出結論，說送子鳥（白鸛）的遷徙與紐約市的出生率高度相關（確實如此），且提倡獵殺送子鳥，抑制人口成長。從邏輯角度來看，這種觀察是無稽之談。當然，只要有個無情的實證主義者開始殺鳥，並統計新生兒人數，就能發現兩者沒有關聯。

彌爾並不一直混用兩種方法。實際上，他的著作主張運用分裂式研究法，進行生產與分配。生產由普世皆準的固定法則支配，「我們對生產無法任意抉擇」──所以這裡採用了演繹法。但「財富分配卻非如此，完全是人類制度問題。其實，無論是個人或團體，人類皆可自行選用偏好方式來分配財富」。

李嘉圖仔細區別地主、工人與資本家的明確角色，分析生產與財富分配，而彌爾反對利用這種分割來研究分配過程。誠然，李嘉圖分析下的地主收得租金，但彌爾堅持社會機制可能不會這樣允許。

彌爾的分析方法似乎有誤。首先，生產法則並非不變，例如生

產技術的進步難以預測，也無從確定。彌爾完全沒提到這一點。再者，財富分配無法徹底與生產劃分關係。

不只有減稅狂熱分子才知道稅率對人類活動的影響。德國網球名將鮑里斯·貝克（Brois Becker）賺取大把鈔票，而德國政府對有錢人課徵重稅，那麼，貝克在波昂繳了多少稅？完全沒繳，因為他搬到摩納哥了。財富分配改變了他的生產行為。當然徵稅無法解釋一切。若用貝克的案例來解釋舞蹈家米哈依·巴里什尼科夫（Mikhail Baryshnikov）逃離蘇聯就太蠢了。二〇〇六年，愛爾蘭搖滾明星波諾（Bono）及他U2樂團的團友，暗中把事業總部從都柏林遷至荷蘭，以避開愛爾蘭的高額賦稅。波諾在都柏林的演唱會上譴責愛爾蘭總理，說他沒有花更多稅收去救濟第三世界的貧窮。某些歌迷對這番言論大感失望。

在後來的《政治經濟學原理》版本中，彌爾態度日漸緩和，不再強烈主張要有明確方法區隔生產與財富分配。

若要概述該書的重要模型，耗費的篇幅可能會比原著還多，因為彌爾全面審視經濟學原理，並加上諸多改良。他提出很多令人信服的概念：公司管理、供需為等式關係（而非比例關係）、賽伊法則，並指出李嘉圖比較優勢法則的主要因素是需求等等。諾貝爾獎得主喬治·史蒂格勒（George Stirler）發現，彌爾改良的各個模型之間的關聯不大。彌爾只是汰換脆弱的石塊，而非建立新的基石。

由於馬歇爾同樣修改了彌爾的概念，本章僅檢視彌爾及其社會政策方面的經濟學。除了馬克思，彌爾可能是最後一位「政治經濟學家」，他發表的政治學短論《論自由》（On Liberty）、《功利主義》

★第五章　約翰・彌爾：狂風暴雨的心智　　　　　　　　　　147

（Utilitarianism）與他的經濟學同樣出名。在十九世紀尾聲，經濟學已成為獨立學科，逐漸專業化，因此鮮少有人同時精通經濟學和哲學。二十世紀中葉，極少有人在經濟學範疇內精通兩、三個以上的專業領域。諾貝爾獎得主羅伯特・索洛（Robert Solow）曾言說，在「博而不精」與「精而不博」僅能擇一。

彌爾早期著作《邏輯論》（On Logic）針對**「實是性」**（positive）與**「規範性」**（normative）進行重要區分。實是性的經濟學描述實際發生之事，且加以預測，但規範性的經濟學是根據個人道德哲學，提出解決方式。彌爾的角色屬於規範性的改革家。《政治經濟學原理》全書五冊，前三冊頗具敘述性質，後兩冊展現了彌爾的規範式角色。他致力推動均富、女權和教育，希望增進人類福祉。

人人都能舉標語、喊口號要求平等與幸福，或到巴爾的摩成立職業足球隊。但搖旗吶喊無法造就成果，正如把西伯利亞改名為「天堂」，也不會帶來好天氣。彌爾結合規範性的目標與現實的分析，實在偉大。

關於稅收與教育

彌爾在關於稅收的章節，針對實是性與規範性的論述提出平衡分析。事實上，他對所得稅的立場反映出一九八六年《稅務改革法案》（Tax Reform Act）的精神。該法案旨在促使累進所得稅率更加「平滑」。

彌爾與亞當・斯密同樣主張比例稅制，即無論所得高低一律稅率相同。對比之下，累進所得稅制的稅金會隨所得提高。彌爾擔心累進稅率降低工作意願，而他的分析正好解釋了前面網球名將貝克的案例：

> 若對所得較高的人課徵較高稅率，等於是對勤奮與節約施加重稅。這無疑是在懲罰比別人還努力、積極儲蓄的人。

雖然比例稅制適用大多數人，但彌爾認為窮人理應免稅。

二十世紀的多數時候，美國屏棄彌爾的建議而採累進稅率。納稅人稅率分為十四個稅級，從一一％到五〇％。假如某人得到加薪，很有可能被計入更高稅級。一九八六年，國會終於採納彌爾的建議，通過《稅務改革法案》。該法僅有兩個基本稅級，也就是一五％和二八％。雖然稅級並非完全「平滑」，但不再像是陡峭山坡，而是兩座高低不同的「高原」。該項法案也遵從彌爾思想，讓更多窮人免稅。儘管後來國會數次修訂此法，還加了更多「高原」，但保留了原法案的基本邏輯，法律漏洞比一九六〇與七〇年代的版本更少，稅率也更低。

國會並非刻意全面接受，但為何終究採行彌爾的主張？許多正反理由可說明。如同某人曾說過，世界的混亂可證明上帝確實是幕後推手。倡導比例稅率的人主張：累進稅率歪曲了增加所得的動機，鼓勵人人提高所得後設法逃稅。眾人可以合法地透過手段或會計來避

★第五章　約翰・彌爾：狂風暴雨的心智

稅，當然非法的也可以。即使制定法律，但只要人民成功逃稅，結果就仍不是累進稅率。事實上，在一九八六年《稅務改革法案》之前，國稅局的實際稅收跟比例稅差不多。人們尋找法律漏洞，阻撓累進稅並讓它徹底改觀。民主黨和共和黨支持一九八六年法案，一起消彌許多法律漏洞，也讓避稅變得更沒吸引力。不過，這個更嚴厲的法案不知為何出現了一些古怪漏洞，例如有人說服愛斯基摩人把虧損的生意賣給自家公司，如此就能當作稅單上的扣除額。

有些反對者批評比例稅率，認為不如累進稅率公平。但彌爾在天之靈依然得勝，至少接下來幾年是如此。

彌爾減輕有錢人的所得稅，卻為遺產稅拴緊螺絲。他的哲學與經濟學著作皆力求「立足點平等」，而非「齊頭式平等」。如果子女繼承了父母的大筆遺產，即有不公平優勢。含著金湯匙出生的人有資格揮金如土，而不需自行創造財富。彌爾為何對所得稅十分審慎，對遺產稅卻大刀闊斧？因為他認為高額遺產稅不會降低工作意願，但累進稅卻會如此。彌爾寫道：「這種財產不是自己賺來，是不勞而獲，因此為求公共利益，最好加以限制。」

彌爾的分析不是無懈可擊。實務上，遺產稅日趨複雜。由於父母可在生前轉讓財產給子女，因此必須有贈與稅以及稽查機制。另外，高遺產稅可能降低年長人士工作意願，並鼓勵花錢購買奢侈品，而非儲蓄或投資。總之，遺產稅也有瑕疵。

小布希總統不同意彌爾的遺產稅觀點。他在二〇〇一年說服國會砍掉遺產稅，並在二〇一〇年縮減為零。然而，該項立法在當年

十二月三十一日就滿期截止。因此，從二〇一一年一月一日開始，最高級的稅率又回到原本的五五％。因此有人稱之為「立刻謀殺老母法案」。

彌爾對於有錢人的觀察，不僅侷限於遺產稅方面。儘管談戀愛了，且深受邊沁主義影響，但他依然反對有錢人享樂。富人會炫耀奢侈品，而他極力主張對此徵稅。彌爾早在范伯倫之前就主張「有些貨品……在某些角度下最適合課稅」。有時候，彌爾似乎從「對富人課稅」之中得到快樂，彷若自己與富人賺進同等財富。但我們不能責備彌爾，因為他關心窮人，同時了解不少富人。他對於社會環境如何形塑人民觀點，總是心存感激。

彌爾也思考：政府發放救濟金給窮人時，要如何不影響其工作意願？他沒有清楚說明答案。他區分健全之人、殘障失能人士、老年人與兒童。顯然彌爾認為政府不該因為擔心影響失能人士工作意願而停發救濟金。他認同窮人法改革（Poor Law Reform）委員會的看法，反對刪除殘障人士補助。不過，對於四肢健全的人，彌爾沒這麼寬宏大量。他主張：接受福利給付的人必須勞動，換取福利津貼。彌爾的訴求被忽略了幾十年，直到一九八八年，聯邦政府和某些州政府才開始採取「工作福利制」，即接受福利的人必須工作，或接受職業訓練。參議員丹尼爾・莫尼漢（Denial Patrick Moynihan）號稱「聯邦立法之父」，他花了數年時間，重新定義社會福利為「邁向最終就業的過渡方式」。但一九八八年的福利方案漏洞百出，引發全國熱議。美國人對「保守派斥責福利國家」早就習以為常，正如當年雷根總統極力反對開著

★第五章　約翰・彌爾：狂風暴雨的心智

凱迪拉克到銀行兌換政府支票的「福利女王[1]」一樣。一九八五年出版的《失所》(Losing Ground)一書飽受爭議，其內容提及「福利其實拆散了黑人家庭」，評價褒貶不一。但保守人士的工作福利制度再度開始盛行。比爾・柯林頓一九九二年任阿肯色州長，他說如果選上總統，將依照「眾所周知」的方式進行社會福利改革。一時之間，自由派的政客毫不害臊，躍出台面反對社會福利。柯林頓總統與國會爭執不休好幾年，後來一九九六年他簽署《個人責任與工作機會調合法》(Personal Responsibility and Work Opportunity Reconciliation Act)，針對公共援助加上時限，同時給予成功協助民眾就業的州份額外補助。共和黨員對自己協助起草的法案大加讚賞，但一些白宮顧問卻辭職抗議，認為這對受助人太過嚴苛。由於這項新的工作福利制度，加上當時就業市場極為健全，失業率於是降至三十年來最低。二〇〇〇年四月的失業率僅有四・三％。此外，福利名單減少數百萬人，新制度的成果超乎預期。不論如何，強大的就業需求讓某些人脫離失業補助，但新法也是為群眾施加工作推力，這點毋庸置疑。

威斯康辛州領先聯邦法律許多年。該州政府給原有的福利申請人一段過渡期，如有必要則提供他們「試用性質的工作」、托育服務和醫療服務。紐約市也以威新康新州為模範，從一九九九三年開始，福利名單減少三四％。從一九六〇到九三年，紐約市的福利名單從

1　福利女王（welfare queen）是美國的負面標籤，當時指透過不法行為獲得過多福利金的婦女。

二十五萬人上升到一百二十萬人。對於已領取補助且再度生子的母親，紐澤西州不再給予額外補助。羅傑斯大學與普林斯頓大學的研究人員發現，這項嚴格法令使得更多窮人婦女節制生育，結果抑制出生率。社會福利改革不僅是經濟革命，更是文化革命。麻州的公共福利部也改名為「過渡期援助部」，佛州則將計畫定名為「工作與經濟自立方案」。對批評者而言，這等於打臉英國小說家喬治‧歐威爾（George Orwell）；對支持者來說，這可整合失業人口，協助拾回自尊。

不過彌爾的計畫方案更嚴格，因為他認為要達成目標並不容易，這些計畫的處境就像是最不幸的工人。在現代觀點中，顯然沒有理由妨礙受助者參加訓練、謀求更佳工作。雖然如此，彌爾仍舊展現出先見之明。

彌爾擔心隨意發放社會福利金，會讓一代代的窮人無法斷絕依賴。更糟的是，他認為高額社會福利造成生育率過高，他因此反對社會主義者和浪漫主義者的主張。這些努力側重於規範性，忽視了人類追求實是的天性。他必須運用更成熟合理的模型，來建立規範性的政策。

彌爾從兒時記憶發現教育的力量。他支持窮人接受公共學校教育，但並不限於讀寫、算術的基本能力。他認為傳授資本主義價值沒什麼不對。資本主義社會有責任教育公民，使其在商業社會成功立足。麥斯‧韋伯（Max Weber）後來所謂的「清教徒工作倫理」並不是生物學上的特徵。如果是，那無疑剝奪窮人的機會，讓他們終身無望脫離貧窮：「對我而言，這看似不可能，但勞工階級如果要增進智識教

育且追求獨立自主，則必須增益自己的行為習慣。」彌爾想結合道德教育與經濟誘因。舉個例子，他向政府提議要提供窮人貸款，也就是現代所謂的「居家改善貸款」。

如果要談彌爾對「放任政策」與「政府干預」的立場，可能要寫好幾本書。簡言之，他採取的是中間路線，避開許多抨擊。他拒絕空談式放任主義，只支持合理的放任主義，即政府支持者有責任證明「政府干預能帶來更大福利」。他說：「任何背離放任政策都是邪惡，除非是出於某種偉大的善。」國家當然應該徵稅、鑄造貨幣、抵禦外敵、建立司法等等，但諸如消費者保護、教育與商業管制的「非強制功能」則無法一概論之，必須視情況而定。例如，彌爾偏好私人慈善機構，而非國家福利政策，而他也知道，這是治標不治本。窮人樂意受助，但富人不見得想捐錢。部分原因是「搭便車效應」[2]，人人都以為其他人會承擔。因此，國家必須藉由徵稅權力來照顧窮人。

再一次，彌爾的方法看起來非常符合現代趨勢。倘若他尚存於世，他會贊同許多政府機構，而這些事他當時早已預見。雖然如此，他依然確保他的提議都通過了關鍵的推論測試，因為「那些不耐煩的改革者認為：比起得到大眾的理解與參與，從政府下手反而簡易快速。同時，他們也不斷受到蠱惑，要使政府踰越職權範圍的合理界線」。彌爾閱讀了亞歷西斯・托克維爾（Alexis de Tocqueville）的經典著作

2　由美國經濟學家曼瑟爾・奧爾森（Mancur Lloyd Olson, Jr）提出，表示自己不付成本卻坐享他人的成果。

《民主在美國》(Democracy in America)，他學到：地方計畫的效力勝過中央計畫。

在許多方面，彌爾的立場也反映了當時的政府。英國在許多重要方面都邁向自由市場經濟，同時也建立預防機制來避免剝削。一八四六年，威廉‧格萊斯頓(William Gladstone)終於帶領國會揚棄《穀物法》並降低所得稅。自由貿易鈴聲大作，震醒歐洲。值此之際，在一八〇二、一九與三三年，國會制定《工廠法》(Factory Act)限制雇用童工，這在保護兒童方面是劃時代的里程碑。彌爾贊同這兩件事，並非出於意識型態的直覺，而是經過嚴謹思考。

彌爾的遠見

多數經濟學家難免會想預測未來長期狀況，正如亞當‧斯密、馬爾薩斯、李嘉圖、馬克思和凱因斯。彌爾混融了李嘉圖與聖西門社會主義(Saint-Simonian socialism)，描繪了印象派風格的未來前景。聖西門社會主義是崇尚勤奮的烏托邦運動。從李嘉圖那裡，彌爾草繪了「定態」的可能性。從聖西門那裡，彌爾再添瑰麗色彩——「定態」也能充滿喜樂。李嘉圖建構理論模型，追蹤報酬遞減、封閉市場與利潤下滑所造成的結果，而彌爾描繪了近似人間天堂的神學模型。或許有一天，人類會停止爭奪錢財，也不會高調炫富，而是努力提升自我。凱因斯在經濟大蕭條時期也提出類似願景。

★第五章　約翰・彌爾：狂風暴雨的心智

彌爾改良功利主義的過程，曾受到柏拉圖理想國的影響。他嚮往有朝一日，眾人開始注重尊嚴、誠實和公義，而非加班與透支：

> 我無法……打從心底厭惡資本與財富的「定態」，雖然一般老式學派的政治經濟學家都有那種態度。我寧願相信，就整體而言，這是現況的大幅進展。我承認，我不覺得人生理想有何迷人之處。堅持人生理想的人，皆認為人類的正常狀態是為成功而奮鬥，以為人人彼此踐踏、推擠、衝撞，才形成社會生活現有形態。話雖如此，那也是人類親手造成的命運，而非工業進步階段裡的惱人症候群。

如同馬克思，彌爾認為人類終究會超越「需求領域」，達到一個奮力提升人性的時代，而不再只為生計爭鬥。依彌爾之見，世界上只有「落後國家」才需更多經濟成長，先進國家只需更好的財富分配或社會風氣。他痛斥美國雖已消除貧窮，但「男人致力追逐金錢，女人藉由生育能力來追逐有錢男人」。不知道彌爾是否會比較喜歡今日的美國？在現代的美國，人人皆有均等機會競逐錢財。

我們該如何描繪彌爾的大致輪廓？太印象派了！無法用演繹法或歸納法得知確切結果。新版本的《政治經濟學原理》看似同情社會主義，但感覺彌爾從來就沒什麼同情心。他或許能理解對烏托邦空想家，但從未加入他們的請願書連署，也不參與遊行。如同拜倫所言：「我與他們並肩站立，卻不隸屬他們其中一員。」彌爾從不放棄他對競爭的理念，且對托克維爾式的中央集權深感恐懼，他說「我完

全反對社會主義中最顯眼、最激烈的部分,也就是他們反對競爭的宣言……他們忘了:一個地方若無競爭,就只有壟斷。」

幾乎每人都渴望天堂。富人可以買到熱帶島嶼的樂土,善男信女寄望來生,樂天派期盼明天。彌爾則為今日而戰,期待未來成為一片恬靜愉快的淨土。

彌爾在一八六〇年代著書立言,在國會中為理念奮鬥。他是人權鬥士,提倡婦女與窮人的投票權,而且反對黑奴,還支持南北戰爭時期的北方。前英國首相貝爾福(Lord Balfour)說:「彌爾在英國大學聲譽卓著,可比得上中世紀權貴。」

彌爾自己寫的《彌爾自傳》(The Autobiography of J. S. Mill)描繪了一位非典型的政治家。第一次被要求參選公職之時,他「確信」幾乎不可能有人「願意由抱持我這種觀點的人當代表」。他公開拒絕競選活動,不想花太多錢,只做出下一個承諾:當選後絕不畫地自限,不會拘泥於地方利益。當時有位知名作家說:「他就算神通廣大,也沒辦法選贏。」在競選的最後關頭,彌爾參加了一場勞工集會,競選對手冷不防在海報裡引用彌爾的話,說他曾公開表示「英國勞工階級是騙徒,但比外國勞工好多了,因為他們尚存愧疚感」。政客遇到這種情況,再怎麼自圓其說也很難翻身了。支持者無不驚慌失措,但彌爾回想當時:「有人問我,是否真的寫過且發表過這種話?我馬上回答『沒錯』。兩個字才剛說出口,在場所有人都起立鼓掌。」這些勞工終於找到誠實可靠的人了。

彌爾於一八七三年過世。他從未上戰場,也不常大力抨擊或發

出挑戰,但他終其一生都在努力奮鬥。他對抗的是頑固的人、菁英人士、理性主義,以及社會主義。他在年輕之時,就絲毫不畏懼挑戰腐蝕心智的思潮。十八世紀英國政論家埃德蒙·柏克曾經感嘆:「騎士時代已成過往雲煙。詭辯者、經濟學家與精打細算的人佔盡優勢,歐洲榮耀消失殆盡。」但騎士精神依舊啟發彌爾——他打倒心中的假想敵,即是他最英勇的功績。

第六章

卡爾・馬克思：憤怒的神諭

「在這一端累積財富的同時，另一端卻在累積苦難、苦勞、奴役、無知、殘暴，以及心智退化的痛苦。」

——馬克思

亞當・斯密小時候曾被幾個狡猾的吉普賽人綁架。吉普賽人把他關了幾個小時後丟在路旁，最後他平安返家。有個傳記作家說，因為這位經濟學家天真又漫不經心，當不成厲害的吉普賽人。我們也可以說，好險卡爾・馬克思從未被資本主義者綁架過，因為他當不成厲害的資本家。而且，馬克思也不是很好的消費者。他總是債台高築。

馬克思的話語犀利又煽動人心，他先是深入探究資本主義，以及哪些潛藏密碼會主導人類文明發展，而後預言資本主義垮台。

在經濟思想史上，馬克思的地位很難蓋棺論定。今日的主流經濟學家多方貶斥馬克思，成為中產階級茶餘飯後的話柄。然而，仍有十多億人口身處馬克思列寧主義之下的政體，個個掙扎求生。除了佛洛伊德和達爾文之外，馬克思也對二十世紀的思潮產生巨大衝擊。但馬克思還在人世時並不有名，也幾乎沒有追隨者。在馬克思的年代，約翰・彌爾是最博學的人物，馬克思只是個無名小卒。

馬克思這人出身中產階級家庭，住在德國萊茵蘭（Rheinland）的特里爾鎮（Trier）。他一八一八年生，與特里爾鎮的中上階級人士往來。父親亨立赫（Heinrich）是聲望卓著的律師，馬克思非常引以為傲。他們家還有一座葡萄園。馬克思的青梅竹馬珍妮（Jenny）就住在附近，兩人長大結為夫婦。珍妮的父親是巴倫・維斯斐萊（Baron von Westphalen）男爵，馬克思憑妻而貴，有這樣的權貴岳父，一切都搞定了！

馬克思的哥哥年僅四歲就過世，他於是成為家中長子，開始威儸他那些不太聰明的妹妹們。他們超愛玩遊戲。馬克思曾經要妹妹當馬，然後「騎」在她們這些「馬」上，在特里爾鎮全速遊街示眾。除

★第六章　卡爾‧馬克思：憤怒的神諭

了騎馬活動，馬克思還強迫妹妹們參加「吃蛋糕競賽」。他沒洗手，用骯髒的麵團烘培蛋糕，再逼迫妹妹們吃下肚。然而，馬克思的妹妹們非常讚賞他的智識，也喜歡聽他說有趣的故事；馬克思的同學對他既愛又怕，他總是笑裡藏刀、愛胡鬧而且語帶機鋒，令人不寒而慄。

馬克思終其一生都善於嚴詞批評和人身攻擊。他把最歹毒的攻擊留給了猶太人。馬克思雙親都是知名猶太拉比的後裔，他的叔叔也在特里爾鎮擔任拉比。但由於德國有反猶太教法律，馬克思父親被勸服改信基督教，雖然他本身稱猶太人是「同胞信徒」。但他的兒子卻相當反常，快樂地拒絕了他的猶太祖宗。馬克思是否真的反猶太？有很多學者爭議不休，但毫無疑問，馬克思曾經惡毒地污辱過猶太人。

如同彌爾，馬克思受到理性主義和浪漫派的思想薰陶。他的父親傳授了被英國經驗主義軟化的十八世紀法國理性主義，建議他的兒子「屈從」牛頓、自由主義之父洛克（John Locke）與萊布尼茲的信念。同時，極具文化修養的維斯斐萊男爵與他一同在恬靜閒適的山林裡散步，馬克思聽了許多莎士比亞、荷馬史詩和浪漫派的故事，深感著迷。諷刺的是，正是這位貴族將馬克思第一次引入「無階級烏托邦社會主義」。如果馬克思沒受到父親敏銳的心智影響，他或許會相信烏托邦主義者這套含糊不清、充滿渴望的觀念。但那些人看到的是幸福，馬克思卻看見鬥爭。

馬克思就讀波昂大學時，面臨到最大的鬥爭是他自己的酒癮，還想要把他父親的錢花光。他輸了這場鬥爭，讓父親亨立赫損失不少。攻讀法律的馬克思曾因酒醉而被監禁，讓他獲得一些法律實務經

驗。由於大學就設有醉漢拘留所，監禁一點都不嚴重，訪客甚至還可以繼續跟服刑者一起喝酒打牌。這種逾矩行為非常有用，因為馬克思後來擔任特里爾酒館協會（Trier Tavern Society）主席，人生初次贏得政治勝利。

在波昂混吃混喝一年後，亨立赫要他轉到柏林大學，希望別讓他再飲酒作樂。亨立赫很快就希望破滅：「我這個乖兒子好像以為我們都是黃金做的。最有錢的人再怎樣亂花錢，頂多五百塔勒（thaler）就很誇張了，而他一個學期居然要快七百塔勒，違反每個約定與花用方式。」債權人告了卡爾‧馬克思好幾次；他在柏林待了五年，至少被迫搬家十次。

亨立赫不僅抱怨卡爾‧馬克思浪費成性，還說他是蓬頭垢面的懶惰鬼，是所有骯髒又邋遢的大學生的守護神。他的膚色黝黑，為他贏得「摩爾人」的稱號，後來連他的子女和親友也喜歡這樣叫他。黑皮膚加上一頭亂糟糟、糾結成塊的長髮，顯然成為了不修邊幅的學生代言人。

亨立赫很討厭馬克思在哲學和法律上的學術漫談。而如果他離題，就表示那不是他在課堂上完成的。他大學最後幾年只上過幾堂課，成為「瀟灑的文化人」，把大學校園當成露營場。不過，馬克思自行修習哲學，加入了「青年黑格爾派」——一群激進的宗教批評者，也是黑格爾（G.W.F. Hegel）折衷主義（Eclecticism）的信徒。黑格爾是柏林哲學家，馬克思上大學時，黑格爾才剛過世不久。馬克思巧妙地採行黑格爾的折衷辦法，向世界證明，有時翹課也是有好處的一件事（也

浪費不少學費）。

遺憾的是，馬克思再也無法向父親證明這種好處。亨立赫在一八三八年過世。馬克思對父親一直有著強烈羈絆，總是隨身攜帶父親的照片。附帶一提，他對母親就沒有表現出這種情感，因為母親給錢不夠乾脆。母親過世後，他沒出席喪禮，也沒掉過半滴眼淚。

父親逝世後，馬克思慎重考慮完成學業。他突然想要完成學術活動並盡早離開，卻拒絕繳交他的希臘哲學論文給評審過程嚴苛的柏林大學。相反地，他把論文送到德國耶拿大學（University of Jena）這間出名的學位證書製造廠。結果函授課程縮短為六週，原本可能耗時更久。短短幾天後，耶拿大學就拿出老舊不堪的橡皮圖章，授予博士學位給馬克思。

年輕記者馬克思

馬克思有了文憑在手，漫步到新聞業為《萊茵報》（Rheinische Zeitung）撰文擔任編輯。這是一份自由主義派的中產階級報紙。諷刺的是，他壓制了那些較為偏向共產主義的激進寫手。普魯士政府採高壓手段，熱衷審查批判言論，而馬克思必須經常面對駑鈍愚蠢的官員。某位審查員居然禁止刊登但丁《神曲》（Divine Comedy）譯本的廣告。理由是：在普魯士不可用喜劇方式嘲弄神聖主題。

馬克思為報社工作期間，有個人觀察他這位年輕編輯，留下深

刻描繪：

卡爾‧馬克思來自特里爾，一個二十四歲的強壯年輕人，滿臉黑色落腮鬍，手臂、鼻頭和耳朵也有濃密毛髮。他盛氣凌人、衝動急躁、情緒激昂，充滿無比自信，同時又極為嚴肅認真、非常好學，是一個靜不下來的辯證能手，有著行動派的猶太洞察力。他推動每一項「青年黑格爾派」的主張而達成最終結論。當時他專心研究經濟學，讓他準備投入共產主義懷抱。在馬克思領導之下，這份年輕的報社開始高談闊論，大膽而犀利。

對於馬克思的莽撞行為，政府給了二選一的回應：報社停刊，或馬克思離開報社。馬克思選擇後者。

他丟了飯碗卻抱得美人歸，將珍妮‧維斯斐萊（Jenny von Westphalen）為妻。珍妮的親友都認為這位權貴千金是下嫁馬克思，但不清楚她究竟會屈就到何種程度。

一八四三年，馬克思帶著妻小搬到巴黎，他在那裡編輯一份新的政治評論，開始與共產主義搞曖昧，也與一群年輕狂妄的激進分子廝混，詩人海因裡希‧海涅（Heinrich Heine）形容他們是「一群自詡為神的無神論烏合之眾」。後來這份報紙只發行了第一期就沒下文了，因為馬克思與助理阿諾‧魯吉（Arnold Ruge）兩個人跟那些共產主義的新朋友們鬧翻。魯吉也學會鄙視那群無神論之徒：「他們想解放人民⋯⋯但眼前他們卻讓財產附加了最大的重要性，尤其是金錢⋯⋯口

口聲聲要為無產階級解除智識與身體上的重擔,他們夢想有個組織能概括這種悲慘,要所有人平均承受。」

弗里德里希·恩格斯(Friedrich Engels)烏合之眾的一員,他成為馬克思人生飯碗裡的重要部分。身為有錢的工廠大老闆兒子,恩格斯過著雙重生活。白天他在父親的工廠上班,以資本家姿態賺取豐厚收入;夜晚他閱讀黑格爾著作和共產主義文獻。恩格斯是德國人,但他住過英國好幾年,經營家族紡織企業。他在曼徹斯特度過一段時間後,寫了《一八四四年的英國工人階級狀況》(Conditions of the Working Class in England in 1844),書中揭露英國的貧窮狀況並嚴厲批評。不過他沒有自願捐出所得給窮人,也沒有摒棄中產階級的生活習慣。事實上,他似乎不因為雙重生活而受到精神折磨。他可以享受獵狐、雪麗酒與劍術,也可以喝著最上等的香檳酒,姿態優雅地向無產階級舉杯。他不獵狐時就追逐女人,他宣稱:「如果我收入有五千法郎,我會什麼都不做,只想盡情找女人,直到身心俱疲。若無法國女人,人生根本不值得。」這簡直跟蘇格拉底「未經自省的人生沒有意義」這句話背道而馳。

一八四〇年代,馬克思開始形塑未來將翻轉世界的主義。自然不是每個人都認同。普魯士政府宣布馬克思犯下叛國罪,管制他的著作與言論。他一年後被法國驅逐出境,逃往布魯塞爾。

這些叛國著作到底如何迫使馬克思與家人在歐洲各國流浪?一八四〇年代,馬克思針對資本主義的研究,在歷史與哲學方面奠定了相關基礎。這些理論證實:資本主義的基礎正在迅速瓦解,革命即

將爆發，而這將撼動所有老闆的根基，直到他們失足跌落為止。

唯物史學家馬克思

馬克思的哲學和歷史用了黑格爾的措辭，卻不是鸚鵡學舌。他可能用相同的詞而變換順序。為了理解這種方式，我們先來檢視黑格爾這位導師的重要準則。

黑格爾教導：哲學旨在了解思想的開展。人類的精神和思想引導歷史。我們所見所感的物質世界和社會機構，都是循思想而成。德國社會學家麥斯・韋伯在其偉大著作《新教倫理與資本主義精神》(The Protestant Work Ethic and the Spirit of Capitalism) 也運用此思想。簡單來說，韋伯宣稱「新教徒的興起，造就了資本主義」，即我們對於上帝的信仰轉化了經濟情況。

根據黑格爾所言，我們能透過主佔優勢的某些國家主義來追蹤歷史途徑，例如：埃及、希臘、羅馬時代。黑格爾是愛國分子，認為當代領導國家是普魯士。

馬克思反對黑格爾的「唯心主義」(idealism)。馬克思遵循德國哲學家路德維希・費爾巴哈 (Ludwig Feuerbach) 的腳步，注意到唯物主義者 (materialist) 在歷史上的力量。根據費爾巴哈的《基督教的本質》(The Essence of Christianity)，「神」只不過是人類欲望、需求與特質的投射。人類創造神，而非神創造人類。人類才是真實存在的，且造就了「神」

★第六章　卡爾‧馬克思：憤怒的神諭

的概念。（費爾巴哈的著作後來讓馬克思譴責宗教是「人類鴉片」。只要人類能將自己的期盼寄託於神祇和來生，便會願意消極接受俗世裡的物質條件與不公平待遇。）

到目前為止，馬克思聽起來像黑格爾思想學派的中輟生，而非年輕的黑格爾青年信徒。但他保留了黑格爾方法的關鍵，也就是「辯證法」（dialectic），黑格爾堅稱：歷史如同現實，沒有一個循序漸進的既定模式，不是由一系列獨立事件構成。歷史是由對立力量間的爭鬥構成。每一個想法都有對立面。哲學家經常如此概述黑格爾的辯證法，說每一項主張或想法都會遭遇一個相反的對立論點；這些想法不停爭戰，產生一種融合，演變成新的論點；接著新論點又會面臨對立論點。世事變幻無常，歷史絕不自行重演，不過愛膨風的歷史學家可能會常常老調重彈自己的言論。

比較辯證法與牛頓式的經濟學方法，後者更可見恆常的因果關係。在黑格爾眼中，只有「無常」的存在才是不變的事。

馬克思結合了辯證法與唯物主義。恩格斯後來把這種融合稱為「辯證唯物主義」（Dialectical Materialism）或「歷史唯物主義」（historical materialism）。若形容黑格爾的思緒遠在天邊，那馬克思則是想把我們打回現實。他說，歷史終究發生於現實。忘了宗教、道德規範或民族優越感吧！僅需看看窗外，就能看見人類苦苦掙扎，只為了最低限度的生活必需品。沒有人類就沒有歷史。沒有食物就沒有人類。因此，「第一個歷史活動是……滿足這些需求而生產的手段」。唯心主義者不妨去寫寫《綠野仙蹤》奧茲國的歷史還比較實際。

馬克思標繪出歷史軌跡，從奴隸制度、封建主義、資本主義到社會主義。這項途徑不是基於星辰或法則，卻是按照生產而定。更具體地說，是人類與生產的關係。每個生產體系創造了統治者與被統治者階級。每個時代都標榜了為統治者強索收入的特殊方式。在羅馬時代，只要擁有奴隸，主人即可聲稱擁有該奴隸的產出之物所有權。在封建時期，地主擁有農奴產量的所有權。在資本主義之下，地主和工廠老闆擁有受薪勞工的相關產出。主人階級的存活全賴服侍者的勞動。但這是否能成為工人的籌碼，讓他們討價還價？不行。工人鐵定要跟統治階級合作，因為統治者控制了生產手段。這是一場多人競合的生存之戰，工人沒辦法「把彈珠帶回家」，因為此物不歸工人所有。

　　一種相互依賴的關係於是存在。話雖如此，工人需要統治者，而統治者努力表現出自己並不那麼依賴工人。只要得逞，他們就能擴張主導地位。

　　統治者如何確保自己的身分地位？這裡就得提出黑格爾對於道德規範、民族主義和想法的考量。統治階級開發了信念、法律、文化、宗教、道義與忠誠愛國主義，以此撐持生產過程。忠誠的工人一面工作一面吹著口哨，不會偷懶太久蒙騙雇主。今日，汽車製造商和啤酒公司都愛把美國聯想成「老實打拼過日子」的國家。通用汽車一則廣告唱著「棒球和熱狗，蘋果派和雪佛蘭汽車」帶出典型的美國夢。雪佛蘭汽車果真讓母親的傳統地位降格。（迷戀父親的汽車，難道也是一種戀母情結式的美國夢嗎？）

　　道德體系告訴我們，工作偷懶的話就該羞愧。但為何老闆有權

★第六章　卡爾·馬克思：憤怒的神諭

從我們的血汗中牟利？因為他是財產的所有權人。但為何我們非得接受這樣的法制體系？馬克思非常不解。

根據他的說法，在私有財產體系中擁有利益的統治者會催眠大眾。其暗示與說服的力量，會讓美國人夢想著股票、債券和BMW汽車。一個人認為這是屬於他自己的夢想，這些暗示因此內化。馬克思把這類支持性信念、法律與精神特質稱之為「上層結構」(superstructure)。

馬克思在《政治經濟學批判》(Contribution to the Critique of Political Economy)的序言裡提到他的經典論述：「物質生活的生產模式制約了社會、政治和智識方面的生活……並非人類的意識決定了人類的存在，相反地，是人類在社會上的存在決定了人類的自身意識。」

農奴對地主卑躬屈膝，忠心耿耿。學徒自豪地服侍著巨匠。受薪勞工勤奮工作，努力爭取晉升。所有人在這一套統治體系中辛苦工作，謀求更好的生活。

馬克思沒有說過「統治階級刻意聯手打造上層結構」。業主們可能真的信仰自己的宗教，而非用實用性來看待宗教。上層結構之所以出現，是因為生產過程歪曲了人類感知，並形塑了人類的觀念。對馬克思而言，「人類創造自己的歷史，但無法隨意捏造歷史，也無法選擇創造歷史時的背景。人類在遭遇到的情勢中寫下歷史，這種情勢承襲自過去且將傳遞下去。先人的傳統有如夢魘，重重壓著在世之人的腦袋」。（無獨有偶，恩格斯後來也承認自己與馬克思有時太過強調從「生產」對於「上層結構」的因果關係。信念偶爾才會產生實際後果。）

如果社會價值觀和文化的自動出現是為了撐持這一套階級體系，那為何馬克思在《共產主義宣言》(*The Communist Manifesto*) 一針見血地寫道：「至今所有存在社會的歷史皆是階級鬥爭史」？為何人類理應鬥爭？人類為何一開始就知道要鬥爭？老闆不過是壓榨員工，而員工情願接受壓榨，彷彿被催眠的統一教徒在機場發送雛菊。只要統一教徒／工人拿到一點點象徵性的好處，經濟體就會持續運轉下去，而利潤卻是滾入老闆的銀行帳戶。

若是生產過程的技術有所變化，也會發生反抗。這時土地、勞工和資本的品質與數量都因為新技術、新方法而改變。透過發現、發明、教育和人口成長，生產過程的實質力量有著不斷發展的**動態**性質。一旦混合新的實質力量，舊有的生產過程就被淘汰。舉例而言，如果耕種需要眾多工人，那奴隸制度或許還能產生利潤，但如果拖拉機與收割機比奴隸更有效率，或如果勞動人口增加，那奴隸制度所產生的利潤就會較少。新的生產過程決定了未來。

但可別忘了，整個政治、道德倫理和法治等體系都是沿襲**舊方法**而來。牧師聲稱「農奴制度引渡人類進入神的國度」。這是中世紀天主教會深植人心的永恆真理。因此，上層結構看似是**靜態**的。

當原有的統治階級抓著舊想法不放，阻擋新的經濟發展，並且為了抵禦歷史動態進程而自設障礙，這時鬥爭就發生了。依馬克思之見，手工磨坊創造封建領主，而蒸氣碾磨機則創造了工業資本家。封建領主將與自己的後繼者（資本家）鬥爭，之後工會領袖又會與工廠老闆鬥爭。忘了蘭斯洛特爵士與加拉哈德的故事吧（這兩位騎

★第六章　卡爾・馬克思：憤怒的神諭

士情同父子）！真正的決鬥不在騎士之間，而是在地主與商業力量之間。

　　統治階級在土地、勞力、資本或技術轉變時總是面臨威脅。他們可能經不起考驗，空中樓閣搖搖欲墜，同時呼喊著自身哲學的「永恆真理」。歷史不斷重新洗牌，坐在王位上的人隨時可能被斬首示眾。

　　說個故事協助釐清這一概念。很久很久以前，一名機警的哨兵警告一位虔誠的封建地主，說大洪水即將淹沒全國。地主衝到大教堂向上帝祈禱。當洪水淹至教堂，有個農奴划著小船到台階前面，請求地主登船逃難。地主拒絕：「你的好意我心領了。我信上帝，也信公理。上帝一定會救我。」洪水越淹越高，地主只好走到講壇上避難。這時有一輛汽船快速前來搭救，水花潑濺教堂裡的長椅，船長大喊：「我來救你了，跳到我船上吧！」高貴的地主再度婉謝：「別擔心。我相信神蹟，上帝帶來救贖，我不需要這種吵雜機器。」最後大水淹沒了整座教堂。地主緊抓著最高的尖塔頂端，他的身體在水流中翻滾。這時有架直昇機飛到他頭上，機長大叫：「拜託，主人請上來吧！抓穩這個梯子！」地主再次回答：「別擔心。我堅信上帝，祂一定會救我。」不久之後，地主被愈漲愈高的水淹死了。

　　地主其實不壞，死後終究上了天堂。他質問上帝：「上帝，我這輩子信仰虔誠，遵循神父所說的每項寓意。其他人懷疑上帝而改求機器之助，我仍舊堅信祢會拯救我，但祢卻讓我淹死了⋯⋯」

　　上帝打斷他：「蠢蛋！你以為派那些小船、汽船和直升機過去的人是誰？」

若不跟從唯物史觀潮流，就會被淹沒其中。馬克思描述這種潮流：

在某個發展階段，社會裡的唯物生產力量牴觸了現有情況……這些情況反而成為枷鎖。社會革命於是到來。隨著經濟根基的變化，整個龐大的上層結構或多或少也跟著快速變化。思考這種變化時，必須區分生產的經濟條件唯物變化（具自然科學精確性）以及法律、政治、宗教、美學或哲學——簡言之，就是人類意識到這種衝突並為之抗爭到底的意識形態。

資本主義以階級體系作為基礎，因此工人發動革命並獲勝終究無可避免。馬克思的傑作《資本論》（Das Kapital）描述「趨勢具有鐵之必然性，產生無可避免的結果」。只有「無階級社會」能避免革命。在馬克思的願景裡，無階級的社會終將來臨，最後徹底摧毀陳腐的資本家。工人們經過好幾世紀的打混摸魚之後，終於可以自由了。

如果資本主義必須因為「鐵之必然性」而轉向社會主義，那封建主義是否必須轉向資本主義？在往共產主義的路上，資本主義是不是必經一站？如果是，那資本主義就不是烏托邦社會主義者所想的「無謂殺戮或人類的厄運打擊」。滿腦子浪漫想法的人不相信科學，把資本主義描繪成「邪惡之人策畫的缺德壞事」，並無法認同馬克思想法。事實上，馬克思為資本主義創造出一些最具說服力的頌讚，因為他的觀點是「資本主義將人類從更壞的環境中解放」。馬克思《共產主義

★第六章　卡爾‧馬克思：憤怒的神諭

宣言》並不歡迎遲鈍又懷舊的麻煩人物：

> 所有生產工具急速改善，通訊極其便利，中產階級將所有國家導入文明，就連最不開化的國家也是如此。廉價民生商品宛如重砲，接連重擊中國萬里長城般的銅牆鐵壁，藉此催逼未開化民族對外國人強烈而頑強的恨意，並且做出讓步⋯⋯中產階級位居主流只不過短短一百年內，卻已創造出有如龐然大物的生產力，遠遠超過昔日所有世代的力量總和。

馬克思或許批評中產階級，但他把最歹毒的抨擊留給改弦易轍的社會主義同志。他從不與人結盟，即使在最友善的時候，也是一條盤繞的巨蟒。馬克思一定會很痛恨現代的美國綠黨，詛咒這些人被葡萄籽哽到。馬克思認為資本主義「拯救了大量人口免受愚蠢的鄉野生活」。他想讓「回歸自然」倡議者回到歷史書籍裡，體驗工業革命之前的生活有多駭人。馬克思尖刻地回應了皮埃爾‧蒲魯東（Pierre Proudhon）的《貧困的哲學》（The Philosophy of Poverty）與《哲學的貧困》（The Poverty of Philosophy）。智者不會試圖抹去或「撤回」歷史階段，不會將之送進上帝的工廠維修。

資本主義是社會主義的必要先決條件。因為資本主義生產這麼多東西，能讓較無驅動力的體系──「社會主義」隨之而來。前資本主義的國家不能奢望發動共產主義革命推翻地主或沙皇。馬克思當時並不指望俄羅斯，也沒預料到連德國都迅速接受共產主義，因為當時

德國工廠僅有四％的男性勞動人口。最先爆裂的應該是英國和法國的鐐銬才對，這兩國是先進資本主義的大本營。原本應該是德國的共產主義的環境成熟之後，法國才會招手：「所有內在條件已經具備，高盧的公雞將大聲啼叫，預示德國復甦之日到來。」

《資本論》與資本主義的垮台

馬克思沒有傲慢地等著雞啼，卻傲慢地寫下《資本論》，針對資本主義提出最可靠完整的剖析。馬克思一八五〇年代前往倫敦大英博物館，埋首苦讀成堆的經濟學素材。他對無產階級的苦痛進行了抽象分析，但同時他的家人正在挨餓。馬克思住在倫敦貧民窟一間骯髒邋遢的公寓裡。有個警探調查馬克思，對馬克思一家貧困髒亂的描繪極其生動：

> 一進入馬克思的居室，眼睛就會被煤煙和菸草的煙霧熏到睜不開，乍看之下，你似乎來到了一個洞穴，在黑暗中摸索前進……一切骯髒不堪，布滿灰塵，就連要找個地方坐下都非常困難。屋裡有一張剩三隻腳的椅子，孩子們玩耍嬉戲，在另一張剛好完整的椅子上準備食物。

至於馬克思本人，「是一個極為無序又憤世嫉俗的人，是很糟糕

★第六章　卡爾‧馬克思：憤怒的神諭　　　175

的男主人，過著真正吉普賽式的生活。他很少梳洗打扮、更換內衣褲，總是一派醉漢模樣。他通常終日懶散，但如果必須工作，他會日以繼夜地工作」。他的妻子珍妮雖然出身權貴，曾享盡榮華富貴，卻「對這樣的悲慘日子怡然自得」。

　　在倫敦悲慘的五年之中，馬克思的三名子女因為肺炎、支氣管炎和肺結核相繼過世。最慘的是，喪葬業者不讓他們賒帳。珍妮非常沮喪，一度為了支付兩英鎊的棺材費用而乞討。雖然不懂馬克思的人通常會討厭他，但他的子女激發了他性格裡的人性面。子女去世讓他悲痛欲絕：

　　培根說，真正重要的人與自然和世界有這麼多關聯，有這麼多興趣目標，所以可以輕易克服任何失落感。我不屬於這些重要人物。子女的死亡深深撕裂我心，粉碎我腦中意念。這樣的失落感歷歷在目，永無消褪之日。

　　當然，馬克思怪罪中產階級，承諾勢必讓中產階級為他的家庭災禍付出代價，甚至認為小病的罪魁禍首也是中產階級，就連皮膚疔瘡也是。

　　馬克思很少認為自己有錯。他應該反省才對。他管理家計的程度跟嬰兒差不多幼稚。有人形容嬰兒像是管子，在一端大聲叫嚷，卻不負任何責任。如果把珍妮老家和恩格斯的送禮都算在內，再加上《紐約每日論壇》(New York Daily Tribune)的稿費，馬克思這一家賺足了中

下階級家庭所需。即使在最窮困的日子裡，他們的收入也是非專技員工的三倍左右。一位遭到流放的激進派德國詩人曾說，馬克思這種收入能為他的流放生活帶來肥美多汁的牛排。

比起按規矩養家餬口，馬克思反而把錢投入政治期刊，還讓小孩去學鋼琴、音樂和舞蹈！珍妮雖然是革命人士之妻，卻仍舊使用高檔的信紙，並沿用「維斯斐萊男爵夫人」的稱謂。

馬克思讓女傭懷孕（從維斯斐萊家裡陪嫁過來的），使問題更加惡化。他再度拒絕負責。他告訴珍妮，這小孩的生父是恩格斯。後來女傭離開了一段時間，回來之後抱著一個膚色黝黑且全身很多毛髮的小孩，最後給人送養了。

由於如此家庭生活，馬克思一八五〇至五一年期間，寧可長時間待在大英博物館也不想待在家，這一點都不意外。他幾乎讀遍館藏的所有經濟學書籍，耗費幾個月將大約八十位作者的長篇大論抄成筆記。恩格斯催促他加快，但他仍舊是學究的緩慢步調，實在有點令人討厭。他也找不到出版商願意接受他提議的《資本論》規格。恩格斯力勸這位頑固的共產主義者：「這次秀一下商業腦袋吧！」

等到馬克思完成研究、寫作和編輯，以及從幾場大病之中復原，已經是一八六七年了。第一冊終於出版，另外三冊在他死後才公開於世。

若要描述《資本論》，可隨便翻一頁《羅傑之詞彙寶庫》（*Roget's Thesaurus*），隨機大聲讀出一個形容詞即可。《資本論》有兩千五百頁，包含一千五百個引述。有些部分堪稱文學經典，有些則閃爍著清晰的

★第六章　卡爾・馬克思：憤怒的神諭

邏輯思維。但有些部分太過技術性，枯燥乏味毫無價值可言，讓人聯想到作家楚門・卡波堤（Truman Capote）抨擊另一位作家傑克・凱魯亞克（Jack Kerouac）：「這簡直不是寫作，只是打字而已」。

且讓我們以三步驟來看《資本論》。首先，我們看見資本主義的關鍵，也就是馬克思對於勞動力剝削的概念。其次，看見資本家的運行法則，而這種法則無可避免導致資本主義的倒台。第三，是資本主義的心理成本。

馬克思走的並不是簡單路線。他不單只是指著囂張跋扈的企業，宣告創業家和亞當・斯密式的完全競爭時代已經結束。切記，他是黑格爾學派弟子，他想要表達：就連資本主義的理想形式也是敗在資本主義本身。他從古典方法著手。

如同亞當・斯密（尤其是李嘉圖），馬克思「證實」商品價值是由生產所需的勞動量來判定。機器僅只是將過往的勞動力以金屬形式來儲存。比起耗費五小時製造的音響，耗費十小時的音響多了兩倍價值。

假如這是對的，那麼除非剝削勞工，否則無利可圖。下列簡易的哲學式三段論證也就合理可靠：

1.商品價值（價格）取決於勞動量。
2.工人得到全部自己貢獻給商品的價值。
3.因此，商品價值同等於工人所得。

然而，商品售價不只給員工均分。雇主也想攫取大餅，想要有自己的利潤。忘了那隻「看不見的手」吧！資本家想分一杯羹，運用「有形之手」來攪局。利潤從何而來？第二段論證肯定有錯。工人不可能得到其付出的全部價值，他們鐵定會遭到剝削。（當然，批評馬克思的人主張第一段論證有瑕疵）

資本家如何蒙騙工人？資本家沒有支付工人為事業帶來的全部增值，而僅支付工人的**基本生活保障**，使其維持生計且繼續工作。資本家購買勞力，猶如購買其他民生商品，然後讓這樣的民生商品每天運轉X小時。

且讓我們使用馬克思的術語。他描述：資本家提供工廠和設備，稱為「**固定資本**」；他們也付錢給勞工，稱為「**變動資本**」。資本家進行生產時，必須確保最終商品的價值超過「**固定資本與變動資本的總和**」；額外的價值（利潤）則是來自「支付勞工的錢要低於他們生產的價值」。換句話說，工人為商品增添的價值超過了工人實際得到的「變動資本」。馬克思把這種從勞工剝削而來的戰利品稱為「**剩餘價值**」。

舉個例子，茉莉小姐是第六大道無線電城音樂廳（Radio City Music Hall）的裁縫師。觀眾不愛看到破損的戲服，所以她的裁縫手藝可以提振十美元的表演價值。但她實際收入只有六美元。老闆在每一場例行表演都從茉莉小姐身上壓榨了四美元的剩餘價值。這個剩餘價值與薪資的比率是四比六，稱為「**剝削率**」（ratio of exploitation）。

為何茉莉小姐不要求十美元，取得她該有的全額價值？資本主

義會導致失業,而這批失業的「後備大軍」早已蓄勢待發,只要茉莉小姐要求更多,他們馬上取而代之。縫紉機、戲服或舞台的所有權皆非她擁有,而全屬於老闆。雇主控制生產手段,藉此支配勞力市場。

為何老闆給茉莉小姐六美元?老闆給的薪水僅能讓勞工餬口維生。茉莉小姐拿六美元薪水,是因為六美元足以讓她維持生計。她的收入是「**維生工資**」。如果時薪是一美元,六小時的工作即能提供基本生活所需。但老闆要的不只六小時,反而強迫拉長工時,要她修補更多破損的戲服。例如,老闆給六美元工資卻把工時延長至十小時。結果就是:她為自己工作六小時,並為老闆額外工作四小時──這多出來的四小時價值直接進入老闆口袋。老闆甚至連針都不用碰。

為何工人只會有「維生工資」?我們先前提過,商品的價值取決於投注的勞動量。「勞動供給」也是一種商品。因此,勞工的價格即是足以生產並維持一個人生計的所需金額,也就是「維生水準」。

一般而言,老闆支付給工人的薪水仍不足以讓他們購買自己生產之物。工人只是為求餬口而奮鬥。在上述例子,雖然茉莉小姐的工作為這場表演提振了十美元的價值,但她負擔不起十美元的門票。如果她答應選一個較差的座位,那老闆可能會算她五美元。

如果利潤來自剝削員工,我們能定義「獲利率」是生產剩餘(S)除以變動資本(V)與固定資本(C)的和,數學式為「S/(V+C)」。對於資本家來說,從壓榨員工工時就能提高利潤。除了男性之外,資本家還可剝削女性和童工。在馬克思的時代,工時確實增加了,也有更多女性和童工投入工業生產。

我們現在知道如何用剝削來獲利。但為何這種事無法持續下去？資本主義的法則到底是什麼，最終竟會讓工人擺脫絕望，逼資本家投降？馬克思不僅說社會革命即將發生，還精心描繪資本主義**在經濟上**的不一致性。我們將檢視五項讓經濟「內爆」的法則或傾向。無形之手沒有為資本主義鼓掌，反而最終粉碎資本主義。

1.「獲利率」和「資本累積」的下跌

如同亞當・斯密，馬克思看到資本家面臨競爭。如果一家公司擴張自己的生產規模，生產效率可能會更好。創新的公司迫使競爭對手不斷拓展。老闆聘僱更多員工，但這樣會使薪酬高於維生工資。老闆該怎麼做？他們用設備取代勞力，否則利潤就會驟跌，因為較高的工資中止了原本的剝削。老闆由於競爭關係，被迫採行這樣的替代。

但這種方法讓老闆自己進退兩難。剩餘價值僅能從人身上壓榨。機械販賣商可以索求產品的全額公平價值。如果現在有個快速沖洗底片的器材，每小時可以沖洗更多相片，為照相館增加收入，那麼，設備製造商即可能以適當比例向照相館索求更高價。再看看馬克思的獲利率公式「$S/(V+C)$」。如果代表固定資本（機器）的C增加，資本家的利潤會降低；而在兩難困境的另一端，如果資本家拒絕添購機器，沒有人會買他們毫無競爭力的產品：

在既定的產業裡，資本家生產的發展讓他有必要不斷增加資本額，並且，由於競爭使然，每一位資本家也會覺得：資本主義生產

的內在法則宛如外在強制的法律，迫使資本家不斷擴張資本，以便保有這些資本⋯⋯

累積再累積！猶如摩西與眾先知們的誡律一般！⋯⋯因此，不如儲蓄再儲蓄！將剩餘價值或剩餘產品裡最大可能的比例再次轉換為資本！

假如某個資本家改良機器，也會發生同樣結果。老闆備有較好的縫紉機，也可採取薄利多銷的方式來競爭。由於老闆們必須緊盯著彼此，競爭對手**勢必**會從勞工榨取剩餘價值而加以儲蓄，用來投資於新的裁縫機。

資本家「貪婪至極」將自己逼向毀滅。為了推遲利潤損失，老闆可能會更加剝削員工。怎麼做？他們要求勞工加快速度，進一步延長工時。當然，這些策略只在冒險地考驗勞工的耐性。

2. 經濟實力集中度的增加

資本家被迫擴張與發展，展開激烈廝殺。最大的公司能薄利多銷，終究成為贏家。血腥之戰「到頭來總是毀了無數小型資本家，其部分資本轉移至征服者手裡，另一部分則消失無蹤」。倖存者很快就會讓失敗者萎縮。

3. 危機和蕭條的惡化

馬克思使用「幼稚的牙牙學語⋯⋯胡說八道⋯⋯甜蜜謊言」這些

字眼,描述賽伊對於「資本家穩定性」的主張。資本家以機器取代勞工,失業率升高。老闆擴大產品輸出量,但誰會去買?沒人。產品囤積擱置,破產浪潮襲來,恐慌無所不在。金融家拋售私人股份,投資部位大幅貶值,投資人從陽台一躍而下。

當然,價格下跌之後又再一次輪迴。倖存者重拾破碎的企業,雇用徹底絕望的工人。盈餘和利潤重新出現,卻只會加速下一次的跌落,而且跌得更深。

4. 產業後備軍

由於機器取代人力且經濟蕭條,資本家將愈來愈多人趕出工廠,許多人流落街頭。這批「軍隊」不如救世軍那麼好戰——這只是一開始。這支部隊只要維持和平,就依然是良好的低成本勞動力來源。充足的工人協助資本家維持控制——不過這也只是一開始的狀況。

5. 無產階級苦難日增

「資本大亨們強取、壟斷所有利益,但隨著他們的人數持續減少,發生了更多苦難、壓迫、奴役、劣化和剝削。」工時更長且休假更少,讓飽受欺壓的勞工承受更多悲慘。馬克思早期的作品中寫道,「勞工的最低生活限度水準因此下降」。但在寫《資本論》時,當代工人的生活已經有所改善,馬克思眼見為憑於是稍微讓步,只說工人的財富分額比以前少。

無產階級到頭來,在失業、利潤崩盤、慘無人道的絕望和苦難

★第六章　卡爾・馬克思：憤怒的神諭　　　　　　　　　　183

之後，還是非常拮据。上層結構拆穿假面具，露出名為「資本主義」的醜陋真面目。遭受壓迫者群起反抗，「喪鐘響起，終結資本家的私有財產。剝奪他人者反遭剝奪」。

　　無產階級得到的不只是工廠，他們重拾人性。資本家掠奪不只是無產階級錢包，還奪其心志。依馬克思之見，工作在人類生活中扮演特別角色。人類受到大自然與人際關係的驅使，從而**發揮創造力**，提升自己的生命格調。工作如果不具創造性，人類自性就無法發展。在資本主義下，勞工只是變成另一種商品。許多人被迫接受枯燥乏味的例行工作，淪為活生生的工具——他們自覺**疏離**，與他人、世界和彼此都格格不入。「疏離感」成為馬克思主義裡的重要主題，也是存在主義者對現代社會的評論。

　　在《共產主義宣言》裡，馬克思和恩格斯慫恿無產階級奪取經濟，解放自我：

> 共產主義者不屑隱瞞自己的觀感和目標，反而公開表示：只有強行推翻所有現存的社會環境情況，才有辦法實現他們的終極目標。發動共產革命，讓統治階級嚇到發抖吧！除了枷鎖，無產階級沒什麼可輸，為何不義無反顧，贏得全世界？
>
> 全球各地的眾位勞工，團結起來吧！

　　《資本論》出版將近二十年後，無產階級已經能夠清晰地分析，支持這個簡潔有力的口號。

但革命之後發生何事？眾人只是彼此親吻，沉溺在這個新發現的仁慈人性裡？大夥兒圍著營火，手牽手唱著童軍之歌？一些當代馬克思主義者的確讓人有此聯想。

馬克思一定鄙視烏托邦式的社會主義，也對這種鄉野的純樸性嗤之以鼻。他一點也不多愁善感。至於「公平」分配所得或大規模的財富重新分配，這種一廂情願也讓他輕蔑。即使在社會主義之下，工人也不會得到其勞動力的「全部價值」，但無論如何剩餘（盈餘）都會歸向「人民」，成為公共服務體系。

共產主義的真意到底是什麼？沒人知道。馬克思刻意不留下「食譜」給「未來的小餐館」。若無食譜，馬克思主義的政府體系就像是政治上的香腸，僅是一種廉價方式，把某個委員會目標擠壓成為某個形狀，一體適用於所有人。

馬克思暗示國家政府終將「日漸萎縮」。同時，無產階級將施行專政管轄一切。《共產主義宣言》包含「十點計畫」，可以雕塑「財產權的強制侵入方式」：

1. 廢除土地私有權，土地收歸國有，將全部地租運用於公共目的。
2. 課徵高額累進所得稅制或分級所得稅制。
3. 廢除所有的繼承權。
4. 所有僑胞和反叛者的財產必須沒收充公。
5. 藉由一間國家銀行，掌管國家資本和國營獨佔事業，集中信

★第六章　卡爾‧馬克思：憤怒的神諭　　　　　　　　　　　185

貸於國家政府之手。
6. 將通訊和運輸的工具手段集中於政府手裡。
7. 擴展國營的生產工廠和工具，著手墾殖荒地；根據通用計畫，普遍改善土質。
8. 人人皆有平等的工作義務。建立實業大軍，特別是農業。
9. 結合農業與製造業；平穩分配人口「上山下鄉」，漸次消除城鄉差距。
10. 學童免費就讀公立學校。廢除現有形式的工廠童工。產業與學校採取建教合作等等。

　　未來的馬克思主義者將須設法實踐計畫。歐洲的社會主義運動四分五裂，馬克思對此不樂見，曾應一度宣布自己不再是馬克思主義者。

　　在聖經裡，上帝不讓摩西本人踏上應許之地，但以色列人還有約書亞能指引方向，馬克思主義者卻非如此──一八八三年馬克思過世後，他們沒有下一個約書亞。

評價馬克思

　　我們要如何全面評價馬克思聰明的分析？這項任務令人膽顫心驚。過去一百年以來，知識分子寫過上百萬頁的褒貶和胡扯。以下提

供一份評價馬克思中規中矩的綱要：①馬克思曾是唯物主義者，其唯物史觀在「剩餘勞動力」概念上的形變。②關於苦難、失業和資本主義垮台等預言。③馬克思對現代經濟學的貢獻。④馬克思對現代政治的影響。

1. 馬克思曾是唯物主義者，其唯物史觀在「剩餘勞動力」概念上的形變

在雨果的《悲慘世界》裡，尚萬強遇到一個頻頻刁難他的賈維警長。世事無情，命運將賈維警長推向尚萬強。文學風格的辯證法創造了兩人之間戲劇性的鬥爭。若無另一個角色存在，兩人的日子實在太無聊。

關於馬克思的人生歷程，麻煩在於：這位辯證大師忽略了最戲劇性的辯證法，也就是唯心論與唯物論之間的辯證。在大多數情況下，馬克思描繪物質因素具有因果關係——物質因素建立了社會的信念或上層結構，也定期產生變動。但在假定這樣的關係時，馬克思太常輕忽唯心論的力量，這項缺陷如同病毒，讓馬克思的經濟學出了問題。

「剩餘勞動力」這項概念支撐了整個馬克思式資本主義理論。回想一下這個簡易的哲學式三段論證。為何勞工就一定被剝削？因為馬克思信奉「勞動價值論」，認定資本家經由剩餘價值蒐集利潤。依馬克思之見，「沒有任何一粒原子」的價值是來自資本家。馬克思概略設定出裁縫師或鐵匠等角色，認定價值是由這些人創造。

馬克思遺漏了什麼？他忽略「想像力」和「創業精神」。要創造

★第六章　卡爾‧馬克思：憤怒的神諭

財富，需要的不只是實質的生產投入。例如錄放影機的開發不需要新種原料，也不需更加剝削勞工。錄影機產業只需要兩件事：「發明創造」和「創業精神」——後者即願意冒著投資風險。俄國人活在共產主義之下，為何還得乞討美國製的丹寧布牛仔褲？並不是因為蘇聯缺少綿布，也不是缺少能生產高品質布料的工人。而是因為他們缺乏想像力、動機和紀律。這些無形的因素會讓成功的企業、國家鶴立雞群。

遺憾的是，馬克思的唯物論導致他輕視每一種類型的資本，包括對利潤至關重要的**人力**資本，也就是知識、本領或管理技巧。「勞動價值論」要如何解釋聰明才智或充滿洞見的靈感？譬如下例。

幾年前，有一個人走過樹林裡，一顆種子的毛刺勾住了他的羊毛襪。他因此發明了魔鬼氈。現在，這個人的銀行帳戶滿是金錢。難道這全部的利潤都是從員工身上盜來的嗎？

下一章我們會講馬歇爾，他抨擊馬克思忽視了「承擔風險」與「等待」對社會的價值。資本家透過投資，放棄了「購買財貨」帶來的立即滿足。他的投資報酬就是他耐心靜候與延遲享樂的代價。如果每個人都馬上消費，社會就無法產出新事物。因此，「利潤」扮演了完全合乎邏輯的關鍵角色。（順帶一提，馬歇爾協助主導的邊際「革命」證明：價值來自**需求**，也來自生產或供給。《資本論》第二冊在死後出版時，已有邊際學派抨擊馬克思和古典學派太過側重供給面。）

馬克思因為論斷「勞動價值論」，忽略了太多動態的唯心論因素。李嘉圖避開這項問題，因為他看出勞動價值論僅是一種概括的工具，而非決定性的價值**成因**。馬克思試著用數學來證明理論時被許多毛刺

勾住,而他卻沒在十九世紀發明魔鬼氈,這不太令人意外。

2. 關於苦難、失業和資本主義垮台等預言

馬克思不是刻意預言。他的目標是要科學預測,依照可識別的趨勢推算歷史進程。但隨著歷史背離了他的預測,馬克思死後的追隨者依然根據他的著作,創造出一種偽宗教,從而讓他的「法則」符合歷史。他的追隨者捏造了這些法則,所以能宣稱這些預言的正確性。雖然馬克思主義始於無神論的科學,但二十世紀的馬克思主義變得有點像彩繪玻璃窗,選擇性地讓陽光進來,卻很少容許被批評。一旦這些法則變成宗教經文,想要用科學方式檢驗馬克思主義,花再多力氣都於事無補。

馬克思活得夠久,足以看到自己的一些支持者將他的法則擠壓成型,大力頌揚,為他建造聖壇,舉行聖禮。無政府主義者蒲魯東警示馬克思不要授予教義問答:

> 看在上帝份上,既然我們已經徹底破壞了所有**先驗**的教條,就別輪到我們企圖灌輸另一種教條給人民……且讓我們以體面懇切的方式爭辯……正因為我們引領新風潮,我們不能使自己成為偏狹的新領袖,不要以新宗教來自詡——即使這個宗教是邏輯性質的宗教,是很理智的宗教。

縱使我們無法駁倒馬克思的預測,我們卻能觀察到自馬克思時

代以來,資本主義經濟體的一些發展。首先,在過去一百年,工人的生活水準已經有戲劇性的增長,有車有房的人比例驟升。按照現今的貧窮定義,馬克思時代崛起的中產階級簡直是窮人——以馬克思的話來講,根本「窮酸至極」。而且,若用馬克思時代的傳統定義,現在的勞工簡直有錢到四處招搖,因為工人的「最低」生活限度水準已經提升。

然而《共產主義宣言》事先警告工人:「現代勞工……與其隨著產業進步而提升,反而越沉越低,降至所屬階級的生存條件之下,變成窮忙族。」不過,馬克思很快注意到工人的錢包愈來愈肥。他甚至很不情願地承認:在《共產主義宣言》發表後十年,農業工資上升了四〇%。

基於這項理由,馬克思轉換了定義,改口警告:「**相對於**」資本家,工人將會變得更**窮**。勞工的災難困境逐漸消褪,富人愈來愈富有,**而且**窮人也愈來愈有錢。但是富人的財富增長速度較快。

馬克思為《資本論》擠入新的定義,宣稱「生計」只是相對性用詞,端視當代生活風格而定。這樣說來,二十世紀的「最低限度生活」需要一台彩色電視,因為就連負責製造的一般「工資奴隸」都負擔得起。馬克思被迫放棄澎湃熱情,退卻到這種相對主義,不提勞工為困境拚死一搏的感受。只要窮人繼續變得更有錢,這種的情境甚至能通過哲學家約翰・羅爾斯(John Rawls)對社會公義的檢驗——只有在窮人也能獲利時,富人才可以獲利。

現代馬克思主義者因而強調心理上的悲苦和疏離。他們或許沒

錯，勞工可能經常感覺乏味。但舉例而言，馬克思並沒有告訴我們社會主義如何讓「撿破爛」的工作變得刺激有趣。如果快樂的員工較有效率，那麼，至少在資本主義之下，雇主要有強烈獎勵誘因來滿足員工。

再者，我們如何定義工人的快樂？倘若工資是相對的，為何快樂不是相對的？我們是否該問絕對性的問題：現今的工人是不是比一百年前的工人還要快樂？或者，我們該問相對性的問題：他們快樂程度的上升是否跟資本家一樣？思考一下：富人變得更快樂，窮人也變得更快樂，但富人變快樂的速度較快。一旦開始建構「快樂」的意義，據此檢驗「科學的」馬克思主義，那無論是不是馬克思主義者都快樂不起來了。

馬克思也預言了資本主義垮台，認為這是一個「自掘墳墓」的體系。但資本主義似乎還沒斷氣。失業率比二十世紀初還要高一點，但將工作人口比率納入考量，尤其是婦女也投入工作職場，那麼就業其實已有增加。

此外，資本主義也常產出中產階級，這些人透過股票，間接持有生產工具。在一九八〇年代晚期，數百萬中低階層的英國人買下「私營」公司的股份，例如：英國電信（British Telecom）、英國鋼鐵（British Steel）和英國航空（British Airways）。在美國，大多數工會的年金保險基金有絕大部分投資於公司股票。

一些馬克思捍衛者指出：資本主義國家政府日漸成長，出乎意料地成為資本主義的救世主。社會福利支出保障資本主義者，免受更

深的蕭條與革命。馬克思的捍衛者或許沒錯。但請切記：馬克思預言政治體系和上層結構保持**靜止不變**、抗拒改變。不變導致毀滅。現在回頭看，如果上層結構為了於拯救資本主義而屈服，那馬克思在兩方面都錯了。

最後，馬克思把資本主義的意外成功歸功於外國。他們說，資本主義者開始在低度開發國家剝削外國的勞工，而這些外國勞工維持了國內經濟。再次強調：就算這個主張有優點，也遠遠偏離了馬克思對資本主義內在、辯證上的毀滅的相關分析。

總之，馬克思在《資本論》構思了一套科學系統。他信心十足，預測了資本主義的路徑。他提出的概括又廣泛，在有些情況下可能是正確的。但可以肯定的是：馬克思如此鄙視宗教式的多愁善感，他會嚴詞反對用智性的施捨來贏得這些主張。

3. 馬克思對現代經濟學的貢獻

有一次，經濟學家瓊安・羅賓森嘲弄一個同事的理論與現實的關聯性：「想像一下，草地上有隻狗追著狐狸跑。狗依循狐狸的軌跡前進。而我同事的理論正是那隻狗身上的跳蚤。」

對大多數英美主流經濟學家而言，馬克思的理論有如跳蚤。在主流思想中，中間偏左派或中間偏右派對馬克思的批評都差不多強烈。保羅・薩繆爾森認為「勞動價值論」在定義上或形上學裡都是詭辯。

在經濟大蕭條時期，蕭伯納試圖要凱因斯相信馬克思的美德，

但凱因斯回絕了：

我感覺《資本論》與《可蘭經》很像。我知道《資本論》佔有歷史重要性，也明白有許多人認為這本書是萬古磐石，蘊含許多啟示，而這些人一定也不全是笨蛋。但我細看之後，實在難以想像此書為何有這種作用。內容沉悶乏味、過時陳舊、引發學術爭議，看似極為不合時宜。總之如我先前所說，我感覺此書跟《可蘭經》一樣。這類書籍如何能星火燎原，橫掃千軍，蔓延了一半的世界？我實在不解。就我的認知，此書顯然有缺陷。你相信《資本論》和《可蘭經》這兩本書嗎？或只相信《資本論》？但不管它的社會學價值是什麼，我很肯定：雖然裡面偶有靈光乍現的洞見，卻不具建設性和持續性，對於當代經濟毫無價值。如果我願意重讀一遍，你能保證你也願意重讀嗎？

蕭伯納重讀了，凱因斯也是。但凱因斯看到光明或聖地了嗎？沒有。他說：

兩人之中，我偏愛恩格斯。可以看到：他們發明了某種胡鬧瞎搞的方法，以及卑鄙齷齪的寫作之道，而他們後繼者有樣學樣，忠實呈現這兩點。但如果你要強調他們找出線索解開經濟謎團，那我可真是被打敗了。

★第六章　卡爾・馬克思：憤怒的神諭

連凱因斯這種天才都被打敗，大多數現代經濟學家早就放棄掙扎，不再研讀馬克思著作。弗蘭克・哈恩（Frank Hahn）這位傑出的「自由放任資本主義」評論家曾說：「大多數**馬克思主義者**甚至沒讀過馬克思著作。當然，這實在不能怪他們。」

不過馬克思仍舊潛伏在數千位激進派經濟學家的主張裡。這些激進分子出版期刊《激進政治經濟學評論》（Review of Radical Political Economics），以麻薩諸塞大學阿默斯特分校為據點。「激進」的英文是「radical」，在語源學上的字根是「radic」，意指「根生的」，就像蘿蔔的根。如同馬克思，激進派經濟學家相信：現代經濟理論最終端的「根」已在自己的資本主義分析裡腐爛變質了。話雖如此，激進派對馬克思說出的每個字句或每項預測，都不願負任何責任。

少數激進分子仍信奉馬克思的「勞動價值論」，不過所有的激進分子都強調資本主義之下的「控制」議題。老闆努力「分而治之」，意圖在職場和投票所都維持控制。一九四〇年代，波蘭的馬克思主義者米哈爾・卡萊斯基（Michal Kalecki）認為「政府刻意激起通貨膨脹和經濟衰退，以此扼殺工人需求」。當代激進分子史蒂芬・馬格林（Stephen Marglin）聲稱「企業通常樂見經濟不景氣」。如果馬格林沒說錯，那麼很多人都是在馬克思式「虛假意識」之下運作。試想馬格林對一九八〇年的總統大選的解讀：雷根允諾降低通貨膨脹**而不會**經濟衰退，他愚蠢地以為企業老闆討厭經濟不景氣。但企業老闆依然投票給雷根，為什麼？因為他們知道雷根做不到，同時還會在無意間鼓動經濟衰退。在馬格林的論點下，雷根確實失敗了，而大老闆很開心看到自己

公司股價下跌。

現代激進分子打了許多論戰，反駁經濟學家同儕的模型、對抗政府、打擊資本主義者，有時還得對戰馬克思宗師留給後代的回憶。到目前為止，勝負尚未分明。

4.馬克思對現代政治的影響

現今關於共產主義的辯論，最大的聲音是馬克思主義者，他們嚴厲批評前蘇聯及其附庸國的政治。他們喊著：這並非馬克思的共產主義。他們當然沒錯。一開始，馬克思將共產主義侷限於已經工業化的國家——雖然他晚年審慎思考俄國終將發生革命。史達林身負一個艱鉅任務，要加速讓農業的俄國進入工業時代。按照《共產主義宣言》計畫第一點和第九點，史達林強迫農夫加入集體農莊或國家農場。在一九三二到三三年冬季，他蓄意餓死數百萬人，以此壓制人民的反抗力量，尤其是在烏克蘭。

在史達林之前，列寧也在改造俄國人思想上面臨類似的麻煩。在列寧掌權時期，無產階級專政變成以黨治國——而這種專政並沒有很快消失。

倒了一九八〇年代末期，捍衛者聲言蘇聯經濟已有七十年寒冬，當時領導人戈巴契夫苦思良方，企圖挽救僵化的經濟體。戈巴契夫有時似乎已經要拋棄馬克思，接納某些自由市場機制，包括將農地和製造工廠的長期租賃轉換成民營的營利合作企業。但他無法堅持，因為共產主義者緊抓這個經濟體不放，自由市場的力量燙傷了這些人

★第六章　卡爾‧馬克思：憤怒的神諭　　　　　　　　　　195

的手。我們可以這樣說，傳真機在終結冷戰方面的貢獻如同軍事科技，因為這讓民主派可以散布訊息。俄羅斯總統鮑里斯‧葉爾辛（Boris Yeltsin）拼命推動俄國經濟，卻因國內貪汙、黑手黨而受到阻撓，就連老年人都認為新經濟沒有絲毫益處。對於老人年金受領者而言，共產主義保障他們有固定收入，雖然不多，但至少是可靠的定量配給。資本主義無法為他們帶來保障，只帶來混亂和騷動。相較之下，俄羅斯的年輕人抓住機會創業、自由旅行，並用創業家精神放手一搏。這種社會裂痕很危險，看起來簡直無法弭平，甚至可能比馬克思與列寧開發利用的「資本家／工人」分裂還更深。一九九八年七月，葉爾辛在聖彼得堡舉行沙尼古拉斯（Czar Nicholas）及其家人的喪禮。沙皇尼古拉斯及其家人的遺體早已火化沉埋了數十年。當時列寧主義者屠殺沙皇一家人，葉爾辛公開譴責，希望藉此發掘能讓世代達成共識的議題。

中國一九四九年革命之後，開始膜拜馬克思。他們很快就成了多神信仰的人，把毛澤東拱上相同聖壇。但一九七〇年代晚期在鄧小平領導下，中國許多產業開始迅速轉變為自由企業，打臉馬克思，斥責毛澤東。在一九六〇年代血腥的文革時期，毛澤東曾讓鄧小平入獄。鄧小平是務實主義者，他曾說：「不管黑貓白貓，能捉到老鼠就是好貓。」他准許店家有自己的獲利，農夫也可出售自己的農作。中國人如何稱呼這項運動？他們直接把「自由市場」的中文用字母拼成英文詞語。幾百萬個中國人還以為「自由市場」源自中國。不過，經過十年左右的自由解放，在一九八七年，保守勢力再度抬頭（但他們沒有拆掉北京毛澤東墓對面的肯德基餐廳）。這種反動勢力只是暫時

性的。鄧小平過世後，新總理朱鎔基和國家主席江澤民承諾催生更多私人企業，削弱公營事業的觸及範圍。一九九八年，江澤民甚至讓自由企業進軍各行各業，範圍從飯店、冷凍櫃工廠到卡拉OK都有。中國企業家與世界經濟密不可分。世界各地玩具反斗城裡的玩具幾乎都是中國製造。同時，愈來愈多中國人用寶僑（P&G）洗髮乳，可能比其他品牌還多！朱鎔基和江澤民一邊成功培育更自由的企業，一邊維持中國共產黨的政權，這種情況讓人頭皮發麻。但毫無疑問，這已經不是先人的共產黨了。

當然，前蘇聯和中國是最後以馬克思主義自居的兩大共產國家。隨著波蘭、東德、捷克、匈牙利、羅馬尼亞這些國境的鐵幕紛紛消融，愈來愈多工人重獲自由，團結一致，對抗馬克思的思想。

目前為止，尚無任何國家達到馬克思仰慕者憧憬的馬克思主義。以色列有合作農場制度，看起來卻只是從社會主義式演變為資本主義式的計畫。或許沒有任何國家能實現馬克思的夢想，因為那充斥著匱乏、自負和邪惡，已超乎真實世界的負載。這個夢想看似失落的天堂或樂園，適合天使，但不適合無產階級成員。遺憾的是，對於夢想的渴望越演越烈，善良的人深受迷惑，所支持的惡毒政體只會傳教，而非實行真正的馬克思福音。蕭伯納曾與史達林握手示好，若他看見蘇聯人民受到多年壓迫，或許也會搖頭吧！

對於今日的我們而言，馬克思提醒──經濟變遷可能讓人痛苦受傷；權力會轉變成壓迫，而底層人口不該遭到剝削。但共產體制應該更加慎重運用這些警示才對。馬克思仰慕者讚頌的是年輕時期的馬

★第六章　卡爾‧馬克思：憤怒的神諭

克思，他那時較少應用科學方法。與其形容他是有說服力的經濟理論家，或充滿個人魅力的政治領導者，倒不說他是一位始終存在的人本社會公義代言人，宛如約翰‧斯坦貝克（John Steinbeck）在無產階級小說《憤怒的葡萄》（Grapes of Wrath）筆下的湯姆‧喬德：

　　不論望向何處，我無所不在。市井小民奮鬥只為求溫飽，我就在那裡。貪官汙吏無情鞭笞人民，我亦得見⋯⋯眾人發狂怒吼，聲音裡有我存在⋯⋯黎民百姓吃著辛苦掙來的食物，住在揮汗建造的屋子裡，而我確實與他們同在。了解嗎？

　　或許，這段描述最適合馬克思的歷史地位。畢竟，有太多人借馬克思之名以行暴虐之實。

第七章

阿爾弗雷德・馬歇爾：
邊際主義精神

「政治經濟學或經濟學,是對於人類在日常生活中的研究。」

―― 馬歇爾

以下三則趣聞是由文學與娛樂世界蒐羅而來，可以幫助我們了解新古典經濟學派的重要發展：

在英國作家伊夫林・沃（Evelyn Waugh）的小說《獨家新聞》（Scoop）裡，英國某家報社有個編輯一律以兩個短句回應老闆：如果老闆說的事是對的，編輯會回答「確實沒錯」；如果無法肯定老闆說的事，編輯會回答「某種程度上算是吧」。
「我看一下，我說的那個地方叫什麼？日本首都？是橫濱吧？」
「老闆大人，某種程度上算是吧。」
「香港曾是英國殖民地吧？」
「老闆大人，確實沒錯。」

昔日歌舞雜耍喜劇演員亨利・楊曼（Henny Youngman）喜歡說笑話，總能讓人笑到肚子痛，程度更甚食物中毒。他有許多經典對白富含哲理，包括：
「你的妻子好嗎？」
「跟什麼比？」

在一部古怪的非主流電影《天生愛神》（The Adventures of Buckaroo Banzai），主角提醒朋友一句形而上的老生常談：
「不論行至何處，隨遇而安。」

★第七章　阿爾弗雷德‧馬歇爾：邊際主義精神

　　以上三段，「某種程度上算是吧」、「跟什麼比」、「不論何處」等等，堪稱能象徵十九世紀末經濟思潮的強力變化，稱為**「邊際主義」**（marginalism）。阿爾弗雷德‧馬歇爾是超群絕倫的邊際學派大師，在我們細說他的影響力之前，且讓我們看看這些趣聞為何能解釋這種新途徑。

　　請想像一下，你正在遊歷歐洲。你從希臘出發，這一站美妙極了。在前往義大利途中，你停留科孚島（Corfu），租了一輛輕型機車環島欣賞好風景。到了義大利，你喜愛佛羅倫斯勝過其他地方。你的義大利觀光花費用是八百美元，但給了你價值數千美元的愉悅。接著來到威尼斯，你考慮著要不要跨越邊境到奧地利。你怕奧地利的旅程沒有義大利愜意，也寧可吃義大利酥炸魷魚，而不是維也納炸豬排。你要如何決定該繼續前往，還是打道回府？

　　首先，想一下《天生愛神》的建議「不論行至何處，隨遇而安」。現在你在奧地利邊境，忘了過去身在何處吧！你在義大利的歡樂時光根本毫無關聯。**邊際學派主張：過往永遠在你的背後**。關鍵在於是否繼續前進，起點就在你腳下。

　　其次，想想楊曼的笑話。你在選擇是否進入奧地利時，是拿什麼相比？姑且不論義大利的歡樂時光，試問：前往奧地利這件事，帶來的效益是否大於奧地利觀光的花費？如果在奧地利待一天是五十美元，卻帶來價值七十五美元的歡樂，那就去吧！縱使義大利帶來的效益是花費的十倍，那又如何？當下的問題在於是否繼續向前。只要效益超過成本，就該繼續前進，不論其超出的邊際差額比之前略少。

第三,回想《獨家新聞》裡的編輯。你想繼續前進至何種程度?每踏出一步,只要效益大於成本,就可繼續前行,直到邊際效用同等於邊際成本為止。一旦奧地利一天五十美元的花費只能帶來五十美元的歡樂,那就必須立刻停止。這時你不該因為被前進沖昏了頭。繼續下去的話,就會像某個笑話裡的男孩,他說自己知道怎麼拼出「香蕉—BANANA」,只是不知道何時要停止。很多公司正是因為不知何時該停止擴張,才會導致失敗。人民航空公司(People Express airlines)在一九八〇年代初期相當興隆,因此它迅速擴張持有的路線和飛機數量,不理會許多顧問專家的警告。短短幾年內,這個野心勃勃的航空公司就關門大吉了。一九九〇年代晚期,波士頓的商場也步入了類似的後塵。

邊際主義的精隨在於:堅持把重點放在遞增、漸進的每個舉動。公司如何決定生產多少輛汽車?他們要持續生產,直到多生產一輛車的收益同等於生產那輛車的成本為止。邊際收益與邊際成本的規則,在經濟學內外都受到廣泛應用。有些學生為了考試熬夜苦讀。但在午夜昏昏欲睡之時,如果多熬一小時不睡的成本超過額外苦讀的效益,讓隔天疲憊不堪,那麼最好回床上睡覺,別再硬撐下去。

馬歇爾並非邊際主義的發明人或發現者。早在馬歇爾之前大約十年或二十年,法國的庫爾諾(Augustin Cournot)以及德國的邱念(J. H. von Thünen)與戈森(HH Gossen)就曾探討邊際分析法了。英國經濟學者傑文斯也貢獻了許多重要想法,奧地利經濟學派創始人門格爾也是如此,而馬歇爾進一步發展這些人的概念。不過本章的主要討論對象是

★第七章　阿爾弗雷德‧馬歇爾：邊際主義精神

馬歇爾，原因有四：①他運用的邊際分析最清楚、最全面。②他建立了邊際傳統，主導今日的個體經濟學。③二十世紀許多著名經濟學家都曾是他的弟子，包括凱因斯（與其父）、庇古（A. C. Pigou）與瓊安‧羅賓森等。④他的生平與彌爾生平有鮮明對比，反映了當代學術運動，以及邊際學派的精神。

早年生涯

阿爾弗雷德‧馬歇爾在一八四二年出生於英格蘭的波蒙西（Bermondsey）。父親威廉‧馬歇爾（William Marshall）是英格蘭銀行員，也是個狠角色，只有詹姆斯‧彌爾或羅馬暴君卡利古拉（Caligula）才能與之比擬。威廉‧馬歇爾是個嚴苛又可怕的暴君，他下巴突出，輪廓有稜有角，與他信仰的福音派冷峻信條非常相配。他用軍事化的訓練，嚴格要求小馬歇爾的學業，從白天上課到晚間的希伯來文課只是家常便飯。有一年暑假，有個好心姑媽的陪伴拯救了瀕臨發瘋的小馬歇爾。她不管什麼希伯來文，只是給小馬歇爾買了一艘小船、一把玩具槍和一匹小馬。

不久後，阿爾弗雷德‧馬歇爾放下玩具槍，離開小馬，從牛仔馬歇爾變成劍橋馬歇爾。這種行為是出於反抗。父親威廉原本想要他接受牛津大學獎學金，在那裡鑽研拉丁文，準備當個牧師。但他天性反骨。父親以為他在房間裡研讀宗教，他卻叛逆地讀著數學。他父親

不懂數學，也很鄙視數學，可是數學對於小馬歇爾來說象徵解放。這或許在他的潛意識留下罪惡感，他在後來的人生，都把經濟學裡的數學留到註腳，只放在頁面的邊角。凱因斯為馬歇爾寫了一篇讚頌的文章，提到：「不！他絕不會接受那筆獎學金而埋首牛津大學要死不活的語言。他會逃跑，寧可到劍橋當一個小船員，攀爬幾何學的船帆索具，偵查天上狀況。」

馬歇爾在劍橋大學聖約翰學院的數學表現極佳，還輔導其他數學系學生，藉此賺取零用錢。一八六五年畢業後，他打算攻讀分子物理學，沒想到在半路遇見形上學。他一八六八年長途跋涉到德國研讀康德的原著。不久，他跟隨劍橋同儕亨利・西奇威克（Henry Sidgwick）進入了「不可知論」（agnosticism）。西奇威克偶爾會撰寫政治經濟學文章，認同基督教的道德規範與理想，展現基督徒除了信心之外的所有美德。有個仰慕者說西奇威克如果使壞，也是所有邪惡之中最不壞的那種。凱因斯則說，西奇威克耗費大半人生證明上帝不存在，卻用餘生希望自己有錯。雖然馬歇爾沒有這種內心折磨，但他也和西奇威克一樣擁有高尚品格。

馬歇爾從未聽見上帝的召喚而投入傳教，這讓父親大感失望。但他確實聽見窮人的呼喊，讓他開始研究經濟學：

我從形上學轉入倫理道德學，認為這樣不足以輕易解釋社會現況。某位朋友讀了很多所謂「道德科學」的東西，不斷說著「假如你懂政治經濟學，就不會這麼說了」。所以我讀了彌爾的《政治經

濟學原理》，覺得非常激勵。我對**機會**不平等的適切性存疑，超過我對物質安逸的懷疑。因此我在度假時刻，走訪某些城市最貧困的街區，走過一街又一街，看著窮苦人家的臉孔。我下定決心，盡己所能鑽研政治經濟學。

馬歇爾一度選擇經濟學當作天職，他像神父一樣全心奉獻。在歐洲的中世紀，有三種偉大學科盛行：旨在心靈完善的神學、旨在公平正義的法律，以及旨在身體健全的醫學。馬歇爾提出了第四種偉大的使命：瞄準全人類物質生活福祉的經濟學。雖然經濟學家會彼此抨擊，但馬歇爾對自身的專職從未動搖，奉獻心力改善人類境況。

他終其一生奮力拚搏，要讓經濟學有別於歷史和「道德科學」，成為獨立的學門。他一邊努力設計經濟學課程，一邊努力集結經濟學家。對他來說，經濟學是協力合作的職業。他對內鬨沒有耐性（但有人批評他的著作時，他會特別敏感）。他說，只要有合理的詮釋，幾乎所有古典經濟學家的教誨都是正確的──他們彼此攻擊時除外。經濟學家必須超越政治，成為理性和真理的捍衛者：

> 社會科學的學生一定要對大眾認同戒慎恐懼……如果有一個看法，能讓報社宣傳之後增加報紙銷量，那麼，一個想要造福整個世界（尤其是自己的國家）與改善後世人類境況的學生，必定會糾結在限制、缺失和錯誤（如果有的話）。因此，絕不要無條件地倡導這一種看法。

劍橋大學的惰性實在強大。馬歇爾直到一九〇三年才成功說服劍橋開設獨立的經濟學課程。

他在一八六〇年代首次接觸經濟學，那時他就已著手開發經濟學系統。他在阿爾卑斯山度假時，把形上學當作閒暇的消遣閱讀。每年夏天他都會：

> 帶著一個背包，把時間都花在阿爾卑斯高山的健行……六月初，他因工作過度而滿身疲倦而暫離劍橋；十月他回到學校，皮膚曬得黝黑，身強體健，神采奕奕……他在阿爾卑斯山健行，學著在早上六點起床……揹著背包，走路兩、三個小時……有時坐在冰河上，久久沉浸在幾本書裡，閱讀歌德、黑格爾、康德或史賓賽（Herbert Spencer）……那是他的哲學驛站。一步一腳印，他後來想出「國內與國際貿易」理論。一大箱書本之類的東西從某個驛站送至另一個驛站，但他在一星期或更長的時間裡，只帶了背包一路走下去；抓緊襯衫在湍急的河水裡沖洗，晾在肩頭的登山杖上；在阿爾卑斯山裡孤獨前行，總是思考著最艱深的事。

在聖約翰學院教學九年後，馬歇爾結婚了。如同馬爾薩斯，他被迫辭去教學研究員一職。英國副主教威廉・佩利是馬爾薩斯在學術上的宿敵，而他的孫女瑪麗・佩利（Mary Paley）曾是馬歇爾的學生，也是政治經濟學講師，後來成為馬歇爾的妻子。馬歇爾一家搬到布里斯

★第七章 阿爾弗雷德・馬歇爾：邊際主義精神

托（Bristol）的大學院校，再搬到牛津大學。馬歇爾一八八五年回到劍橋，接受政治經濟學主席職位。

馬歇爾很有魅力，是個獨特的男人，有一雙明亮的藍眼睛。他的學生談到了在他家無數次的下午茶閒談。他身為老師，強調例證和時事，而非生硬死板的教科書。他的各種經濟學案例都是信手捻來，有時講的是古代歷史，有時是劍橋上演的人生戲劇。他說話帶著輕聲笑語，每句話的結尾常常是歡樂的假音。他有時看起來傻裡傻氣。有個知名故事，提到一名研究生拜訪馬歇爾住家，向他請教論文主題：

老師從小走廊跑出來，跟我說「進來，進來」。我跟著他上樓。老師問我有沒有想過要做哪方面主題？我說「沒有」。他拿出一個黑色小本子，告訴我「好，聽著」，如果聽見他唸出喜歡的題目，就舉手示意，他開始唸一大堆題目。我很緊張，聽到第一個題目就想結束，但是馬歇爾老師沒有注意到，一直唸下去。

馬歇爾繼續無視學生的第二次和第三次示意。

他繼續唸題目，一個接一個，大約念了五分鐘。最後他停下來，問：「找到你喜歡的題目了嗎？」我馬上回答「不知道」。他說：「沒人知道。不過，這就是我用的方法。」

雖然看起來有點傻，但馬歇爾其實絕頂聰明。根據劍橋的傳聞，

當有人提出艱深的數學專題論文時，馬歇爾只會讀第一章和最後一章，然後站在壁爐前就能解出中間的部分。

漸進主義者的路徑

或許在「經濟大師名人堂」裡，沒人比得上彌爾狂風暴雨般的心智與馬克思煽動性的視野。馬歇爾的生平和思想的瘋狂程度，跟一隻週日午後的老獵犬差不多。有趣的是，他內心與外在的平穩反映出他的經濟學觀點，也確實反映出他對世界的看法。馬歇爾讀夠了德國哲學，有一套自己的世界觀。他從來就不是愛耍花招的人。他的《經濟學原理》一八九〇年首次出版，開宗明義寫出：大自然絕對不會突然躍進。

太陽神與酒神兩股勢力在彌爾心智裡爭戰，而革命思想在馬克思腦中爆發，但馬歇爾卻穩如阿爾卑斯山。正如前輩們，他也有著理想主義般的願景，希望改善世界。但他沒有蠢到放棄謹慎的分析：

在文明的每個階段，詩人還沒真正感受到實質黃金的壓力，就以詩歌和散文愉悅描繪過去是真正的「黃金時代」。那詩情畫意的景象十分優美，激發高貴的想像和堅定信念，但這些畫面幾乎不是歷史真相……如果認真看待，這比忽略人類天性中固有的缺點還要愚蠢。

★第七章　阿爾弗雷德・馬歇爾：邊際主義精神

　　不過，馬歇爾依然認為世界可以改善——以漸進方式。古典經濟學家依循牛頓式的科學路徑探索自然法則，馬歇爾轉而探尋較為演化式的途徑。達爾文的生物學取代了牛頓的物理學。十八世紀非常盛行的「數學物理科學」（mathematicophysical science）研究不變的自然現象，經濟學家接著跟進。隨著十九世紀展開，注重生物演化現象的生物學變為顯學。經濟學家再次跟進，首先是由彌爾主導，而後由馬歇爾進一步拓展。

　　馬歇爾的邊際主義將演化論應用到經濟學。企業家和消費者不會突然躍進，而是逐步努力改善現況。個人、公司和政府都要適應價格變化。適者生存，公司行號也是如此。低利潤淘汰最虛弱者。競爭壓力迫使公司行號降低成本。雖然馬歇爾的最終結果看起來像亞當・斯密的牛頓式經濟學，但他教我們如何在過程中審視個體的決定。邊際主義為個體經濟學的發展鋪路，而個體經濟學說服我們：如果效益大於成本，經濟個體會重新思考自身處境，並決定採取新的步驟。人們只有在效益與成本停滯時，才會呈現恆定的牛頓式行為：

> 經濟學主要關心的是人；無論立意善良或邪惡，都使所有人發生變化和進展。片斷、靜態的假說是暫時用來輔助動態（或生物性）的概念。但經濟學的核心思想必定關乎生命力與動作，就算基礎論據尚在討論之中。

馬歇爾以漸進主義過活。他總是按步就班，但有時他的行動太過緩慢。在一八七〇年代早期，馬歇爾就已經發展出許多構想，而《經濟學原理》晚了這麼多年才出版，以致於批評者貶低他自稱的原創性。不過近來的學術研究顯示，早在該書出版前的數十年，許多原理早就出現在他的課堂上。

幸運的是，這本《經濟學原理》歷久彌新，一八九〇年首次出版，銷量每年增加，到一九二〇年達到巔峰。馬歇爾過世前已經賣到第八版，而且今天個體經濟學的教科書都仍以該書為基準。不過《經濟學原理》與當代著作有幾項不同。第一，馬歇爾仍免不了道德方面的說教。他每隔一段時間，就會不經意給出忠告，口氣聽起來像是解決聽眾疑難雜症的Q&A專欄「親愛的艾比」（Dear Abby）。有時候他聽起來像是正義魔人，可以幫主持人艾比解決姊妹夙怨，而不是棘手的商業糾紛。幸運的是，馬歇爾看起來並不老是在訓斥一群維多利亞時期古板女教師。

第二個不同，現代的教科書目標讀者是學生和專業人士，相較之下，《經濟學原理》針對的是門外漢。經濟學家不能只躲進純理論，而必須用自己開發的工具觀看世界，努力改善世界。馬歇爾開發了複雜的模型，卻把難懂的內容留到注腳和附錄。他用淺顯易懂的英文表達主要的內文。馬歇爾警告：那些帶著「冗長晦澀推理」的巧妙模型可能會變成「科學玩具，而非實際運作的引擎」。馬歇爾如果想要玩具，大可留在姑媽身邊，玩著牛仔和印地安人的扮家家酒。但他有著高貴的專業志向，也敦促其他人跟隨。雖然他偶爾抱怨某些他的老學

★第七章　阿爾弗雷德・馬歇爾：邊際主義精神

生，但這些學生確實跟進了。《經濟學原理》首次出版時，大英帝國的經濟學家有半數是他的門生。隨著人數增加，馬歇爾子弟於是愈來愈多。

雖然馬歇爾受過數學家的訓練，但他擔心經濟學家就連小事也用數學計算。李嘉圖對他來說一直都是英雄，因為李嘉圖以數學家的方式思考，卻不訴諸神祕難懂的符號與公式。馬歇爾將李嘉圖和彌爾的概念演譯成微積分，但絕不將自己的經濟主張完全立基於數學理論。他在一封有趣的信件中提出了自己的系統：

1. 把數學當作速記語言，而非查詢引擎。
2. 在解決之前不要偏離數學。
3. 用日常言語表達結論。
4. 以現實生活的重要實例來說明。
5. 燒掉數學的部分。
6. 如果做不到第四項，就把第三項的結果也燒掉。我最常做這種事。

難怪庇古說馬歇爾是「在火爐前面讀數學論文」。他或許想用這種巧妙的方式減輕自己的罪惡感，因為他童年時違背父親，在床底下偷畫數學曲線，就像其他男孩睡前偷畫塗鴉一樣。

在經濟學方法上，馬歇爾其實沒有上面那封信有趣。他跟彌爾一樣，避免論斷僵硬的經濟法則，以防落入典型陷阱。歷史在經濟學

和演繹法理論中都佔有一席之地：「本世紀初，英國經濟學家的主要錯誤並非忽略歷史和統計。我們可以說，他們錯在把人視為固定不變的……我不把任何『普適性』歸屬到經濟學教條裡。這不是具體真理的主體，而是用於探索具體真理的引擎。」馬歇爾也理解：光靠事實本身，無法得到任何教誨。根據老凱因斯（約翰‧凱因斯之父）的說法，馬歇爾運用「受到觀察力引導的演繹式政治經濟學」。在象牙塔與市井酒吧之間、在純理論與俗世事實之間，他尋得中庸之道，捍衛經濟學免受社會學家和道德家的尖刻抨擊。

與其扮演經濟學裡的牛頓，馬歇爾反而想當經濟學界的達爾文。他會觀察公司企業如何因應環境變化。他說：「經濟生物學是經濟學家的聖地。」

經濟學的時間維度：短期與長期

羅馬不是一天造成的，猴子演化成人類也不是一星期的事。有點衝突的是，達爾文學說認為在生物演化上的一千年相當短暫，但某一個突變體的短暫生命卻可能決定一個物種的未來。馬歇爾知道「經濟時間」如同生物時間，跟倫敦大笨鐘不同步。十年不只是一家公司做一年事的十倍而已。一年對某些交易來說很長，但對於其他行為而言，或許一年只夠準備作業而已。

在經濟分析的每一步驟，時鐘都在滴答響著。一九七三年石油

★第七章　阿爾弗雷德‧馬歇爾：邊際主義精神

輸出國家組織首次禁運期間，政客緊抓經濟學家衣領，大力搖晃，逼問經濟學家一些非常重要的問題：消費者何時才會懂得節約能源，以此回應高油價？要到何時，通用汽車、福特與克萊斯勒才會生產小型車，以此回應油價？石油公司何時才會轉移鑽探石油的地方，以此因應？這些事最終一一發生了，但不是同事發生。

馬歇爾試著將特定的趨勢與發生的時間分離出來。時間是「這些難題的主因……人類力量有限，必須逐步處理這些難題。將複雜問題拆解成小部分，一次研究一點點，起碼要整合每部分的解法，便能大致完成整塊拼圖的解答」。馬歇爾建立一套巧妙的分析系統。如果要分析一項因素，他會先把其他因素丟入「拘留所」暫時擱置，直到完成分析這個單一因素為止。他把這個「拘留所」稱為「其餘條件不變」，也就是「其他條件保持相同：沒有否決其他趨勢的存在性，但暫時忽略其干擾作用。窄化進行分析的議題，就能精確處理」。

先前的經濟學家已經提過「其餘條件不變」這樣的假定。但是馬歇爾據此衍生出一套清楚明確的方法，建構嚴謹的理論。現今的教科書都是以馬歇爾方法為基準。

十九世紀法國經濟學家瓦爾拉斯提出極為純理論式和數學化的「一般均衡理論」(General Equilibrium)分析，馬歇爾的方法與此成為鮮明對比。雖然大學教科書鮮少注意瓦爾拉斯的抽象工具，但現代一些非常優秀的理論家將他的成果發揚光大，包括諾貝爾獎得主肯尼斯‧阿羅（Kenneth Arrow）、傑拉德‧德布魯（Gerard Debreu）和劍橋的弗蘭克‧哈恩。說說一件趣事：儘管瓦爾拉斯式分析藏著令人眼花撩亂的數學，

但他在大學入學考試時，曾兩次數學不及格。

有個例子或許能幫助我們了解馬歇爾的系統。假設以下情境，一種叫做「雅痞優格」的新產品被開發出來，引起市場矚目，部分原因是這個產品其實是由華爾街生產。更棒的是，生產線工人在優格發酵過程中添加了歌帝梵（Godiva）高級巧克力碎片。「狂吃不胖」這句口號驅使眾多雅痞大買特買。雅痞優格的每日供應量是固定的。如果有一天，電腦當機讓許多人無法繼續工作，於是出去買優格休息一下的雅痞變多了，有些人因此吃不到優格。而廠商聽到供不應求，立刻包裝更多優格出貨，但送達時大家都下班了。在一天的時間範圍內，僅有「需求」產生波動。

更需注意的是，廠商可以提高「供給」。這個第二時間期也就是馬歇爾所謂的「短期」，可維持得夠久，讓廠商變更已經供給的量。為了增加供應量，廠商會聘僱更多勞工、購買更多原料，但不能一下子擴張太快。馬歇爾說的「短期」不會久到能蓋新的製造工廠。如果雅痞優格製造商在電視上打廣告，使需求量暴增，又會如何？製造商在短期內可以買更多牛奶來做優格，找更多工人添加巧克力。如果需求量下降，製造商可以解雇工人，減少採購牛奶。

由於工廠產能在短期內是固定的，廠商的確面臨了「收益遞減」法則，也就是說，有太多工人同處一間工廠，減少了他們的生產力。當然，廠商仍將運用「邊際法則」繼續生產優格，直到優格價格等於最後一品脫牛奶的成本為止。

在第三期，也就是「長期」，廠商有充足時間建造新廠，也能變

更勞動力和材料。如果雅痞優格的需求量持續增加，廠商甚至還可以從華爾街擴張，打入紐約港，或在港口對岸設廠——甚至可用機器人取代工人。

長期而言，新廠商可以進入這項產業，而賠錢的廠商必須離開。倖存的廠商可以賺取正常利潤。因此在長期方面，供給量十分重要。

「短期」與「長期」的時間到底有多久？這端視產業特性而定。時期的長短取決於要花多久時間才能改動資本和產能。顯然，馬歇爾不是在討論雅痞優格。相反地，他討論漁業。在漁業，馬歇爾推測要花一兩年時間製作新船。但隨著科技進步，長期時間（反應時間）也可能縮短。

關於公司行號的規模，馬歇爾談得更多。古典經濟學者常常將以下敘述奉為圭臬：公司行號增大自身規模，平均成本依舊維持原樣。公司的成長既無助益也無害。但到了馬歇爾時代，大多數經濟學家談論「報酬遞減」：在某種程度上，大規模會導致運作沒效率。在漁業例子之中，馬歇爾發現過度捕魚可能浩竭漁業資源，最終迫使漁夫離開岸邊，到更遠的地方捕魚。馬歇爾問道：大型規模有可能讓某些產業更有效率嗎？較大的公司通常有管道取得利率較低的貸款，得到更有效率的機器。今日，通用汽車比一般人更能得到條件更好的貸款，負擔得起更好的生產線設備。

馬歇爾指出「規模報酬遞增」的兩項來源：**「內部經濟」**（internal economy）和**「外部經濟」**（external economy）。

「內部經濟」源自勞動分工、大宗供貨的購買，以及小廠商無力

負擔得起的專業龐大機械用途。想像「恰克渡船公司」這家小公司,專門業務是用豪華遊艇載運達官貴人往返大西洋沿岸。公司的成本是平均每位乘客三千美元。如果恰克公司可以吸引到一千位乘客,就可以用大型郵輪「瑪麗皇后二號」取代遊艇。有一千人登船的狀況下,每位乘客的成本僅需兩千美元。所以,恰克公司提振營業額的話就能不用遊艇,改用更價廉的方式航行。不過到最後,恰克如果持續擴張,可能會因會管理效率變低以及行銷方面的問題,讓成本升高。

過去四十年來,看似無聊的貨運業已發生了翻天覆地的變化。在一九五〇年代,船舶進港之後,要動用一百名碼頭工人,辛勤工作一整個星期才能卸載全部貨物。今日貨物全都裝入貨櫃裡,只需七名碼頭工人,即可在一天內替大型船舶完成卸載。貨櫃直接從船舶卸下,交由火車運輸,再經由貨車轉運,效率奇蹟般地高。這種運輸革命大力重踩配送成本,讓進口斐濟瓶裝水變成美國人經濟實惠的選擇。

「外部經濟」依循特定公司行號外部的事件。如果一個產業傾向設在一個特定區域,而該處社群或許可以提供穩定且有序的技術勞工市場。那些公司得到了額外的推力,因為附屬貿易的出現,為產業提供了低成本的供給:

好的工作成果會受到讚賞。不論是在企業流程與整體組織中,大家熱烈討論機械的發明、改良帶來的好處。如果一個人用新點子起頭,而其他人會加以利用,結合各方的建議,從而成為下一代新點

★第七章　阿爾弗雷德‧馬歇爾：邊際主義精神　　　217

子的來源。此時，鄰里周遭地區的附屬貿易開始成長，為這個地區供應了器具和材料、規劃交通，並且在許多方面都能引領實質經濟。

　　英國的矽沼（Silicon Fen）充斥高科技公司，劍橋大學也居於該地中心。我們只須考量兩者相當排外的關係，即可看出產業與供應商之間的重要關聯。舉個古老的例子：賓州的礦工開採煤礦，煉成焦煤，送入附近鋼鐵業用的熔爐裡。

　　北達科他州的法哥（Fargo）這個地名曾被人取笑，也變成諷刺電影《冰血暴》（Fargo）的片名，但今日已經快速成長為軟體公司集中地，失業率為全美最低。一九九〇年早期，法哥看起來就像準備凋零的北美大平原城鎮，冬季嚴寒，冷風吹拂殘破的街區。但一些有創業精神的人讓該地出現了轉機──他們發現通信技術已經無遠弗屆，任何地點都可以設計、銷售軟體，即使在北達科他州的偏遠地帶也行。微軟公司買下大平原軟體公司（Great Plains Software Inc.），並且擴張設備，如今法哥已成為一個技術的繁華樞紐。北達科他州所投入研發的資金，佔收入比例較其他州更多，刷去昔日落後、陳舊的名聲。

　　如果馬歇爾對於「報酬遞增」的說法正確，那麼「大就是美」。而如果大就是美，競爭不會長久持續，因為大公司總是會擊敗小公司。恰克渡船公司肯定敵不過冠達郵輪（Cunard）。結果壟斷企業將會主導每一個產業。馬歇爾是自由競爭的主要擁護者，他可以接受這樣的理論意涵嗎？

　　他可以，因為他認為公司不會永遠存續。他再次訴諸生物學，

借用有機體的隱喻。創業家可以建立一間精力旺盛的新生公司，養育它直到長大成熟。但創業家不會活得比它久。繼任的接班人通常較不如創業家有天分。於是，其他創業家繁殖的新公司將會蓬勃發展：

> 大自然的因素依舊對私人企業有著拘束力，因為創始人的壽命有限，而且他們身體機能保持活躍的時期也有限。因此企業經過一段時間後，指導方針會落入接班人之手，而這些人較沒有衝勁，也不是深具創造力的天才——即便他們對企業的興盛依然很有興趣。如果公司轉成合股公司，或許能保留勞動分工、專業技能和機械化這些優勢；甚至能進一步增加資本，促進這些優勢；而在有利條件下，或許也能在生產方面永久穩住地位。不過，公司卻很可能喪失去了太多的適應性與進步動力，以至於與年輕小公司競爭之時，反而喪失了獨具的優勢。

依馬歇爾之見，胃口大開的精實小公司將會蠶食鯨吞那些慵懶癡肥的大公司利潤。在二戰後的美國，跨國企業集團興起，馬歇爾的理論看似過時老套，但在今日看來卻是相當前衛。一九七〇年代有不少穩定的龐大跨國企業集團，例如：海灣西方石油公司（Gulf & Western）、ITT（國際電話電報公司）、AT&T（美國電話電報公司）、IBM，每個都在隨後數十年的激烈競爭市場裡，開始劇烈翻騰。RCA（美國無線電公司）曾由廣播通訊之父大衛·沙諾夫（David Sarnoff）長

★第七章　阿爾弗雷德‧馬歇爾：邊際主義精神　　　　　　　　219

　　期領導，主佔媒體業和電子業，卻在沙諾夫退休後迅速走下坡。美國紐約洛克菲勒中心的RCA總部大樓，曾有個著名的紅色霓虹燈招牌閃閃發亮，曾經陪伴數百萬紐約客度過人生，後來就連這個招牌也被拆了。

　　已經站穩的大公司必須回應股東需求，相較之下，新創公司可能樂意承擔更多風險。雖然在商業冒險中，不乏新創公司失敗的故事（或許正是太愛冒險），但只要有一家公司成功從車庫發跡，就可以讓長期策略規劃部的副總丟掉飯碗，離開摩天大樓閃亮的玻璃帷幕。過去三十年來，員工少於五百人的公司顯然創造了美國絕大多數的新工作機會。

　　近年來，在「企業瘦身」的趨勢下，許多公司將部分部門出售，簡化流程而更有效率。美國國民製酒公司（National Distillers Corporation）不再生產酒類，改名為「量子化學公司」（Quantum Chemical Corporation）。一九八九年三月，《商業週刊》（BusinessWeek）以斗大標題「**你的公司太大了嗎？**」寫出封面故事。一九九〇年代，AT&T最成功的一件事就是分拆朗訊科技（Lucent Technologies）這家生產精密電話設備的公司。AT&T歷經苦難，但朗訊的股價卻直衝天際，直到西元兩千年「網際網路泡沫」崩盤為止。同時，諸如時代公司（Time Inc.）和華納媒體集團（Warner Communications）之類的許多公司也開始合併，希望更加有效率地分享知識和資產。兼併後的公司稱為時代華納（Time Warner），後來在兩千年併購美國線上公司（AOL），可惜時機非常差，管理也教人失望。自從一百年前馬歇爾的《經濟學原理》出版後，企業家不斷在

「靈活性」與「規模經濟」（economy of scale）之間力求平衡，以便找出自身企業的最適規模。

邊際主義的消費者

我們目前為止討論了公司企業，但還沒檢視消費者。馬歇爾不會樂見這樣偏頗的討論。李嘉圖和彌爾附和的古典主張是「商品的價值反映在商品所耗的生產時數」，馬歇爾對這類主張很反感。在某個知名比喻裡，馬歇爾表明：供給和需求同等重要，「要討論商品價值是取決於效用（utility）或生產成本，就像是要討論剪刀是用哪一刃去把紙剪開一樣」。在馬歇爾的鼓舞下，且讓我們運用邊際分析來結合供給與需求。

前面說到，華爾街朋友們想要吃優格。黛比這個雅痞，對於優格的需求取決於每半品脫優格所帶給她的額外滿足。馬歇爾稱之為「邊際效用」，而傑文斯堅持這叫「最終效用」。好險他們沒一起過教課，不然會發生一場無聊的辯論。

馬歇爾和傑文斯都肯定：黛比的邊際效用會隨著所吃的每一份優格而減少。也就是說，吃第一份或許會帶給她價值一美元的愉悅，第二份僅有一毛，第三份可能是七毛，第四份則是六毛四，以此類推。最後她一想到要再多吃一匙，就覺得反胃。黛比決定要不要買優格時，會將比較售價跟自己的邊際效用。如果每份優格的售價一美

元，那黛比只會買一份，因為第二份同樣是一美元，卻只為帶來九毛的愉悅。如果一份售價六毛五，黛比會買三份——因為第三份雖然六毛五，卻能給她七毛的效用。如果她持續購買第四份，只會得到六毛四的愉悅。經濟學家繪出向負斜率的需求曲線來表示邊際效用的遞減。黛比會在每種情況下，比較優格的邊際效用（利益）與邊際成本（價錢）。

然後，馬歇爾清楚發表了需求法則：「待銷售的數量越多，價格一定會越低……價格下跌，需求量增加；價格上漲，需求量減少。」

馬歇爾當然知道價格本身並不會決定需求。他列出幾項其他因素，置入「其餘條件不變」的拘留所中。他討論最重要其他因素為：①消費者的品味、習慣和偏好。②消費者的收入。③競爭品的價格。如果黛比讀了《華爾街日報》，上面寫「吃了雅痞優格有助於增強體力，壁球比賽無往不利」，她有可能馬上流口水，品味因此改變。就算價格維持不變，她也會購買更多優格。但解釋「需求法則」之時，馬歇爾要求我們先假定「品味」、「收入」和「其他價格」保持不變。這樣的話，需求法則通常會成立（拘留所中的任一因素若有變化，都將移動整條需求曲線）。

馬歇爾接著再次有效運用邊際原理，也提出了邊際學派／喜劇演員楊曼會問的一個問題：黛比的下一步是什麼？理智的消費者會不斷有更多期望，將某一產品與其他產品可得的額外滿足程度進行比較。如果花一美元買優格能產生一美元價值的愉悅感，但如果這一美元花在壽司上，則會帶來一塊兩毛的愉悅感，黛比就應該買壽司。

她應該持續買壽司多久？根據邊際效用遞減法則，只要她買越多，壽司對她來說就會變得較無價值。所以她應該繼續購買，直到壽司帶來的愉悅同等於價格為止。達到均衡狀態時，用每一美元購買在所有商品，都能導致同等愉悅。如果在A產品花費一美元，可以比花在B產品上得到更多愉悅，那麼消費者應該多買A且少買B，直到邊際效用完全相等。以馬歇爾的話來說，消費者會「一直注意是否花了太多錢在某件事上，這樣就能在這條支出之中減去一些，轉移到消費其他產品線，藉此增加效用」。

馬歇爾為供給者開發了類似架構。生產者增加供給量，生產成本往往會上升。「供給法則」與「需求法則」恰好相反：只有在消費者所付價格提高之時，供給量才會升高。生產者比較的是每多生產一單位的邊際成本與邊際效用，這裡的效用指的是價格。（供給曲線是正斜率向上攀升，而需求曲線則是負斜率向下傾斜。）

如同消費者不斷比較每一美元花在各種產品上的邊際效用，生產者也會不斷比較每一美元花在資本（機械）上的邊際效用，以及花費在勞力上的邊際效用。如果花一美元購買新機器，產生的效益大於花一美元雇用新員工，管理者將會投資新機械，並減少勞動力。達到均衡之時，來自資本的邊際報酬會同等於來自勞力的邊際報酬。

假設有一間處在均衡狀態的公司。工會爭取加薪的話會有什麼變化？來自勞力的邊際報酬（邊際產出除以工資）相對於資本的邊際報酬會減少。管理者會用機器人**取代**裝配工人，直到邊際報酬再次均等為止。基於這項原因，馬歇爾厲聲抨擊那些支持濫雇與超額雇工的

工會,因為這樣只會傷害到工會成員。

　　有時,價格會讓管理者捨棄機器人,改回聘僱裝配工人,例如在電費升高或工資下跌的時候。這樣的均衡行為不只發生在資本與勞力之間,也存在於像是土地、新機械、二手機械、專技勞工、非專技勞工這種事物之間。如果土地價格上揚,管理者可能為廠房加蓋樓層,而非水平式擴地建廠。

　　馬歇爾的《經濟學原理》並未主張所有生產者行事時,都是按照邊際法則或理性。但如果一個生產者不依此行事,它的競爭對手將會更成功,得到經濟演化的利益。最後,不理性的公司企業就會倒閉。

　　不論是消費者或生產者,大多數經濟個體都是依循亨利・楊曼、伊夫林・沃和電影《天生愛神》所說的這些話,永不停下自己的邊際式比較。

　　到底是消費者或生產者決定價格?兩者都有。供給與需求如同剪刀的兩刃,在交點定出價格。古典經濟學家過分重視供給,而傑文斯過度強調需求。馬歇爾的構想頗有說服力:「延伸需求與供給的平衡點,以便發掘整套哥白尼式體系,透過這套體系,經濟宇宙的所有要素相互對立而產生互動,藉此適得其所。」

　　馬歇爾也花了一些時間反駁馬克思式的「勞動價值論」。他開宗明義地說:人類無法創造物質東西,僅能重新排列物質,讓物質更滿足他人需求。資本家貢獻自己的金錢,滿足他人需求。他們等候一段時間,沒有當下把錢全部用在購買消費財,從中得到報酬獎賞。馬歇爾對此的論點強而有力,我們有必要直接引用他的話。他說:

馬克思和其他人主張：在工資以及補強勞動所用的資本之上，勞動總是會產生一種「剩餘價值」。對勞動的錯誤做法，就在於其他人對於剩餘價值的剝削。但是，這種「整體剩餘皆是勞動之產物」的假設，已經將那些他們最後聲稱藉此證明之物視為理所當然。他們不再企圖驗證這個假設，而且這不是對的。「考慮到機械的損耗後，工廠裡的紡紗全是技工的勞動產物」，這不是正確的。紡紗是技工的勞動產物，也是雇主、經理與所用資本的產物，而資本本身是勞動與等待的產物。因此，紡紗的運轉是多種勞動的產物，也是等待之後的產物。如果我們只認同它是勞動的產物，而非勞動和等待的產物，那我們無疑會被不可抗拒的邏輯逼迫，只得承認無法解釋「利息」是等待的報償。因為結論就藏在前提之中……

……「滿足的延遲**大致上**牽涉到延遲之人需要做出犧牲，正如勞動者的額外努力一樣」，假如以上說法正確，而且假如「這種延遲確實會讓人們使用原本要付巨大代價的生產方法，而透過這種方式增加滿足的總量，正如用這種方式增加勞動一樣」的說法也正確，那麼，「某事物的價值全然取決於所消耗的勞動量」的說法就不可能為真。建立這項前提的每項企圖，必然都暗自假定「資本的服務是免費商品，不需犧牲即可給予，因此不須利息當作報酬就能長時間持續提供服務」；這正是該項前提想要證實的結論。德國經濟學家暨社會主義者洛貝爾圖斯（Johann Karl Rodbertus）的實力與馬克思對於苦難的同情值得我們尊敬。他們認為自己的實際建議有科學根據，

★第七章　阿爾弗雷德・馬歇爾：邊際主義精神　　225

但顯然不過是一系列繞圈圈的主張，大意是「沒有任何經濟上的正當理由能解釋利息的存在」──儘管這種結果早就潛伏在他們的前提裡。不過，就馬克思而言，這項前提一直被他用黑格爾式的術語暗暗隱蔽著，正如他在序言所說的，是一種「賣弄」。

無所不在的「彈性」

馬歇爾發展出一套需求機制，同時也完善了所有經濟學最重要的一項工具「彈性」(elasticity)。現在不論是總體（宏觀）或個體（微觀）的經濟學討論，都會面臨彈性這個問題。政府的每一項政策都必須處理彈性，無論是有形或者無形。這無可避免且揮之不去的幽靈是什麼？彈性又稱「反應性」(responsiveness)。眾人對於價格變化的反應如何？價格有漲跌，大眾是否會調整自己的購買量？或是繼續購買相同數量？答案自然取決於產品。

如果產品漲價而使大眾減少購買量，我們可說需求是「**有彈性的**」。如果大眾持續購買同等數量，則需求是「**無彈性的**」。更精確地說，彈性就是「需求變動量的百分比」除以「價格變動量的百分比」。如果一〇％的價格變動量導致了一一％的購買變動量，表示需求是「有彈性的」。如果導致的購買變動量少於一〇％，則需求是「無彈性的」。如果導致了一〇％的變動，則需求是「單一彈性」(unit elastic)的。（假如需求有高度彈性，應可看到一條幾乎水平的需求曲線，表示大

眾可以輕易調整購買量。如果需求高度無彈性，我們會看到幾乎垂直的需求曲線，表示不管售價多少，大眾依然購買相同數量。）

彈性為什麼重要？讓我們來看看一些簡單例子。幾乎每一部詹姆士・龐德的《007》電影裡，都會出現以下台詞，龐德說：「伏特加馬丁尼，用搖的，不要攪拌。」如果龐德只喝伏特加馬丁尼，而且只喝一杯，絕不用琴酒馬丁尼或牛奶來代替，那麼他的需求就是無彈性的。他不管價錢多少一定會喝一杯馬丁尼。如此一來，酒保就有機會敲竹槓，可以索價一杯馬丁尼一百萬美元。好險龐德夠幸運，不然其他酒保也會過來敲竹槓。

然而，當獨佔廠商遇見無彈性的消費者時，就會有問題了。例如，假設市面上只有一家公司供應胰島素，那該公司能夠漫天叫價。通常，獨佔廠商如果面對無彈性的消費者，那政府監管機構會介入。因此藥廠與政府之間的關係很不穩定。政府希望公司做研究治療疾病。但公司需要保證，確定政府不會奪走他們的神奇發明，最後孤身陷入破產境地。另一方面，政府也必須保證待救重症病患不會被敲詐金錢。

基於這項原因，大多數經濟學家遵循馬歇爾的建議，主張水電等公共事業的獨佔廠商必須受到監管。既然這些事業是「自然獨佔」（如果在街上鋪設管線的自來水公司有好幾家，將會很沒效率），馬歇爾建議：政府可以透過補貼，或至少保證這些事業會維持獲利，藉此鼓勵拓展輸出量。

一般而言，大眾對於產品的需求具有高度彈性。如果美生菜漲

價，大眾會轉而購買奶油萵苣、蘿蔓萵苣，或乾脆改到自家草坪找食物。

什麼決定了彈性的程度？第一，最明顯的就是可用替代品的數量。可供選擇的替代品越多，消費者越容易轉換選擇。大眾對於影帝勞勃‧狄尼洛（Robert De Niro）的需求可能是無彈性的。唯一可供選擇的替代人選，似乎只有艾爾‧帕西諾（Al Pacino），儘管有人說他是幾近完美無缺的替代人選。另外，好萊塢本來邀請前總統雷根出演《北非諜影》（Casablanca）的男主角，而不是亨弗萊‧鮑嘉（Humphrey Bogart）。替代品不一定完美，但馬歇爾從未論斷「人皆理智」。

第二，如果有更多時間能尋找替代品，那需求會越有彈性。油價在一九七三年秋季到一九七四年夏季上漲了四五％。那一年的需求量只跌了八％。儘管如此，幾年之後，消費者表現出更多彈性。他們改買小車或搭乘大眾運輸工具，或乾脆閉門不出。航空公司縮減枕頭、毯子與雜誌的數量，減少班機的重量，也減少裝載的食物和燃料，甚至打薄機身外部漆面。

第三，馬歇爾主張：在家庭預算所佔比例較低之物，或許是無彈性的。如果牙籤價格急遽高漲，那很少人會為此削減開支。牙籤佔預算的比例太小，不需擔心。

彈性問題如何偷偷潛入每一項政府的政策之中？以下再談幾項例子即足以說明：

一、每隔幾年，紐約市的大都會運輸署（MTA）就會調漲地鐵票

價，理由是調高票價會帶來更多收入，可以均衡預算。這項主張假定「需求是相對無彈性的」。因為如果太多人為了因應抬高的票價，而改搭公車、計程車或觀光馬車，地鐵的總收入還是將減少。

二、一九九八年，柯林頓跟高爾掌政下的白宮提議抬高菸稅，以減少青少年抽菸人口。高爾堅稱：菸價每增加一○％，可減少七％青少年吸菸。運用這些彈性預估，白宮提議每包菸漲價一·五美元，聲稱五年內可減少四二％的青少年吸菸量。反對派主張：由於美國的下層階級佔吸菸人口的絕大多數，稅費的負擔將會轉嫁到他們。在美國政客激辯這項議題之時，瑞典其實已經削減菸稅，降低鄰國黑市走私香菸的吸引力。

三、美國從一九八○年代早期到現在，一直有著大筆的國外貿易赤字。在一九八五年，許多經濟學家歸咎美元「太貴」。也就是說，美國商品對外國人來說似乎很貴，而外國人的商品對美國人卻很便宜。這些經濟學家建議美國購買外國貨幣，驅使美元價格走低，如此一來，可讓美國商品看起來較便宜，促進外國人購買更多美國貨，也讓美國人覺得外國貨比較貴。這項主張假定「國內對於外國貨的需求是有彈性的」。從一九八五年春天到一九八七年秋天，相對於其他工業化國家的幣值，美元跌了四○％。然而貿易赤字到一九八七年底才開始降低。赤字延後這麼久才減少，顯示彈性比預期的還低。外國公司寧可薄利多銷，也要維持自身的市佔率，而經濟學家低估了外國公司的意圖，因為進口至美國的商品價格並未上漲到足以完全反映美元跌勢。

★第七章　阿爾弗雷德・馬歇爾：邊際主義精神

「彈性」幾乎對任何實質經濟議題都有重大影響。馬歇爾不斷警告：經濟學家務必面對現實世界。一套整齊有序的理論模型，或許在文字上深具說服力，但納入實際上的彈性之後可能是紙上談兵，毫無作用。透過釐清這項概念，馬歇爾教導經濟學家務必結合理論與實務。

放眼大局

在總體經濟學的議題上，馬歇爾的冒險沒有偏離太遠。他秉持賽伊法則和貨幣數量論，也把這些傳授給凱因斯。凱因斯長年堅守這些原理，後來卻突然開始批評馬歇爾，扔掉這些理論。稍後的章節會討論凱因斯。

雖然馬歇爾認為經濟本身運作得相當順暢穩定，但他也承認景氣循環總是起起伏伏。對於景氣的樂觀和悲觀，都會加速短期變化與境況起落。銀行在景氣升溫階段，太過大膽貸放金錢，甚至放款給新進企業。而最後當經濟趨緩，投資人紛紛撤回資金，使景氣更快下跌。馬歇爾這樣比喻：「只要一支點燃的火柴棒掉在地上……通常就能在擁擠的戲院裡引發慘重的恐慌。」幸好馬歇爾的老朋友——也就是時間——能治癒所有傷口，讓景氣再度復甦。凱因斯雖然同意心理因素也會影響經濟，但他後來指出：火勢撲滅之後，戲院會有好長一段時間仍是個廢墟。經濟大蕭條的後勁影響力可能持續很久。

耶魯大學教授歐文・費雪（Irving Fisher）和馬歇爾劃分出總體經濟學，但至今尚未被政客接受。那就是「實質利率」（Real Interest Rate）與「名目利率」（Nominal Interest Rate）的區分。名目利率通常是銀行看板上公告的借貸利率。實質利率則是從名目利率減去通貨膨脹率的數字──如果債券利率是一○％，但通貨膨脹率有七％，則實質利率是三％。

政客一直把實質利率定義為：一個人到銀行申辦貸款時，「實際」所需支付的利率。

儘管《經濟學原理》範疇大多是理論性的，馬歇爾卻堅持經濟學家必須務實。他多次出任皇家委員會（Royal Commission），也向國會發表聲明。他研究經濟學是為了幫助窮人。多年後，他跟皇家委員會談到窮苦老人問題時說：「過去二十五年來，我致力於貧窮問題，我的工作很少不是基於這個立場。」他支持公共教育和適度的財富重分配，因為這可以提高生產力與社會幸福。

馬歇爾思想與社會主義相去甚遠，他曾一度稱社會主義為「現存的最大危險」。如同亞里斯多德時代的哲學家和經濟學家，馬歇爾擔心「集體所有制」將會「削弱人類的幹勁，抑制經濟進步──除非在引進集體所有制之前，全人類已立下無私的共同心願，為公眾福祉全心奉獻」。馬歇爾再次展現他的漸進演化式的**世界觀**，他發現：「對於有耐性的經濟學學生來說，人類生活中的經濟、社會和政治發生突然而猛烈的重組計畫，通常是善少而惡多。」

對於馬歇爾來說，「沒耐性」幾乎等同「不誠實」，不但具有毀

★第七章　阿爾弗雷德‧馬歇爾：邊際主義精神

滅性，甚至是一種侮辱。

依馬歇爾之見，古典學派的悲觀主義者與滿懷憧憬的馬克思主義者都錯了。社會的定態尚未來臨。人口數沒有超過食物量。地主仍未掌控一切。雖然貧窮仍舊啃咬某一部分人民，但是：

十九世紀勞動階級持續進步，確實有助於帶來希望，但願貧窮和愚昧能日漸消弭。蒸汽引擎將勞工從苦力中解放，疲憊不堪的身影變少了；工資已經提高；教育已改善，也更加普及；鐵路和印刷媒體促使全國的同業更容易彼此溝通，能夠執行並實施有遠見的政策。學術工作的需求量不斷增加，讓具備專業技能的勞工階級急遽增多，人數大大超過全無技能的勞工。絕大部分的技術勞工不再屬於「低下階層」這個詞原本的意義。其中一些人的生活已經更有教養，甚至比一百年前多數的上層階級還要高貴。

只有馬克思對資本主義的頌讚能與這段相比。

但馬歇爾不是個招搖撞騙的人。他知道事情未竟全功。他懇求自己的學生們務必讓經濟學變成提升人類福祉的工具。他厭惡所見的殘存貧窮景象，但他拒絕讓厭惡主導他的經濟學邏輯──大自然無法迅速大躍進而一掃赤貧。

馬歇爾一直活到八十二歲，持續擔任劍橋大學的老教授。凱因斯盛讚馬歇爾，說少有人像他一樣集合多種天賦於一身。經濟學大師必須像馬歇爾一樣，在某種程度上，是數學家、歷史學家、政治家、

哲學家。「務必鑑古知今,預思未來。」

　　美國喜劇演員格魯喬‧馬克思(Groucho Marx)也姓馬克思,卻比卡爾‧馬克思更幽默。有一次他被人責難:「先生,你試了我的耐性。」他回答:「真的嗎?我不介意。倒是你有空也可以來試試看我的。」

　　所有經濟學家大可「試試」馬歇爾的招牌耐性。他不會枯等答案,而會親身去尋找解答。他不會消極等著自己的答案被採納,而是四處宣揚。他總是深思熟慮,從而信奉自己的構想。而他絕不會在缺乏縝密反思的狀況下否決他人想法。他想要統合古典學派和邊際學派的經濟學,也想了解形勢的高低起伏、變化與均衡、演化與穩定性。馬歇爾確實成就了不少事,他的心地如黃金般柔軟,他的才華如鑽石般閃耀。

第八章

新舊制度學派之間

「除了自我保護之外,模仿他人的本能可能是人類經濟動機中最強烈、最敏感也最持久的。」

——范伯倫

在經濟學裡,「老／舊」與「年輕／新」兩者其實意義不大。正如馬歇爾的教誨,經濟學有自己的時間進程。一家八十五年的老企業,如果未經正確測試就採行新技術,可能會因此倒閉——這到底是一家「老」公司或「新」公司?

「新」、「舊」制度學派的意義到底是什麼?要明確地定義與區分是不可能的。一般而言,制度學派（institutionalist）習慣望向別處,而不是一般經濟學研究的類別,如租金、利潤、收入、資本、勞動成本等。相反地,他們把焦點放在社會的法律、團體的精神特質、制度,以求深刻見解。「**舊**」制度學派興起於二十世紀初,批評求知若渴的馬歇爾弟子們只會坐在辦公室,拉下百葉窗,操作不相干的數學曲線,而不是檢驗真實世界——儘管馬歇爾宗師懇求他們結合理論與實務。舊制度學派分子指控:馬歇爾的抽象理論一旦到了新門徒手中,就會開始忽略許多事物。就在馬歇爾門徒天真地滑動諸多曲線之時,制度正在演化,經濟理論益發過時。

「**新**」制度學派與舊制度學派截然不同。他們跟舊制度學派一樣,也著眼於社會的制度,但所用的工具正是舊學派大肆撻伐的馬歇爾工具。

范伯倫與舊制度學派

讓我們先來看看舊制度學派中的厲害人物——托斯丹·范伯倫。

★第八章　新舊制度學派之間

我們先前討論過的經濟學家，除了卡爾‧馬克思較為激進之外，基本上他們的行為舉止都很溫和。他們或許是友善的鄰居，甚至可以形容亞當‧斯密和馬歇爾是快樂的童子軍隊長。范伯倫卻是例外，不但別具一格，還壞得有點調皮可愛。除了淘氣的性格，范伯倫他還重炮抨擊經濟思想史。

范伯倫的制度學派方法嚴厲批評新古典經濟學兩大基礎：①馬歇爾的需求法則：當價格下跌，消費者會買更多商品。②假設勞工只為了受薪而工作，而非「為了工作而工作」。

范伯倫也大力抨擊邊際學派的假設——到達「均衡」狀態的路線是平順漸進的。舊制度學派主張「均衡」並不存在，經濟永遠都在變動。均衡僅是經濟學家的白日夢，那些傢伙不食人間煙火。

范伯倫或許適合當批評家，而不是有建設性的理論家。他不確定該如何重新建構經濟學，卻很肯定馬歇爾與其支持者把經濟學搞得烏煙瘴氣。范伯倫認為：經濟學家若想發展更佳理論，不僅該懂自己的專門領域，還要接觸社會學家、人類學家和心理學家。

范伯倫尖刻批評新古典經濟學，他究竟有什麼來頭？他一八五七年出生於威斯康辛州一座農場，是挪威移民之子。他八歲時全家搬到明尼蘇達州，那裡的乳酪沒那麼好，但農作豐饒。

如同其他的美國移民，范伯倫家境很窮。不過小孩子不懂這些事。他們吃飽就夠了，況且鄰居也一樣過著質樸簡陋的鄉村生活。

評論者老是喜歡把范伯倫的批判態度聯想到他家的貧困移民境況。如果把范伯倫丟到精神分析師的診間沙發上，他會被描述成一

個美國社會邊緣人。威斯康辛州和明尼蘇達州有著緊密團結的移民社群，英語在其中只是第二語言。這種「社會邊緣人」理論主張：范伯倫的外來者身分，讓他能用公正的獨特眼光，看待美國人的經濟生活。他能看見資本主義根基的裂縫，因為他的雙眼可以穿透虛假表象。范伯倫在自己的論文《猶太人在當代歐洲的卓越智慧》(The Intellectual Pre-eminence of Jews in Modern Europe) 裡，也用了類似的說法。

　　毫無疑問，事出必有因。但若用這種環境背景概括而論，就會失真了。畢竟他的十一個兄弟姊妹全都是挪威人，卻沒有他那種令人驚嘆的深刻洞察力。范伯倫其實一直都是怪咖，一個機靈的怪咖。如果他在挪威長大，也一樣是個聰明的怪咖。范伯倫小時候就很世故，會跟父母耍心機，自己不想做家事就躲在閣樓讀書，而他那些平庸的手足們卻在田裡辛苦幹活。十七歲時，他進入住家附近的卡爾頓學院 (Carleton College Academy)。路德教派或許能接納他們家的斯堪地納維亞文化，但卡爾頓學院並不是。結果范伯倫生疏的社交技巧出現問題。他在正式場合裡，戴著浣熊皮帽出席。某一次課堂練習上，他神智清明地發表演說，呼籲眾人杯酒狂歡。這間學校屬於宗教團體，他的做法有違體統。他嚴肅演講的目的，也不是讓同儕為不同理念自相殘殺。難怪學校趕著讓這名異教徒完成學業，比其他人更早拿到學位。范伯倫畢業的成績極其優異。

　　他沒有把學校當成酒吧或者是非之地。在他就學期間，後來成為知名邊際學派學者的約翰・克拉克 (John Bates Clark) 說服他讀經濟學。范伯倫發現經濟學很有趣，但他卻決定到耶魯大學攻讀哲學，追尋他

★第八章　新舊制度學派之間

的學術生涯。他應該從希臘的薛西弗斯開始才對[1]。完成博士論文後，他好幾年都在到處閒晃，沒有鬥志。兄弟姊妹在田裡幹活，他卻懶散度日，找工作常常被拒絕。

最後，范伯倫因為有耶魯大學博士學位，總算讓他在康乃爾大學謀得教職，教授經濟學。他的未來恩師勞倫斯・勞克林（J. Laurence Laughlin）這樣描述：「我坐在紐約伊薩卡（Ithaca）的辦公室裡，有個無精打采的人走進來，他頭戴一頂浣熊皮帽，身穿燈芯絨長褲，用超級微弱的口氣說：我是托斯丹・范伯倫。」兩年後，勞克林轉往芝加哥大學任職，身邊帶著他這位得意門生。

范伯倫時年約三十五歲，有過一段短暫的婚姻，對象是卡爾頓學院校長的姪女。他繼續寫作與教學，也不斷拈花惹草。三個女人大概會有兩個跟他有一腿。

且讓我們先談寫作。這會牽涉到很多奇異主題的評論和文章，像是「女人服飾的經濟理論」、「女性的野蠻人地位」等等。他的教學充斥著嘲弄、譏諷，呼籲學生放棄他的課。看到大多數學生放棄，他倒是很快樂。這個人顯然是玩世不恭的虐待狂。學期一開始，他會寫出一大堆書目，然後宣布下一週的考試範圍就在黑板上。對於那些想要贏得優等生榮譽的人，他幾乎只給「C」的分數。至於拈花惹草，他特別的性癖好仍是個謎。

1　希臘神話中，薛西弗斯（Sisyphus）受到永無止境的懲罰。作者此處借指「徒勞無功之事」。

鄙視「有閒階級」

不管范伯倫的作風和課餘活動，有一件事是真的：《有閒階級論》(The Theory of the Leisure Class)是他第一本著作。這本書證明這位口齒不清的人其實文采頗佳。此書副標題是「制度的經濟研究」，其內容打擊了新古典學派的需求模型。根據范伯倫的說法，新古典學派假設每一位消費者會獨立權衡購買某物的成本和效益。范伯倫有一篇早期的文章，筆鋒絕妙、混用譬喻：「享樂主義的概念，是快樂與痛苦的快速計算機。在刺激衝動下，人就像一顆擺盪的、渴望快樂的均質小水珠──刺激衝動讓他漂移其中，卻保持完整。」

這個模型有什麼明顯的錯誤？每個人都不是獨立的。小水珠決定前往何處之前，會先看看其他水珠怎麼做，除非是特立獨行、反社會的少數者。人大部分是從眾的，希望跟上別人腳步，或至少在籬笆內偷瞄外面的人在幹嘛。有時候，自己購買的東西會受到旁人觀感的影響，決定自己對其效用的評斷。有錢的主人端出魚子醬宴客，而坐立難安的客人開始對這種鹹魚卵讚不絕口。但到底有多少人**真的**愛魚子醬，勝過冰淇淋或巧克力脆片餅乾？

范伯倫的敏銳觀察力也適用流行時尚。穿聚酯纖維的休閒服走在華爾街，模樣看起來真寒酸！愛開玩笑的人可能會說：「要殺多少聚酯纖維才做一件？」但休閒服一度蔚為風潮。是休閒服變了嗎？不是。變的是流行。

范伯倫在《有閒階級論》裡做了長篇人類學研究，提到日本蝦夷

島的阿伊努人、印度尼爾吉里丘陵的托達人（Todas），以及澳洲的布希曼人（bushmen）。范伯倫發現了「效仿本能」（emulatory instinct），部分基礎在於美國著名的人類學家路易士・摩爾根（Lewis Morgan）和弗朗茨・博厄斯（Franz Boas）——後者是美國人類學家瑪格麗特・米德（Margaret Mead）的恩師。范伯倫說，樹籬另一邊的鄰居家草坪肯定比較綠；人人都想追上他人，不甘願落後。

當然，維持並發展自己生命的「自存」（self-preservation）是人類原始本能。但人類經過演化，已經與猩猩大不相同，開始用財產所有權判定社會地位。掠奪者累積財富，同時集聚社會聲望。

最後，獲得財產的**方式**成為重要問題。一個人辛苦流汗聚積財富，反而不受敬重。依范伯倫之見，能夠**被動**獲得財富而不流半滴汗的家族，才會受到景仰，並鼓舞他人群起仿效。**有閒階級**於焉產生。

現在，有一家體香劑公司向范伯倫致敬——他們的廣告標語是「永遠別讓人發現你在流汗」，這無疑揭示了「躋身上流」的黃金法則。汗流浹背的人暴露了自己的平庸，輕鬆自如的優雅才是王道。貴族們一聽到「流汗」就渾身發抖，像是一個被怒罵到打冷顫的甜點師。

范伯倫提出兩個引人注目的例子，說明有閒階級努力維持自己「不工作」的狀態。第一個是：「我們聽過，有一些玻里尼西亞的首長為了維持良好形象，寧可餓死，也不用自己的雙手將食物送進嘴裡。」第二個是：「再舉一個更好的例子，或至少比較不容易誤解。據說有位法國國王，因為太重視世人對於外在良好言行的輿論壓力，結果因此喪命。有一次，專門幫國王移動座位的人不在，他居然就這

樣坐在火堆前，還不會抱怨，結果讓他尊貴的身體受折磨，把自己烤焦，傷重不治。」

范伯倫除了「炫耀性的有閒」，也對「炫耀性的消費」嗤之以鼻。現代文化有太多這種案例。以前的衣服會把商標繡在內側，避免讓人看見。現在設計師的品牌就豪爽地放在襯衫、領帶、罩衫與褲子臀部口袋上方。當然，這對設計師來說是免費廣告。更重要的是，這個廣告**由消費者付費**。消費者穿上雷夫・羅倫（Ralph Lauren）的衣服，等於告訴全世界他／她有能力購買昂貴服飾。但其實這位設計師叫雷夫・利夫席茲（Ralph Lifshitz），如果換做本名出現在昂貴毛衣上面，真不知看起來會怎樣。在電影《回到未來》（Back to the Future）裡，那個一九五〇年代的女學生還以為來自未來的朋友名叫「凱文」（Calvin），因為他穿的名牌牛仔褲繡著「Calvin Klein──凱文・克萊」字樣。

汽車顯然不只是交通工具而已。根據喜劇演員傑基・梅森（Jackie Mason）的說法，凱迪拉克在全美都是最佳車款，除了比佛利山莊和紐約長島南岸的錫達赫斯特（Cedarhurst）。在這兩個地方，體面的人都該有一台賓士百萬名車，凱迪拉克很讓人反感，在私人車道上看到凱迪拉克，沒人會承認是自己的車：「喔，這不是我的⋯⋯不知道車主是誰⋯⋯可能是那個鄉巴佬鄰居的車⋯⋯應該是昨晚有人停來的⋯⋯我現在就打電話，叫垃圾清運人員來處理。」他們為何喜歡賓士？他們堅持「技術優良」。但這些酷愛工程技術的人，可能連烤麵包機的機械原理都搞不清楚，遑論七萬美元的名車。

華府曾有一段軼事。參議員埃弗雷特・德克森（Everett Dirksen）是

華府第一個在汽車裝上電話的人,他很喜歡打電話給對手,提醒他們這件事。其中一個對手是時任參議員的林登・詹森(Lyndon Johnson),這件事讓詹森氣炸了,於是裝了一套更好的系統。裝置完成時,詹森馬上打電話給德克森。他們聊了一分鐘,接著詹森大聲說:「不好意思,請你在線上稍等一下,我有**其他插撥!**」

起初,范伯倫的洞見比較容易在社會學找出路,而非經濟學。然而在一九五〇年代,哈維・萊賓斯坦(Harvey Leeibenstein)教授發表了《消費者需求理論裡的時尚流行、勢利虛榮及范伯倫效應》(Bandwagon, Snob, and Veblen Effects in the Theory of Consumer Demand)這篇文章,將范伯倫的理論應用到經濟學。他寫道,馬歇爾的需求理論通常主宰世局,較低價格導致較高需求。但至於某些商品,亦即所謂的「范伯倫商品」(又稱炫耀財),消費者需求取決於商品的用途和定價,**而定價取決於別人眼中對他／她所付的價格有何觀感,也就是「預期炫耀性價格」。**最近,賓州的伍爾西斯學院(Ursinus College)學費調漲將近一八%,為什麼?因為該校想提振聲望。令人訝異的是,該校的入學申請人數也提高了三五%。校長說:「這滿怪的,也有點尷尬。」如果古馳(Gucci)皮包的市價下跌,人人都可以在百貨公司買到,那很快的,古馳包的銷量將會不增反減,因為這些皮包失去了所謂「范伯倫式」的吸引力。身穿平價衣服到鄉村俱樂部,可能被人看不起。開著凱迪拉克到比佛利山莊,也可能被泊車小弟忽視。

工程師的「創造欲」

生產者知道：妒忌心和同儕壓力迫使消費者採取行動。根據范伯倫及其弟子的說法，商人花更多時間提高商品的預期炫耀性價格，而非改良實用性。制度學派認為這種做法非常可恥，浪費時間與天賦才能，到頭來只為粗製濫造的產品不少浮誇的廣告。

這也是天然驅動力的一種曲解。跟馬克思一樣，范伯倫相信創造欲，也就是**手藝本能**（workmanship）。遺憾的是，炫耀性的休閒與消費感染社會，創造欲飽受折磨。

范伯倫避而不談馬克思對階級鬥爭的分析。資本家對他來說敵人，勞工也不是英雄。他描繪不同的角色陣容：商人（不論是否擁有公司）才是壞人，而工程師是好人。在現代社會裡，只有工程師有動力進行創造、改良、生產。商人們指使工程師，扼殺了創造力。商人非常喜歡炫耀性的消費，他們生產的理由只有一個：賺錢。如果能不生產任何物品就賺到錢，那該有多好啊！對比工程師與商人做的夢：工程師每天晚上睡覺時口袋還放著鉛筆，計算機掛在他的屁股上，夢見自己發明了完美而高效的馬達。商人穿著條紋睡衣上床，夢見消費者突然發現他的**舊**產品很時尚。這樣他就不用投資半毛錢到新技術或創新思維，還能賺進大把鈔票。

知名跨國科技公司IBM的沿革是一部辛酸血淚史，創辦人老湯瑪斯‧華生（Thomas Watson, Sr.）及其兒子小湯瑪斯‧華生（Thomas Watson, Jr.）常常爭執不休。在一九五〇年代老湯瑪斯想要公司繼續販售打卡

機。他的兒子新聘工程師,力勸公司開發電子計算機(電腦)。老頭子擔心電腦將會淘汰IBM打卡機,從而失去龐大利潤。兒子身為總裁,幾乎把公司所有資產賭在電子計算機。IBM從這個激進的轉型中存活下來,但父子關係幾乎破裂。這個教訓是:**比起等著競爭對手淘汰自己,不如自己先淘汰自己。**

科學工程師在二十世紀興起,范伯倫以為這會擊垮資本主義的哲學基礎。他期待機器會訓練現代人的思想,啟蒙人類懷疑資本主義的迷思與主張。這些科學關係連工程師與更低階的機械技術員都一目瞭然,范伯倫因此認為他們會群起反抗象徵主義、儀式,以及對於神祇、國家和私人財產的集體抽象信仰。

> 機器工業帶來諄諄教誨,為工人在生活和思維等方面,帶來井然有序的規律性和機械精確性。這讓智識分子習慣於訴諸能夠衡量因果的措辭,也連帶貶視那些不諳此道的人。

范伯倫預測工程師與管理者之間的衝突將越演越烈,不只會嚴重破壞理念基礎,也會耗弱整個經濟。業界老闆們努力衝高獲利,他們有兩條小路可以達成目標。第一條路關於「以壟斷方式限制產量」,第二條路則牽涉「降低生產成本」。商人不太懂機械原理,因此忽視效率。范伯倫嚴厲批評這種「**由衷放棄效率**」的做法。管理者把錢投資在舊技術,寧願抑制產量與發展。相較之下,工程師渴望不斷前進。管理者喜歡的特質是看起來便宜又好,工程師卻希望能真正滿足

需要。工程師希望做出更好的捕鼠器,而管理者只想捕捉消費者。商人和金融家短視近利,從而阻礙長期的經濟成長。

范伯倫認為不太可能由政府管理那些強盜財閥。事實上也已經太遲了,因為商人早已將公僕們套住、集中控制,「政府代表幾乎是商業利益的代表」。范伯倫雖然批判新古典經濟學,但有時也會附和亞當・斯密的見解,尤其是在貿易限制方面:

> 國家政府被控訴,普遍保護自家的商業利益(文明國家間難免發生),該國的立法者和管理階層在遵循自然的狀況下,藉由商業方法且基於商業目的,進行共同分攤管理,採取必要的少量破壞,務必使產業每日例行工作繼續進行。政府這種立場可以處罰過多的……流量。

如同對政府的態度,范伯倫一樣輕視工會與其長官。他形容工會就像商人,阻礙效率且破壞經濟。工會沒幫到全體工人,反而踩在非工會員工的頭上,藉此提高工資:

> 一般工會成員……挺身辯護,以求在組織特權與額外補助裡,維持既得利益。只要長期維護這種安排,再略施小惠,他們就會覺得自己比一般人得到更多,深受感動。

范伯倫在《工程師與價格系統》(Engineers and the Price System)裡,推測

工程師會愈來愈厭惡浪費與破壞，結果起而推翻老闆，接管工廠和董事會。畢竟管理者需要工程師，遠勝於工程師對管理者的需要。技術專家佔了總人口的一％，也沒在大學修過政治學，卻可能崛起成為范伯倫共和國的「哲學家皇帝」，他形容：「……『離開』為私利而勾結的商人的控制將不再可行，或者把管理權交託他人也不再可行。不如交給經適當訓練的技術專家，這些人不求商業利益。」

范伯倫跟馬克思一樣，不太清楚新的統治者會怎麼做。但他知道這樣一定不會更糟。

范伯倫把工程師跟商人寫得像是不同的人種，但隨著時間流逝，他的說法似乎愈來愈牽強。根據《財星》（Fortune）雜誌調查，有極高比例的公司主管都出身工程實驗室，而現在念EMBA的學生也有很大部分是工程師。范伯倫也假設：掌權的工程師不會屈服於私利。然而，憑什麼說他們掌權之後，就一定不會像先前的老闆一樣惡劣？工程師真的比較慈善，而且長久奉獻創造欲？

他沒有建構出細緻的經濟模型。他也不認為自己或其他人能做到。於是，他把時間都花在拆毀前人有條理的巧妙理論。馬歇爾把「非貨幣」因素丟入**其餘條件不變**的拘留所。范伯倫勇氣可嘉，進入這個拘留所，審查馬歇爾假設保持不變的驅力，例如「品味」。經濟學家忽視經濟學中不可預測的人性，范伯倫暗自竊笑。美國商業巨富霍華德·休斯（Howard Hughes）說自己見過洛克菲勒一次：「當我看到他的臉，我就知道為什麼會有標準石油公司。」無人可以量化一張臉，也無法預測大老闆的臭臉如何改變廠區的生產力。

理解范伯倫依舊有趣，而且不難懂。他最傑出的學生如此描寫：「范伯倫寫作時，一隻眼盯自己分析的科學優點，另一隻眼盯著坐立不安的讀者。」若要學習他的理論，那就像是沒打麻藥就開始活體切片──不是每個人都能受得了，但絕對難以忘懷。范伯倫的身影揮之不去。每當公司大老坐著深色玻璃的加長型豪華轎車呼嘯而過，我們這些可憐的魯蛇平民卻只能淋雨等公車，范伯倫就忍不住邪笑。

高伯瑞與廣告誘惑

　　范伯倫啟迪了許多傑出弟子，包括經濟學家韋斯利・密契爾（Wesley Mitchell）、約翰・康芒斯（John R. Commons），以及社會學家查爾斯・米爾斯（C. Wright Mills）。如果問哪一位最有名，且最能存續范伯倫的嘲諷風格，那一定是約翰・高伯瑞莫屬。高伯瑞在漫長的職涯裡，曾任許多頗具爭議性的經濟職位。他的同事們都承認，他有兩項方面絕對非比尋常：身高與幽默感。高伯瑞出生加拿大鄉間，開玩笑地說自己跟范伯倫一樣出身田園。他曾寫道，優秀的農夫得要虎背熊腰，腦袋不用太好。高伯瑞在回憶錄中記錄了某年夏天，正值青少年的他，全身荷爾蒙旺盛。那時高伯瑞跟夢中情人在果園散步，他指向一大片綠油油的草地，他家養的牛群正在吃草。兩小無猜天真地望著牛隻，突然看到一隻白色公牛正在「服務」另一隻發情的小母牛。那個漂亮女孩覺得有趣，於是高伯瑞鼓起勇氣：「我覺得那樣應該不錯。」

★第八章　新舊制度學派之間　　　　　　　　　　　　　247

　　聽見這種微妙的暗示，女孩眼睛眨都不眨回答：「嗯，反正是你家的牛。」

　　高伯瑞二〇〇六年逝世，享年九十七歲。他在美國度過大部分職涯，曾任哈佛大學教授、總統顧問、小說家和社會評論家。他身兼許多頭銜，因此被很多經濟學家譏笑他只是梧鼠技窮的業餘人士。要身兼這麼多職務，一定要有三頭六臂才行。他們含沙射影地說，只有凱因斯這種天才有辦法應付。

　　高伯瑞沒有吹噓自己的天賦超乎常人。杜魯門總統打電話給他，請他協助調節工資和物價，據說年輕的高伯瑞婉拒了：「總統先生，我確定至少還有十個經濟學家比我厲害。」

　　「那又怎樣！他們沒一個人願意接下任務！」

　　高伯瑞接下這個任務，開發出一套有利於大型政府的政治經濟哲學。他有三本重要著作：《富裕社會》(The Affluent Society)、《新工業國》(The New Industrial State)、《經濟學與公共目的》(Economics and the Public Purpose)。高伯瑞冷酷批評現代資本主義與帶頭的擁護者，也就是新古典經濟學家。高伯瑞的文字嘲笑的對象與范伯倫相同。面對巧取豪奪的龐大企業，該如何相信亞當‧斯密的完全競爭理論？依他所見，馬歇爾的競爭論高居夢幻清單前幾名，跟小精靈、耶誕老人和白雪公主一樣荒誕。高伯瑞認為，因為知識分子這個小矮人看不見窗戶外面，所以他們才否認通用汽車驚人的力量。

　　有人居然還相信所謂的「消費者主義」(consumer sovereignty)這種迷思，以為消費者能決定乖巧的廠商會生產何物？高伯瑞主張這個因果

剛好相反——是廠商形塑消費者，以協助實現他們的銷售需求。

想像以下情境。你走進一家超市，想買可可泡芙（Cocoa Puffs）巧克力球，你看起來跟他們的廣告差不多，變成一隻在找可可泡芙的杜鵑鳥。高伯瑞闊步走進超市，為了維持生活買了普通的健康無糖無味的穀物。在收銀台前面排隊結帳時，你告訴高伯瑞：

「我早上一**定得吃**可可泡芙，**我**真的愛吃這個。」

高伯瑞馬上反對。他區分「需要」與「想要」的不同。你並不**需要**可可泡芙。所有「需要」都發自內心。消費可可泡芙並不是天生驅力。你不過是「想要」這種麥片，而「想要」的重要性遠遠不及「需要」。再者，高伯瑞不認為是由**你**判定你自己對可可泡芙的欲望，說服你「想要」的人是麥迪遜大道上的廣告商。廣告和推銷「與『獨立判定欲望』的概念有所衝突，因為廣告的核心功能就是創造欲望，為人帶來原本不存在的『想要』欲望」。

高伯瑞認為自己推翻了馬歇爾「需求的邊際效用」。市場解讀不出**消費者**真正的商品需求（在消費者心中形成），但市場會解讀廣告商巧妙植入人心的人造欲望。高伯瑞稱之為**「依存效應」**（dependence effect）。

高伯瑞不只大聲疾呼，還做了一個強而有力的結論：既然廠商發明且灌輸欲望，而且該欲望並不急迫，那麼政府應該限制私人消費，利用資源改善公共設施。加長型豪華轎車開過老舊公園和貧民窟，高伯瑞大聲譴責這種情況。他還認為，美國有些人用自私又噁心的致富方式發達，但大多數人飽受挨餓之苦。美國人並非**真的**想要這

★第八章 新舊制度學派之間

種不平衡,是公司與財團法人催眠了美國人。

高伯瑞預料未來將更加可怕,除非政府採行「民主式社會主義」以及「計畫性經濟」的原則。他預測隨著科技取代工人,失業率會變高,汙染會變嚴重,更多屋子堆滿「新型、改良版」的無用之物。老實說,誰真的**需要**牙膏擠壓器?用手擠牙膏很難嗎?

高伯瑞火力全開,砲轟新古典經濟學的神經中樞。如果他揭發「邊際效用分析」像《綠野仙蹤》的奧茲大王一樣無能,馬歇爾儼然是個無腦的稻草人。

然而有個好女巫從東方飛來,對高伯瑞的理論潑了冷水。此人正是海耶克。

海耶克寫了一篇〈依存效應不合邏輯之處〉(The Non Sequitur of the Dependence Effect)駁斥高伯瑞。他不認為「所有重要欲望都由內而發」。海耶克斷言:只有少數需求是真正自然浮現。難道高伯瑞的意思是,生命裡只有「飲食」和「性愛」才重要,其他一切都是微不足道的欲望?海耶克認為環境影響對欲望也很重要,他質疑為何要對此否認?

如果高伯瑞的邏輯正確,那麼文化也不重要了。因為十八世紀沒有人會在早上起床後,發自內心說:「噢,好想聽一首莫札特交響曲。」反而是莫札特先寫好美妙的曲子,激發別人想聽的欲望。難道他的音樂只是富人的玩具?或者,這為全人類帶來重大貢獻?

多年來,美國公共廣播電視公司推廣茱莉亞・柴爾德(Julia Child)的節目《法國主廚》(The French Chef)。難道在播出之前,是先有哪一個觀眾在半夜醒來,內心飢渴難耐,想看高挑的傻大姊俏皮地教你烹飪

技巧？當然不是。（除非做了惡夢？）

我們說的「文明」，有絕大部分是在反映外在因素如何競相爭奪大腦的注意力和情感。

高伯瑞呼籲建立更多公立學校。但想必這些學校會花太多時間，去教導如文藝、音樂等「不重要」的「外在人為」之事。

理所當然，現代居家堆滿愚蠢的玩具、電器用品和「熱門商品」。而高伯瑞能否提出可行的解決辦法，而不會過度獨裁或適得其反？

禁止購買消費財的做法太過專制。但話說回來，高伯瑞可以主張禁止廣告推銷消費財。政府領導人可以採信高伯瑞的忠告，懇求大眾理智消費，節制炫耀性的浪費。領導人可以說服人民貢獻私有財產，替公眾謀求福祉。但這樣的建議有違高伯瑞自己的原則！領導人推銷「審慎消費」和「公眾福祉」，等於在灌輸新的「外在人為」又「不急迫」的欲望。不管發起的人是政客還是銷售員，廣告依然是廣告。

這種評論並不表示政客不該提倡公立學校。高伯瑞不該在尚未承認他「依存效應」理論缺陷時，就推促政客這樣做。

高伯瑞可能誇大了廣告的力量。廣告效果一直是個複雜議題。很多類似產品之間大打廣告戰，用音樂洗腦大眾，找來模特兒裝腔作勢，無疑只是在浪費資源而已。但在廣告的浮光掠影之中，很多廣告商依然傳達了一些有用資訊。炫目的廣告只抓住觀眾的目光，而實際上是廣告的資訊把產品賣出，沒錯吧？

一份關於眼鏡廣告的知名研究顯示：在美國，允許眼鏡商打廣告的州份，眼鏡售價反而比禁止打廣告的州份低了二五％到三〇％。

★第八章　新舊制度學派之間

　　大家會因為酷炫而購物嗎？美國行銷史有著不少失敗案例，譬如福特Edsel汽車、電影《伊斯達》（Ishtar），以及Premier無煙香菸。這些公司的行銷部門奮力跟上美國大眾風潮，而非引領潮流。根據《華爾街日報》，運動鞋製造商會在市中心試銷產品，因為大都市的年輕人經常引燃文化風尚。在一九八六年，有家名為英國騎士（British Knights）的運動鞋公司變成風潮，銷量一路攀升，直到街頭的小混混不知為何叫這些鞋子是「兄弟殺手」，從那時起，銷量急遽下跌。

　　就算紅極一時的廣告說服消費者購買──例如某牌洗髮乳，但如果消費者發現洗了之後髮質變差，那他／她還會買**第二次**嗎？多數電視與雜誌廣告展示的商品，都是仰賴**老主顧**、消費者忠誠度才得以生存。他們不能「大撈一筆」之後就不聞不問。生產者如果只是銷售一次就把消費者趕走，絕對無法生存。另一方面，諸如汽車的高價商品，也會用「歡迎試乘」等廣告手法。世界上只有最笨的人才會光憑電視廣告就衝動買一台通用汽車的龐帝克（Pontiac）。

　　以上不是要為不實廣告辯護，或是否認它們的存在。大多數廣告商都不是詐騙集團，不會急著大賺一筆就跑。高伯瑞自己也曾說，比起一時的暴利，公司企業更加注重市佔率，而爛產品很快就會失去市佔率。

　　現代資本主義為當代消費者帶來許多選擇，對此，很多人就跟高伯瑞一樣，覺得很不自在。對於有這麼多選擇可選，不少人在心理上感到焦慮不安。一個人做出抉擇，伴隨而來的是這項抉擇之後的責任，以及關於存在感的煩憂。購買牙膏時，我們是否該選擇Crest這

個牌子,還是日本Aqua-Fresh、Close-Up,或美國Ultra Brite、高露潔(Colgate)與格利姆(Gleem)?我們可以試圖歸咎廣告商讓我們做出最終抉擇。牙膏當然不是什麼重要的東西,且讓我們考量其中牽涉到的更重要原理。如果高伯瑞所說無誤,那麼,人們可以因為做出重大抉擇而邀功嗎?例如選擇邱吉爾而非戈培爾[2],或選擇美國全國有色人種協進會(NAACP)而非三K黨?高伯瑞評斷的表面上只是廣告事務,但更重要的是,這還關係到人類究竟是什麼。俄羅斯生理學家伊凡・帕夫洛夫(Ivan Pavlov)用狗來研究動物的條件制約反應,而我們是否比他的狗更有自由?如果沒有,那高伯瑞是對的,而新古典經濟學家就錯了。

高伯瑞很高興自己能與范伯倫相提並論。這兩人有許多共同特性,包括對現代文化和資本主義的諷刺觀點。但他們還有另一項特性:含糊其詞。他們都沒開發出一套範式或方法,無法讓經濟學家檢驗甚至效仿。制度學派似乎對批評與觀察感到滿足。現今的《美國經濟學與社會學期刊》(The American Journal of Economics and Sociology)和《後凱因斯主義經濟學雜誌》(Journal of Post Keynesian Economics)常常刊載制度學派的著作,後者的雜誌投稿人也受到義大利經濟學家皮耶羅・斯拉法(Piero Sraffa)和波蘭馬克思主義者米哈爾・卡萊斯基的影響,而近來的劍橋經濟學家瓊安・羅賓森關於「不完全競爭」(imperfect competition)的著作也頗具影響力。

---

2 約瑟夫・戈培爾(Paul Joseph Goebbels)曾擔任納粹德國的國民教育與宣傳部部長,被稱為「宣傳的天才」。

新制度學派與法律經濟學

　　高伯瑞在世時，已見到了舊制度學派的巔峰，以及新制度學派的興起。他肯定較喜歡舊派的那些人。他們批評自由市場經濟忽略制度，也砲轟自由市場經濟學家盲從馬歇爾的人類行為假設。

　　而叛變的新制度學派幾乎顛覆了范伯倫和高伯瑞想做的一切事物。他們不主張「制度掩蓋了馬歇爾經濟學」。相反地，他們揮舞著馬歇爾式手術刀和利剪，將制度解剖。這些人並非刻意集結的團體。大多數是經濟學家，有一些是受過經濟訓練的律師。他們對社會制度有著求知欲，也對新古典經濟學有信心，因此志同道合。

　　新制度學派侵入了法律的世界。雖然反托拉斯法總是與經濟學有關，但經濟學家已經迫使律師、法官用馬歇爾與其弟子的觀點，來檢視幾乎所有判決。法律沒有任何部分逃得過經濟分析，現在法學教授也必須接受某些經濟訓練，才可勝任教職。法律期刊和法庭審判充斥著有關邊際效用和邊際成本的討論。這些討論不僅是學術性質而已。幾位知名的財經法律專家出席聯邦法庭，就能影響數百萬人的生活。無人能夠躲開經濟學家。就連坐牢的人也會擔心是否有研究生替牢房進行經濟分析──因為研究可能會顯示，只提供麵包、水等特定飲食，能讓累犯率降至最低。

　　美國律師路易士・布蘭戴斯（Louis Brandeis）曾在一九一五年說：「律師如果沒有讀過經濟學……很容易淪為全民公敵。」不過相當不巧，美國每年產出數千個全民公敵。

且讓我們探索四項非常重要的方面：**過失賠償法**（negligence law）、**財產法**（property law）、**刑法**（criminal law）、**公司金融學**（corporate finance）。在這些方面，經濟學家已經大幅轉化了傳統的法律分析。

過失賠償法

大多數意外事故皆屬「**過失賠償法**」的類別，該法也稱「**侵權行為法**」（tort law）。在超市裡，只要有人因為地上的香蕉皮滑倒，律師就能以「超市過失」為由提出訴訟。穿著體面的訴訟人主張「超市不該把香蕉皮丟在地板上」。而他可能會勝訴。

對於自家發生的**每一項**意外事故，每個人或公司是否都該負法律責任？看看另一個例子。暴風雨造成了船難，無名號船長吉利根與數名乘客擱淺在一座不知名的棕櫚島上。島上原本住了兩個人，而且還有其他兩百隻猴子。這兩百零二個居民生產香蕉酒出口。猴子負責剝皮，把香蕉擠出來。製作過程中，猴子到處亂丟香蕉皮。假設吉利根在島上四處閒晃，踩到香蕉皮滑倒。那麼，這家香蕉公司是否有疏失？大多數法院都會說「沒有」。

超市與荒島有何關鍵差別？首先，顧客在超市水果攤通道走動的機率很高，但船難倖存者在島上閒晃的機率極低。再者，超市的監管成本很低，但在島上監督猴子的相關成本很高。

一九四七年的某個案例中，勒恩德‧漢德（Learned Hand）法官運用

這些概念,針對過失賠償法建立高明的經濟分析。漢德辨識三項關鍵因素:引起傷害的機率(P)、傷害或損失的程度(L)、預防意外事件的成本(C)。根據漢德的說法,「**受害者可能遭受的傷害若超過預防意外的成本,那麼被告須負起過失責任**」。以數學術語來說,如果「P×L>C」,被告就有過失責任。

在超市裡,一個人踩到香蕉皮失足滑倒的機率很高。假設機率有二〇%。假設傷勢嚴重,醫療費用、薪資損失以及所帶來的不便相當於兩萬美元。如此一來,機率乘以損失(P×L)等於四千美元。如果超市原本能以四千美元以下的費用來預防這項意外,卻沒這樣做,那超市就有過失。以這個案例來說,找一個理貨雜工拿著一隻三美元的掃把打掃,就會有預防效果。

在氣候溫和的棕櫚島上,一個船難倖存者閒晃踩到香蕉皮跌倒——這種事發生的機率極低,或許只有一%。就算傷害賠償金是兩萬美元,但可能的損失,或稱「預期損失」,卻只有兩百美元(0.01×20,000)。酒類製造商只有在「能用兩百美元以下的錢預防這項意外」時才算有過失。他們當然可以在島上各處築起藩籬、設立標誌和監視器,以此預防意外,但這樣太貴了。再者,這些藩籬可能會讓猴子們受傷。根據漢德的說法,生產者不該將金錢浪費在這類極不可能發生的意外。如果法官宣告這樣有過失,等同於變相鼓勵廠商浪費寶貴的資源。

為了讓社會福利擴至最大,只有在邊際效用超過邊際成本時,法庭才應該鼓勵人民花錢在安全設施上。因此,漢德的公式將馬歇爾

的邏輯帶入法律。

我們也可以試圖避開**所有**意外。用海綿橡膠緊緊包覆自己，絕不踏出家門一步，也不開伙煮飯。但大多數人願意冒著一些風險行事。漢德幫助我們了解：風險在何時高得愚蠢，何時又微不足道。在採用他的見解之後的五十年，他的原始公式已經被律師和經濟學家改良了。不過他的公式仍然正確傳達了今日過失賠償法的特色。

財產法

過去幾十年，法律和經濟學者已經迫使法官認清法律對真實財產的影響。如果法官不懂經濟學就指示人民行動，所導致的結果有時會與他的初衷南轅北轍。關於學者鞭策律師、法官和立法者重新思考自己的分析，我們來看看以下兩個例子：「寇斯定理」（Coase theorem）和「租金管制」。

一九六〇年，芝加哥大學的羅納德・寇斯（Ronald Coase）提出了一個強力的經濟分析工具。簡單來說，寇斯認為某個財產權的初始分配，可能無法決定該項財產最終如何使用。讓我們運用寇斯定理來看妨害行為的相關法律。假設西納是一間酒吧的老闆，而隔壁住了疲累的賽門。當西納飆高音的時候，賽門咬牙切齒無法入眠。賽門將西納告上法庭，聲稱自己安穩睡覺的權利。西納則說他有唱歌的權利。法官站在賽門這一邊，要求西納的酒吧關門。根據寇斯說法，這個故

★第八章　新舊制度學派之間　　　　　　　　　　　　　257

事尚未完結。寇斯定理預測：如果西納認為他的酒吧價值大於賽門的睡眠價值，西納就會再度高歌；如果西納認定自家酒吧價值一百萬美元，而賽門認定自己睡眠價值十萬美元，那西納可以用錢賄賂賽門請他撤訴。當西納提供的金額大於十萬美元，賽門就會接受。有了這十萬美元，賽門可以加裝隔音牆或購買名牌耳塞。根據寇斯定理，一旦經過清楚定義，該項財產權將能達到最有價值的用途。只要法官將「安穩睡覺」的權利清楚分配給賽門，西納可以購買該項權利，或用錢賄賂賽門放棄安穩睡眠，或是要求他搬到別處。就算法官賦予賽門權利讓西納閉嘴，西納還是可能會繼續唱歌，只要他認為自己飆高音的權利值得。

　　於是，西納和賽門將協調出介於十萬到一百萬美元的價格。（如果賽門堅持至少一百萬美元，那西納不會付錢，也不會再飆高音；如果西納給的錢少於十萬美元，賽門會拒絕。）

　　那如果法官判定西納勝訴，承認他高歌的權利，不須在意鄰居睡眠，那會怎樣？西納就算打贏了官司也有可能**不再**高唱嗎？沒錯。如果賽門重視自己的睡眠勝過西納重視自己的歌唱，賽門可能花錢要求西納閉嘴。那麼，根據寇斯的說法，法官起初的分配並不會決定最終結果，僅會決定誰能買與誰能賣。西納的粉絲可能付費請他高歌，而鄰居卻得付費請他閉嘴。

　　寇斯運用同樣的分析法來處理汙染製造者──當然有人也認為飆高音是另一種形式的汙染。工廠若排放廢氣，可能激發鄰居不滿。但如果工廠重視自己有權汙染勝過鄰居重視自己有權使用乾淨空氣，

或如果工廠願意付錢給鄰居,要求鄰居搬到別處,那麼汙染可能會繼續下去。結果是:如果他們假定藉由分配某項權利就能判斷最後的結局,就會做出愚蠢的事。

　　某些情況下,不可能事先預知個體行為的「外部性」[3]是正或負。二〇〇三年在大眾引頸企盼下,洛杉磯高聳的華特迪士尼音樂廳開幕了,外牆是用拋光不鏽鋼板製成,建築設計師是舉世聞名的法蘭克・蓋瑞(Frank Gehry)。這棟令人驚嘆的建物耗資二億七千四百萬美元。剛開始,附近居民以為這棟建築會提高自家的房價,但沒想到,當日照強烈時,不鏽鋼外牆會像反射雷射一般,將炙熱陽光帶入附近的公寓,讓室內溫度驟升,而路邊人行道可高達攝氏六十度,行人的皮膚幾乎被烤焦,有如放大鏡下的螞蟻。甚至有音樂廳的員工看見垃圾桶自燃,街角的施工三角椎因為高熱而融化。高級幹部決定用噴砂的方式,減低易反射光線的外牆亮度,試圖將負外部性再度轉化成正外部性。

　　如同漢德的過失賠償法理論,寇斯定理也飽受批評指正。批評重點在於以下這項假設:人們不必耗費巨額交易成本,就能賄賂彼此。尤其在汙染的案例中,很多家庭皆會受到影響,但要這些家庭有效率地團結起來與汙染者協商,卻似乎不太可能。儘管有這些複雜問題,但寇斯定理顯然提出高超的創新洞見,一窺法律決策如何實際影

---

[3] 外部性(Externality)表示某個經濟單位的行為使他人獲益(正)或受損(負),而不會得到補償或付出代價。

★第八章　新舊制度學派之間　　　　　　　　　259

響個人。

　　經濟學家還仔細分析另一項實質財產權議題，也就是市政的租金管制法。立法人員通常只會打選戰，卻不知如何審慎管理公共事務，幾次通過有違經濟常理的規範。在一九七〇年代，政府官員心懷烏托邦願景，推動租金管制法，限制地主的漲價空間，目標是藉此提供人人能負擔的居住價格。有些人說這個法案的目標崇高，卻非常差勁。

　　原因很簡單。租金管制法幾乎總是讓租屋供不應求。這項法律讓租屋需求因為低價而上升，卻使房東減少供給量。大家起初以為房子蓋好，房東就沒得選擇了。事實上，房東有辦法減少供給——他們可以在維修保養費上吝嗇，或者，可以將房子轉租成套房、合作公寓、療養院或商業辦公空間。人只要急了，就顧不得原始成本（Historical Cost）或沉沒成本（Sunk Cost）。某項針對美國城市的計量經濟學研究估計：房屋供給的長期價格彈性是〇・二，也就是說，如果政府強迫降低租金一〇％，那屋主將會從市場取走二％的租屋單位。長期而言，屋主確實改變了住房數量，從而因應價格變動。

　　一九七九年，加州的聖莫尼卡（Santa Monica）採用全美最嚴格的租金管制法。為了預防屋主縮減供應，只要屋主將出租屋改作他用或拆毀，就要繳交一筆建造新出租屋的費用。結果，房產價格變得很離譜。一個停車位空地的售價可能是六十萬美元，但附近相同大小空地上的公寓建物可能只要不到二十萬。

　　難怪《富比士》雜誌如此報導：

被棄置的小公寓淒涼孤立，座落在成本價至少五十萬美元以上的住宅旁邊。與失修的出租屋在同一條街，商人開設了精品名店，出售許多物品給富豪名流，從高級時裝到汽車都有。

就算屋主不縮減供給量，也可能變相漲租，尤其是向新房客收取賄款或「維修服務費」。某個房東說：「公寓月租費四百美元，可是**必須**自費購買遮光窗簾，費用一萬。」

是否有人從租金管制法獲益呢？短期而言，兩種族群可從中獲利。第一種是政客，他們有如誅殺惡房東的英雄。第二種是老房客，他們在租屋管制法通過前就已經租屋，因此可繼續享受便宜房租。這些房客也因此很少搬離。這將導致流動性降低，城市的新居民被排擠。一九八〇年制定了租屋管制法之後，加州大學柏克萊分校有極高比率的學生都得從鄰近城鎮通勤上課。一九九五年通過了一項州法，鬆綁某些當地的條例，終於緩解了問題。紐約市更離譜，許多大型公寓住了老年夫妻，他們以前就與子女同住此處。子女長大搬出之後，他們沒有搬到較小間的公寓，選擇繼續待在原屋。所以，大家庭若要搬到這個大都市，想找到大房子並不容易。大多數人都知道，想在曼哈頓找公寓，訃聞會比房地產資訊有用得多。

隨著維修減少且供給量降低，租金管制最終將使房屋的存量減少。此類管制方法通常是差勁的濟貧方式——但如果要毀滅城市，這個方法還不錯。

刑法：犯罪的經濟學

我們目前已經看到經濟學家如何檢視受害賠償法與財產法。但是，雄心壯志的經濟學家還想觸及每一個法律領域。經濟學家蓋瑞‧貝克（Gary Becker）將馬歇爾經濟學應用到家庭法和刑法。其中的議題極為有趣。貝克的犯罪模型假設：罪犯顯然會衡量作案後的成本效益。貝克暗示，如果真有犯罪問題，那是因為犯罪**確實**有利可圖。經濟學家試圖算出如何遏止罪犯。最重要的變數似乎有二：①逮捕率。②處罰的嚴厲性。阻遏效果在不同類型的犯罪上也不盡相同。刑警在某些犯罪應該致力於追捕犯人。至於另一些犯罪，逮捕率並不沒有嚇阻效果，反而立下嚴刑峻罰才有辦法讓這些人望而怯步。貝克的分析並沒有受到廣泛使用。許多統計數字互相矛盾。就算這樣，也勝過英國作家伊夫林‧沃的愚蠢理論：「所有的犯罪都是源自受到壓抑的美學表達欲。」

犯人之所以認為「犯罪有利可圖」，是因為他們毫不在乎未來，寧可在槍林彈雨中逃避警方緝捕，想辦法快速拿到錢，也不願意投資未來（上學進修、接受職訓等）。犯罪學家與經濟學家研究犯罪，對於投資期限（time horizons）的關注尚不足夠。我早在一九八〇年代就開發了一套經濟學模型，結論是：只要投資期限變小，誠實行事的價值就會降低，導致經濟崩潰。就算我尊崇主日學校老師的教誨，但如果一個人想要用最少的努力致富，誠實並不總是上策。通常有兩股力量，就連毫無道德感的自負人士也會受其遏阻，不敢欺騙或偷竊，尤

其是在商業行為裡。第一股力量是人類對於刑罰的恐懼。第二股力量是人類害怕臭名引人反感，結果**將來**無人往來。不過，如果你根本不在乎未來又會怎樣？犯罪就此發生。（相同的動機過程也可以解釋：為什麼在餐廳裡面，觀光客的小費會給的比老顧客還要少。）社會有時縮短了投資期限，讓更多人覺得犯罪看似較為誘人。怎麼說？當政府即將垮台就會這樣，例如：一九七五年的越南、一九九八年的印尼，以及二〇〇二年後的伊拉克。

　　社會縮短投資期限的另一種方式，就是提高利率。高額利率迫使我們的未來大打折扣。這表示如果利率上揚，明年一美元會比現在一美元的價值還低。我的「布西霍茨假說」（Buchholz Hypothesis）主張較高利率誘使人民犯下更多罪行，因為高額利率減低了自身未來的價值。名目利率在經濟大蕭條期間下跌，就此解開謎團，說明為何不景氣時犯罪率不增反減。從一九六〇到七〇年代，利率穩定攀升，較高的犯罪率隨之而來。暴力犯罪約在一九八〇年達到巔峰，利率也趨於巔峰，僅在八〇年代晚期再度提高。在一九九〇年代，大眾享受低利率與低犯罪的生活，美國國庫債券收益率與犯罪率都降至三十年來最低點。

　　當然，利率高低並非唯一因素。人口統計學、警察勤務和刑罰率也是要角。不過當社會告訴潛在重刑犯「明天不會更好」時，這些人會想要好好把握當下，也就不足為奇了。

　　研究毒品犯罪交易的經濟學家，批評政府政策誤入歧途，未能解決這個可怕的問題。過去二十年來，聯邦政府銷毀毒品作物且封鎖

邊界，試圖減少毒品供應。美國緝毒局（DEA）每年也都扣押好幾噸毒品，但基於幾個原因，這種聚焦於供給面的政策幾乎毫無成效。

第一：古柯鹼之類的毒品，原料是全世界許多地方都能輕易生長的植物。這樣一來待燒毀或監管的肥沃農地將有太多。第二：舉個例子，由於古柯鹼在街頭的價值超過進口價值高達十倍之多，若提高邁阿密碼頭的價格，對芝加哥街頭的價格幾乎不會有影響。第三：就算禁令或燒毀農地真的提高了街頭價格又如何？古柯鹼成癮者根本不在乎。以馬歇爾術語來講，毒癮者的需求沒有彈性。況且，較高價格可能使毒癮者投入偷拐搶騙，藉此維持毒癮。（用藥新手可能對於高價比較敏感。）

為了打贏毒品戰爭，或至少停戰達成和平狀態，聯邦政府與州政府必須把焦點放在需求面。這表示要重罰吸毒者。這些人對於價格或許不敏感，但可能會對刑期敏感。當然也該同時提供更好的諮詢和治療，還須加上對街頭毒販的嚴懲。美國人除非放棄吸毒欲望，才有可能在南方邊境農地或碼頭打贏反毒之戰，否則只能在城鎮街頭打贏而已。

沒有人可以否認經濟學豐富了法律知識。不過，批評者確實會這樣問：那些著迷於經濟學的律師們，是否已經走火入魔了？畢竟，法律應該旨在公平正義。效率是否等於正義？我們是否應該廢除沒有效率的法律，即使它代表公平正義？如果鞭笞囚犯有效率，我們該怎樣？辯護人士的意見分成兩派。極端主義者事實上主張「公平正義等於效率」，這令人聯想到精神崩潰前的彌爾。理查・波斯納在專題論

文《法律的經濟分析》(Economic Analysis of Law)早期版本中,認為效率或許是公平正義最普遍的意義,其中寫道:「我們將會發現,當人們描述『不公不義』的狀況,例如不經審判就先定罪,或者奪走財產卻不予公正補償⋯⋯都可以被詮釋成比資源浪費更清高的意思。」這位厲害人物的模糊觀點被點亮了。不過,在這份第三版論文中,波斯納承認「公平正義不只是經濟學而已」。

比較合理的反駁有兩個部分。第一,在許多法律判決裡,尤其涉及商業法,法官確實講求效率。法律、財經學派可以提供幫助。過去數十年來,法官試圖以效率作為行事標準,但無知蒙蔽了他們的視野。第二,每當出現公正問題,一個有道德的司法體系至少要知道其判決可能的後果。從道德觀點來看,我們應該區分「公正行為」與「公正行為者」。公正的人,是在深思熟慮之後做出正確選擇的人。一隻實驗室白老鼠也做出正確的行為,但並非經過思考而發生。法官如果完全忽略後果,那他不會比白老鼠還要公正。法官就算拒絕強制執行有效率的結果,也應該知道自己忽略了效率。避免我們離題,暫且先不談波斯納、康德的主張,進入下一個有趣主題:公司金融學。

公司金融學

法律經濟學者不同於舊制度學派,他們用馬歇爾工具來研究制度。不過在比較狹義的領域中,新舊兩學派聽起來都很像。一九三二

★第八章　新舊制度學派之間

年，法律教授阿道夫‧貝爾（Adolph Berle）和經濟學家加德納‧米恩斯（Gardiner Means）在哥倫比亞大學宣告公司所有人與經理人的角色已有致命分裂。既然公司所有人（包括股東）不再親自營運公司，改為授權給受薪的經理人，公司行事也就不再有效率。高伯瑞後來堅稱，經理人要追尋自己的目標，例如：藉由擴展公司規模，提高自己的聲望。

　　新制度學派否認這種極端影響，不過，他們卻承認公司所有人必須監督經理人。監督需要花錢，這類成本有時稱為「代理成本」（Agency Costs）。

　　為了降低代理成本，公司所有人常常提供獎勵給經理人，使其提高利潤。大多數資深的公司幹部領到公司配股，作為薪水的額外補貼。如果經理人確實提高公司利潤，股票會上漲，他們就能賺更多。此外，主管時常得到「股票增值權」（SAR）；公司在股價上漲時支付現金紅利。而對於非主管級的員工，也愈來愈多公司也承諾配股獎勵。然而，一九九○年代晚期發生了幾件企業醜聞，譬如安隆（Enron）、泰科國際（Tyco）、房利美（Fannie Mae），這些事件都顯示出：陰險的主管可能使選擇權更早生效，或用人為方式支撐股價，獲取短期利潤，根本不管公司的長期健全度，從中操縱股票獎勵。股東給予管理階層的獎勵誘因，裡面有太多可以鑽的漏洞。股票選擇權、狡猾主管和懶散董事會，構成了懸疑三重奏，股東臨陣以待。

　　一九八○年代出現了更強的誘因，吹起「**融資收購**」（LBO）的風潮。在許多融資收購案例中，經理人借錢大量買進所有股票，接著自己接管公司所有權。新的債務驅使他們修整成本，出售生產力較低的

資產。副總裁們會交出他們的公司私人專機鑰匙。於是，致命的分裂得到修補。代理成本大幅降低，因為經理人與公司績效有極大利害關係。諸如赫茲租車（Hertz）、美國Levi's牛仔褲製造商利惠公司（Levi Strauss）和黑人娛樂電視台（Black Entertainment Television）等公司都已被「私人買下」。不過，融資收購確實遭人批評。股東將股份賣給經理人，通常可以得到比融資收購前更高的溢價，但批評者質疑收購價格的決定是否公平。經理人很可能有一些沒透露的內幕消息，原本會讓價格更高。再者，批評者指出，龐大債務會讓公司更可能在經濟衰退時破產。話是沒錯，但這些公司的新債權人通常是見多識廣的保險公司，以及仔細評估風險的金融機構。

今日許多表演和電影也是如此：製片商只有在支付成本**之後**，才會把一定比例的總收益發給明星和導演。每個人都有減低成本的誘因，沒有人會想要揮霍浪費。好萊塢的投資人稱這些為「支付遞延」。

關於公司金融學方面，舊制度學派指出問題所在，而在五十年後，新制度學派提出了解法。

幾乎每種制度和社會現象都有經濟學意義。根據一九八八年某份研究，在歷史上，戰俘受到的待遇與「殺／不殺」的成本效益密切相關。作者結論是：中世紀的戰俘不一定會被殘忍對待，勝利方通常會善待戰俘，並要求高額贖金。但中世紀的戰俘也有些壞消息：如果勝利方不缺錢或沒有勞役需求，那麼腦袋就可能不保。

就連時間的存在也有經濟學意義。如果知道明天就是世界末日，人們會怎麼做？如果下星期開始強制實行新的法律制度，合約都不用

遵守,犯罪也不會被嚴懲,那麼人們又會怎麼做?

　　基於許多理由,人們彼此以禮相待。一個理由是,大家都想要自己名聲值得信賴。在商業上尤其重要。但如果時間短暫,或今天的行為不影響自己未來在體制中的聲譽,有些人可能就會背信違約,想佔他人便宜。健全的市場經濟需要一定程度的禮數與承諾。一個看不見未來的社會,眼前只會是經濟崩潰。

　　經濟學顯然不只是價格、利潤、租金和成本——法律、道德、時尚、哲學也都對經濟有所貢獻。這些領域可能支撐經濟,也可能拆毀經濟。范伯倫和高伯瑞拓展了經濟學的定義,強迫經濟學家睜大雙眼,看待更廣泛的現象。經濟學不是馬歇爾眼中的那樣簡單。

　　新制度學派承認經濟學並不容易。不過,他們證明馬歇爾的工具的牢靠程度,因為他們藉此理解複雜的制度,並有助於形塑經濟。

　　律師布蘭戴斯曾經警告:若律師忽視經濟學,社會即會受到威脅。新舊制度學派對後世的遺澤是什麼?他們最終說明:經濟學與社會本身一樣廣泛。

第九章

約翰・凱因斯：
講究生活的救世主

「最大的問題不是讓人們接受新觀念,而是讓他們忘記舊觀念。」

——凱因斯

劍橋大學或許是全世界最美的大學。每年有數十萬的遊客漫步在這中世紀庭園，也在康河裡撐船拍照，學生們則在翠綠的草坪上打板球與槌球。有時候，學生會放下球板捉弄遊客。多年前，幾個愛嬉鬧的劍橋子弟用混凝紙漿做了一個球，塗上顏色，看起來像是康河許多橋上處處可見的厚重水泥裝飾。後來河上輕輕駛過一條滿載日本遊客的船，男孩們把紙球丟下橋，然後驚聲大叫。遊客也尖叫著跳船——手裡還拿著相機。除了這些嚇壞的遊客，劍橋基本上是非常詩情畫意。穿長袍的研究員和學生依舊穿梭在十六世紀的廳廊，在亨利八世、伊莉莎白一世，還有牛頓、達爾文和華茲華斯這些校友的畫像底下用餐。

就是在這個地方，科克羅夫特（Cockcroft）跑到街上，抱住路人大叫：「我們讓原子衰變了！成功了！」正是在這裡，華森（Watson）和克里克（Crick）以DNA模型揭露生命之謎。

在文化、娛樂和公共責任等方面，沒人能比凱因斯更能融入劍橋精神。沒人比他更有才華與魅力。沒有其他二十世紀的經濟學家，比他更能影響政治人物或經濟學進程。英國其中一位最知名的哲學家伯特蘭·羅素（Bertrand Russell），形容凱因斯是他所知「最敏銳、最聰明」的知識分子。「跟他爭論的時候，我總覺得自己是在拿命開玩笑，常常覺得自己有夠蠢。」有人很同情凱因斯的同學查爾斯·菲伊（Charles Rye Fay）。菲伊進劍橋之後，第一個認識的大學新生就是凱因斯，讓他可憐地以為所有的同學都比他優秀。他後來回想，自己在大學認識的第一個人，居然是他畢生見過最聰明的人。順便一提，凱因斯也聰明

★第九章　約翰・凱因斯：講究生活的救世主　　271

到發現自己的聰明。沒人認為他謙遜。事實上，凱因斯沒有報答菲伊的仰慕，他後來還寫說這位朋友不適合一同出遊，因為「我發現他太醜了，臉醜、手醜、身體醜，穿著打扮和行為舉止也醜，完全無法搭配他的爽朗、良善和平庸」。

儘管凱因斯出身劍橋這種與世隔絕的天堂，但他的聲名、思想已經流傳全世界。如果說雷根戴了亞當・斯密式的領結，那麼，從小羅斯福到尼克森的每任總統，可說是繫上了凱因斯式的寬型領帶，尤其是甘迺迪和詹森。諷刺的是，就在尼克森宣布「我們現在都是凱因斯學派」之後，凱因斯的影響力就開始減弱了。最猛烈攻擊凱因斯經濟學的傅利曼承認：「某種意義上我們現在都是凱因斯學派；但在另一種意義上不再有人是凱因斯學派。」

是凱因斯學派的意義是什麼？有兩項可以說明的基本主張：①私營經濟可能無法達到「充分就業」。②「政府支出」能促進經濟，填補這道缺口。只要政客提倡用政府資金促使經濟發展，以政府計畫再次推動國家前進，或是大幅減稅以振興消費，這就是在頌揚凱因斯。

不過，凱因斯關心的不只是就業。他的《作品全集》（Collected Writings）超過二十四冊，橫跨許多主題，包括貨幣問題、貿易限制、世界大戰後的重建，以及關於愛因斯坦、牛頓這些人物的優美散文。牛津大學知名的歷史學家特雷弗—羅珀（Hugh Trevor-Roper）將凱因斯名列歷史學方法的重大貢獻者。

逃離維多利亞主義

凱因斯出生於一八八三年，一個維多利亞式的清教徒家庭。他的父親老凱因斯（John Neville Keynes）是知名的邏輯學家、經濟學家，也是劍橋大學的教務長。他的母親佛羅倫斯・艾達（Florence Ada）極具魅力，後來成為劍橋市長。雖然凱因斯喜歡他的父母，但他人生花了許多時間逃避父母在道德、哲學上的影響力。凱因斯喜歡找樂子，根本不在意清教徒該有的態度，而這種態度深植於他的朋友吳爾芙女士（Virginia Woolf）的外公史帝芬爵士（Sir James Stephen）腦中。據說這位爵士抽過一根雪茄，但發現這實在太舒服了，所以不再抽菸。儘管如此，追求物質享受的中產階級高知識分子的身分，讓凱因斯如魚得水。英國有個雙關語「wet—濕」，用來表示對於政治不積極的柔弱態度。列寧形容凱因斯在「資產階級的上層水域」，因為凱因斯曾開玩笑說，共產革命來時他一定會站在中產階級的布條旁邊。

凱因斯在名校伊頓公學（Eton College）時，曾幾次得到數學獎。他在戲劇方面的表現也不錯，但板球倒是有點弱。進入劍橋的國王學院之後，他進步得更快了。更重要的是，他在抽象知識與實際社交上，跟具有高度文化素養的人建立了友誼和人脈，並受邀加入該大學的菁英祕密社團「使徒社」（Apostles）。其中包括許多著名的老成員（或稱天使），例如：伯特蘭・羅素、喬治・摩爾（G.E.Moore）、阿爾弗雷德・懷特黑德。凱因斯許多同學也有加入，後來各自在文學與藝術方面發光發熱，例如利頓・斯特雷奇（Lytton Strachey）、愛德華・福斯特（E. M.

★第九章　約翰‧凱因斯：講究生活的救世主

Forster)、萊昂納德‧吳爾芙 (Leonard Woolf)。一般而言,「使徒」討論三項話題:哲學、美學、自己。就美學而言,他們的外貌並不特別出眾。包括凱因斯在內的大多數成員,都缺乏吳爾芙女士所言的「亮麗外型」。關於凱因斯的容貌,伊頓公學一位助理教師做出最惡毒的評論,他說凱因斯「乍看之下確實很醜,嘴唇外突,似乎快頂到他飽滿的鼻子。他額頭高聳,模樣有點像猴子」。伊頓公學的朋友都叫他「大鼻子」。雖然他後來漸漸變得不像猴子,但他仍相信自己其貌不揚。

使徒社也滋生了醜陋的傲慢。成員不但認為自己比一般大眾更優秀,還以為自己超越所有的劍橋人與牛津人。凱恩斯曾寫信給斯特雷奇:「我覺得大多數人根本看不出所以然,因為太笨或太弱了。」不過,我們不得不承認使徒社確實令人敬畏,成員們也因此激盪出才華洋溢的對談。凱因斯正是在使徒社與劍橋大學辯論協會 (Cambridge Union Society) 中受到訓練,成為無與倫比的雄辯家,非常善於說故事。日後,凱因斯的表現在研討會與領袖會議中遠勝同儕、對手和政治人物。

包括凱因斯在內的許多使徒社員,後來都加入了布盧姆茨伯里派 (Bloomsbury Group) 嶄露鋒芒。他們反對維多利亞主義,不羈的態度有力地影響英國文化的發展。凱因斯不只本身的經濟學成就,還幾乎花了等長的時間去收集藏書、創立劍橋藝術劇院 (Cambridge Arts Theatre),並擔任國家美術館 (National Gallery) 的託管理事,以及成為當代藝術協會 (Contemporary Arts Society) 的買家,任職皇家歌劇院 (Royal Opera House) 託管理事主席。有人或許認真發問:愛好文藝的凱因斯,如果在今日

更趨專業化的學術世界,是否仍會選擇經濟學?

凱因斯來劍橋不是為了經濟學,而是為了數學。他雖然表現出色,內心卻十分掙扎。他寫信給一位朋友:「我的意志消沉、心智磨損、性情變質。」他通過數學考試之後,初次接觸經濟學,讀的是馬歇爾的《經濟學原理》。凱因斯開始撰寫報告,而馬歇爾還在頁面空白處寫下鼓勵的話。最輕描淡寫的場景,莫過於亞當‧斯密說自己只是想「打發時間」才寫書。而凱因斯對於經濟學則說:「我認為我滿上手的,」還附加說明:「我想管理鐵路,或組織一個信託基金,至少騙騙投資大眾也好。」他幾天之後又寫到:「馬歇爾一直煩我,要我成為專業的經濟學家……這樣有好處嗎?我很懷疑。」

凱因斯只向馬歇爾學了八個星期,也沒拿到經濟學學位。不過,後來事實證明他擅於在實務工作中接受訓練。

一九〇五年,凱因斯開始用功讀書,準備報考公務員。他複習數學、哲學、心理學等科目,偏見又出現了。他讀了一本非劍橋哲學家的書之後非常失望:「牛津大學真是病態思想的發源地!」等到放榜時,凱因斯在一百零四位上榜者中名列第二。諷刺的是,他成績最低的科目居然是經濟學和數學!他寫道:「真正的知識似乎必然是有礙成功的關卡。」他判斷考官不懂經濟學,必須要好好教導他們一番。

一九〇六年,凱因斯進入倫敦的印度辦事處上班。他得坐在辦公桌前,而他從未去過印度。他第一個任務是要把十隻小公牛送到印度孟買,凱因斯就變得像個愚蠢的無聊人士,或更精確地說,一個碎嘴的無聊人士,他跟斯特雷奇說自己「正在處理印度的道德和物質年

度進展報告,並計畫在今年的版本加上『特別專題』……佐以圖片的非自然性行為附錄」。

凱因斯後來回到劍橋的國王學院,因為馬歇爾提供了講師職位,而且他痛恨乏味的生活。他身為經濟學講師,實際上只讀過幾本相關書籍,馬歇爾的書正是其中之一——他靠這本書來教學。早期他的經濟學探險尚未偏離馬歇爾和古典傳統。不過,隨著他愈看愈多書,他個人的清晰洞見開始聲名大噪,後來獲派《經濟期刊》聯合編輯,這份期刊在學界深具影響力。凱因斯一直待到一九四五年。因為他編輯細心且幽默感十足,建立起傑出的聲望。兩年後(一九一三年),他出版了《印度的貨幣與財政》(*Indian Currency and Finance*),這是他在辦事處期間少數幾項收穫之一。約瑟夫·熊彼得稱這本書是「關於『金匯兌本位制』最佳的英國作品」。但熊彼得有時候看似很忌妒凱因斯。他這樣大力讚賞此書,或許也是對其他英國經濟學家的侮辱。

戰爭與搖搖欲墜的和平

第一次世界大戰爆發,凱因斯回政府任職於財政部門。戰爭對於布盧姆茨伯里派來說是一項考驗,因為他們的信念是不問世事、反傳統信仰,而且不帶愛國情操。其中的男性成員幾乎都因為道義而拒服兵役,包括凱因斯在內。斯特雷奇還是為這嚴肅的事加了些幽默。他說「所有身強體健的知識分子都該準備捍衛英國邊防」,不過他外

加一條但書,「知識分子都不身強體健」。不久之後,斯特雷奇為戰事做出最光榮的貢獻:他愛慕一名海軍士兵,還編織了一條海軍藍羊毛圍巾送給對方。後來,斯特雷奇被強拉到戰時軍事法庭,作證他「因為道義而拒服兵役」的身分,官員問了一個經典的問題:「如果你看見德國軍官想強暴你的妹妹,你會怎麼辦?」斯特雷奇停頓了一下,眨眼說道:「我會試著把自己的身體擠到他們之間。」

戰爭結束後,在凡爾賽會議裡,凱因斯代表財政部出席。他再度對政府覺得反感,但並非出於無聊乏味。凱因斯親眼目睹英國首相喬治(Lloyd George)與法國總理克里蒙梭(Clemenceau)哄騙美國總統威爾遜(Woodrow Wilson),迫使戰敗的德國陷入財務困境,這超出了合理範圍,也超出了德國的復原能力。凱因斯預測另一場世界大戰即將再臨。他不能忍受所見的外交夢魘,於是離職不幹,很快寫了一本《和平的經濟後果》(The Economic Consequences of the Peace)——這本書就算在布盧姆茨伯里派的嚴格標準下,也是當代最嗆辣的激辯之作。凱因斯猛烈砲轟世界各國領袖的表現,也仔細論述德國無力負擔各國要求的戰爭賠款。此書銷量極好,打破英國與美國的暢銷書紀錄,凱因斯的聲望與自我評價也水漲船高。某家雜誌用一首諷刺詩評論凱因斯「坦率直言」,他們寫道:「我們依然認為⋯⋯有些終極的祕密,就連國王的學子也不可得知。」

但凱因斯沒什麼事情不可得知。接下來十年,他持續教書、編輯、寫作,並為政府提出建議,還擔任壽險公司的董事長。他與當代最顯赫的政治家、學界專家,以及藝術家往來。他一九二五年娶了俄

國的芭蕾舞者洛普科娃（Lydia Lopokova）。凱因斯良好的運氣與方法，他做了期貨和股票交易，賺進大筆財富。有些批評者要經濟學家「忍耐或閉嘴」——如果經濟學家很懂財富的話，為何自己本身會沒有錢？如果要這樣來檢驗經濟學家，凱因斯可能名列第二，僅次於李嘉圖。貧窮的經濟學家有太多，族繁不及備載。

經濟大蕭條，古典經濟學失勢

在經濟學方面，凱因斯將焦點放在貨幣政策。他一九二三年寫了《貨幣改革論》（*Tract on Monetary Reform*）。後來，他一九三〇年又出版兩冊《貨幣論》（*Treatise on Money*），這些著作是凱因斯集結了自己早期的投資成果，針對儲蓄與投資的關聯提出的新見解。雖然《貨幣論》內容無所不包，但一九三〇是經濟學家的挑戰，當時局勢紛擾不休，他無法靠著著作吸引眾人目光，那迷人魅力頓時失色。凱因斯的好運似乎源源不絕，但世界的好運並非如此。由於經濟大蕭條，多國深陷債務泥淖，絕望至極。

回想一下，馬爾薩斯所言的駭人情節：世界分崩離析，徒留受苦難者爭奪求生。不久之前，類似於上述的情節就發生在相距不遠處，一個我們熟悉的環境中。一九二九到三三年的美國，自由市場的無形之手賞了繁榮一記耳光。失業率從三％飆升至二五％，國民所得暴跌一半。房屋建設停擺。許多人流離失所，公司紛紛倒閉。一九二九年

股市崩盤,經紀人走投無路,成為經濟進一步衰退的象徵。一九二〇年代的喧囂戛然而止,一九三三年的國民所得遠低於一九二二年。勞工搶著所剩無幾的工作機會。發放清粥的地方變多了。經濟蕭條也伴隨了精神沮喪。

流行音樂作詞人伊波・哈伯堡（Yip Harburg）一九三九年曾為《飛越彩虹》（Over the Rainbow）這首歌填詞,打下茱蒂・嘉蘭（Judy Garland）一代巨星的地位。他早先的經典作品是《兄弟,可否分我一毛錢？》（Brother, Can You Spare a Dime?）,可呼應大蕭條的挫敗與失意。《兄弟,可否分我一毛錢？》記述了過往的勞動世代；遠從墾荒時期就努力雕琢的繁盛文明。唱著這首歌的人,從前協助建造鐵路,用力跟時間賽跑,但現在他們沒有工作。一個人可以抬起下巴四處乞討嗎？有何不可？他失業不是因為個人失敗,是因為經濟體出了問題,導致他身無分文。

長久以來,經濟史學家激辯經濟大蕭條的「起因」,但答案沒有那麼簡單。更重要的問題在於,為何經濟衰退會變得如此可怕？美國也歷經過興衰,卻從未如此慘重。大多數經濟學家強調,這是同時發生多個壞事的巧合：投資機會在一九二〇年代過度加速,接著逐漸乾涸；消費者決定減少花費,轉而先償還貸款；各國驚慌失措,採行保護主義；美國聯邦準備系統（Fed）因應的貨幣政策更為緊縮,而非寬鬆。

一九八〇年,雷根與時任總統的卡特角逐總統大位時,機智定義了幾個經濟詞彙:「經濟衰退是指你的鄰居失業。經濟蕭條是指你

★第九章　約翰・凱因斯：講究生活的救世主

丟了飯碗。景氣復甦是指卡特總統下台一鞠躬。」

　　凱因斯或許會認同，但最後一項定義可能略有差異──只有英國財政部（以及美國政府）那些老古板丟了工作之後，大蕭條才有可能景氣復甦。在凱因斯看來，財政部那些老頭兒們喝太多古典經濟學的陳年老酒，醉得不省人事，但那早已發酸。凱因斯砲轟財政部，因為他們叮嚀大眾耐心靜候，並允諾長期之後景氣將復甦。有這種政府的意義何在？他在《貨幣改革論》寫道：「**長期之後，我們已經死了。**」

　　凱因斯一九三六年發表了偉大作品《就業、利息和貨幣的一般理論》(*The General Theory of Employment, Interest, and Money*)，簡稱為《一般理論》，解釋他給政治人物的建議。這本書擊潰了財政部，也提出了總體經濟分析的新架構。正如凱因斯在序言中的預言，墨守成規的經濟學家只會在「我徹底錯了」與「我毫無新意」之間擺盪。保羅・薩繆爾森有一本經濟學入門教科書，對世人們介紹了凱因斯的經濟學。他巧妙總結這本《一般理論》的模稜之處：「這本書寫得不好，架構糟糕。門外漢沉迷於作者先前的聲譽，買下這本書，因此感覺被騙五先令……本書狂妄自大、犀利而激烈，就連致謝也很吝嗇。此書有很多不實又無價值的發現，令人迷惑不解……總而言之，這本書簡直是天才之作！」

　　凱因斯在這本書的開頭，就毫不留情地攻擊他的前輩與劍橋同儕們（尤其是庇古），有時直接、有時嘲諷。在經濟大蕭條之前的繁華時期，庇古一向堅持「馬歇爾代表一切」，好似經濟學已經沒有問題需要解決。庇古跟凱因斯不一樣，只要放下粉筆離開教室，就很

厭惡經濟學的話題。凱因斯另一位朋友路德維希・維根斯坦（Ludwig Wittgenstein）是一位才華洋溢的劍橋哲學家，他難親近的程度更甚凱因斯。他下課後直奔電影院，愛看卡門・米蘭達（Carmen Miranda）主演的電影，這位演員因為戴著水果帽唱跳〈香蕉之歌〉（Chiquita Banana Song）而出名。我們無法得知維根斯坦是否從他的儀式中找到更深層的意義。

關於凱因斯在《一般理論》裡嘲諷、驚人而睿智的評論，哈利・強森（Harry Johnson）形容得很好：「這本書假想了一大堆沒有姓名、沒有腦子且恪遵正統的傻瓜。書中依稀可辨幾個人物，並嘲笑這些人已發表、假設或強加的觀點。」最蠢的理念就是賽伊法則，馬爾薩斯早在一百年前就對此大肆抨擊。回想一下本書前述的內容，賽伊法則指出，生產商品為工人和供應商創造足夠收入，有能力購買所有商品。因此，普遍性的「供應過盛」不可能發生。大家都有充裕金錢，購買已製作完成的一切物品。（當然，商人可能生產太多特定產品，但這不是普遍性的「供應過盛」，因為價格將一路下跌，消除這類特定剩餘。）然而，相信賽伊法則，即無法認同長期失業和經濟大蕭條。只有精神分裂症患者才會同時相信兩套說法。凱因斯沒有指控同僚精神分裂，他把這些人往好處想，只說他們有點愚蠢。

從生產者到消費者再轉回生產者，以此類推下去，整個順暢的迴圈有個重大紕漏，而這一群傻子忽視了這一點。假如每一戶人家都開始儲蓄，會發生什麼事？大家開始把更多錢投入銀行帳戶，是否就會讓商人坐望成堆商品，一個也賣不出去？凱因斯認為情況如此。傻

★第九章 約翰・凱因斯：講究生活的救世主

子們自有一套解答，可是正確嗎？凱因斯不這麼想。他反對以下兩項主要命題：

1、根據古典經濟學，家計單位會將一部分收入用於消費，然後存下剩餘的部分。如果消費者決定存更多錢，對財貨與服務的需求量會降低。**但是**這種效果會被抵消，因為商人還會投入更多錢──為什麼？民眾如果要儲蓄，通常不會把鈔票塞到床底，而是存進銀行，然後銀行再把錢借給商人。現在，假設銀行的存款更多了，對於貸款方的索價將會降低，也就是降低利率。如果降低利率，商人就能借更多錢來投資。會出現更多的投資計畫，因為獲利比貸款的成本還高。**也因此，當消費者提高儲蓄額且減少消費，就會誘使商人擴增投資額**。在馬歇爾模型的美好願景裡，浮動利率會把「投資」與「儲蓄」綁在一起。可以說：消費者提供存款的供給（利率提高時，供給隨之升高，因為存款的吸引力變大了），而商人提供了存款的需求量（一旦利率升高，需求量也隨之減少）。假如人們減少購買並增加儲蓄，於是經濟衰退迫在眉睫，上述模型預測利率將下跌，商人會被鼓勵花更多錢投資，而這些投資又再回到人們口袋，保持資金的流動。

2、浮動的工資與價格支撐賽伊法則。假設商人全都行動不便，當消費者提高儲蓄額時，商人到銀行的速度比消費者慢。這可能會導致輕微的衰退。但隨著商品與服務的需求下降，工

資與價格也會而下降。工資下跌,會讓失業勞工再次得到工作;價格降低,會讓剩餘的商品售出。這種經濟衰退會迅速結束。

凱因斯熱愛藝術,拒絕承認這種工整、有邏輯、典雅的一幅畫是寫實主義派。這只可能是印象派,是對事實的朦朧記憶。世界並不這樣美好,尤其在一九三六年。

凱因斯針對古典學派發動兩方面的攻擊。第一方面,他否認「儲蓄」與「投資」的自動關聯。對家計單位與企業來說,儲蓄和投資的理由完全不同。家庭存錢可能是因為習慣,或為了養老、買車等特定目的。企業則可能因為政治、願景、科技、外匯率或世棒錦標賽的結果而改變投資計畫。指望利率帶來和諧只是愚蠢的想法。如果家庭儲蓄超過企業投資,「供應過盛」將會出現,老闆會開除員工,導致更少的消費。一九九七到九八年期間,日本央行將短期利率下調至〇·五%,但日本家庭依舊減少開銷。在收入下降的狀況中,儲蓄額可能降低至投資額的水準。但如果充分就業,則不一定會如此。

第二方面,他對「工資和價格具有流動性和彈性」也嗤之以鼻。政客預言價格會浮動至適當水準時,看起來就像是喃喃唸咒的魔法師:「阿布拉上上走!卡達布拉下下摔!」獨佔企業與工會契約一定會阻撓調整。根據古典經濟學理論,在經濟衰退期間,實質薪資應該會驟跌。但凱因斯認為工人通常會拒絕接受較低的名目工資。

凱因斯主張:企業在經濟衰退時期會大幅削減投資額。儲蓄額

終究還是會與投資額相等，話是沒錯，但原因何在？不是因為投資額上升（如古典學派的說法），而是因為被解雇的員工沒有錢可以儲蓄。再者，由於工資和價格調整的時間很長，經濟衰退或大蕭條很有可能拖得更久。

但毋庸置疑的是，儲蓄與投資在一九三〇年代早期曾經一致。兩邊都是空的。古典學派的表演至此落幕。

凱因斯學派解方

新秀準備登場了！聚光燈直射「總合需求」（Aggregate Demand），一旁的看板寫道：「在商品與服務的『總需求』低於『總收入』時，經濟大蕭條就會發生。」（這需要一張大型看板，但要知道，大蕭條時期的空位會很多。）凱因斯進行分析並提出警告：家計單位與企業對於產品與服務的需求量不足。如果他們的購買量不夠，商人將會解雇勞工、削減產量。這是凱因斯對「經濟大蕭條」的濃縮概念。

且讓我們按部就班建構這個簡單的凱因斯模型；先討論家計單位，再討論企業。有較多產品是由家計單位購買，因此家計單位是整體需求最重要的構成元素。何事影響家計單位花多少錢？家庭規模、品味與欲望都是重要因素，但凱因斯認為「收入」才是決定性的因素。如果收入增加，大家就會購買更多。如果收入減少，購買量也會減少。這看起來很合邏輯。事實上凱因斯假定：只要某人多得到一美

元,他會花掉大部分,然後存下剩餘部份。凱因斯把已消費的部分稱為**「邊際消費傾向」**(MPC)。如果你獲得了一美元的意外之財,你用其中的八十美分買糖果棒,再把剩餘的二十美分存進銀行。你的「邊際消費傾向」就是〇・八〇(以代數方法來解釋,也就是消費的變化除以收入的變化)。你的**「邊際儲蓄傾向」**(MPS)是〇・二〇。

企業也會購入產品與服務。他們投資設備和存貨,藉此形成總合需求的另一個重要部分。什麼會影響投資?凱因斯認為,投資比家計單位的消費更不穩定。預期、利率、信心、氣候、政治因素都有可能扭曲投資計畫。在最簡單的凱因斯模型中,我們假設有影響力的因素如此之多,以致於企業家不會因為短期收入變化而變更自己的投資計畫。(請切記:家計單位在短期內確實會改變自己的消費行為。)

這個模型代表什麼?為了成為充分就業的健全經濟體,家計單位的消費量必須足夠,企業的投資額也必須足夠,讓商品的銷量同等於生產量。如果每個人都把全部收入拿來消費(MPC=1),按照賽伊法則,將造成充分就業。但既然大家會儲蓄,那企業投資額就必須彌補儲蓄額。否則產量會超過銷量,增加庫存,然後僱主會解雇員工。問題在於「產品與服務的需求量不足」,衰退的罪魁禍首即是「儲蓄」。

在《一般理論》出版前幾年,凱因斯鼓勵民眾多多花錢消費。凱因斯在《紅皮書》(*Redbook*)雜誌有一篇文章,題名為「美國可以一路花錢,邁向復甦嗎?」,內容寫道:「有何不可?當然沒問題!」但根本沒人聽他的話。凱因斯在《傾聽者》(*The Listener*)雜誌發表了文章,也無人聽取。以下節錄該篇文章:

★第九章　約翰‧凱因斯：講究生活的救世主

如果縮減開支，那不論是個人、市政會，或是某個政府部門，隔天早上，一定會有人發現自己的收入也被削減了。故事還沒結束。這傢伙醒來發現自己收入減少，或自己遭到解雇──接著不論是不是自願，也輪到他被迫縮減開支⋯⋯腐爛一旦啟動，就很難停下來。

昔日的資本主義批評者總是伸出消瘦的手指，指責那些惡狼般的大亨，以及牟取暴利的卑鄙小人。但凱因斯理性地說：善良的儲蓄者（包括無害的老婦人），其實比任何狡猾的實業家造成更大傷害。

這種傷害跟「腐爛」差不多，會自行惡化。這就是知名的凱因斯乘數（multiplier），「乘數」二字其實是從他同事理查‧康恩（Richard Kahn）借來的。「乘數效應」的重點在於：個人在開銷方面的變化，都會啟動「滾雪球效應」，到最後，國家總體支出的變化將遠超過個人起初的改變。

假設美納公司決定多加一百美元來投資興建新的男廁。總支出增加一百美元。美納公司要付錢給水電工、建築師與室內裝潢師。這些人下班後，會如何處理這些錢？他們會花掉一些，然後存下另一些。他們花的錢可能流向雜貨店、電視銷售員，或是賣餅乾的女童軍。收到這些錢的人因此有更多收入，而他們也一樣會花掉一部分收入。連鎖反應不斷發生。雖然起初投入的只有一百美元，但總所得可能增至三百美元──假如這樣沒錯，乘數等於三。

凱因斯提供了計算「乘數」的簡易公式。既然他頌揚消費，所以

關鍵點即是「邊際消費傾向」，也就不讓人意外：

乘數 = 1／(1－邊際消費傾向) 或者 1／邊際儲蓄傾向

消費傾向愈高，乘數就愈大。如果得到錢的人花更多錢，連鎖反應的速度會更快。再次說明，「儲蓄」會減緩這個過程。

接著，令人震驚的結論出現了。一開始，不過是投資額一點點的減少，原因或許是天氣或公司主管心情不佳，都可能對整體經濟產生巨大壓力。如果大家存下三分之一額外收入，乘數會等於三。這表示只要企業砍掉五千萬美元的投資，那國民所得就會暴跌一億五千萬美元！**景氣悲觀主義其實是一種「自我應驗預言」**！沉悶的幻夢變成自毀的惡夢。難怪很多總統和副總統都願意花時間擔任國家啦啦隊員。艾森豪總統一向沉默寡言，某些人因此叫白宮「名將寂靜之墓」。但他在一九五八年經濟衰退期間，也懇求社會大眾盡量消費。要買什麼？「任何物品都行！」一九八二年經濟陡然下落，雷根總統的幕僚形容是「成長型的衰退」。他們宣稱：經濟體準備高飛時，走勢會先呈趨緩。批評者大肆嘲笑，說雷根的愛犬是「成長中的馬」。在一九九一年的經濟衰退，老布希總統努力呼籲民眾到賣場購物，就算買雙襪子也好。

凱因斯雖然帶來令人吃驚的相關意涵，但不全是壞事。事實上，某些意涵神奇有如魔法。假如需求不足將會導致衰退，「激發更多消費」就是一帖解藥。況且，一旦我們知道「邊際消費傾向」，自然能

★第九章　約翰‧凱因斯：講究生活的救世主

算出乘數。我們因此能為經濟體注射一劑「消費」解藥，在各處產生乘數效果，填補產量與銷量之間的原始缺口，治療經濟衰退。

　　這裡的「我們」是指誰？指的是**「政府」**。沒有任何事能防止私人公司漂流到險惡海峽而沉沒大海，勞工從船上被丟入水裡，遭受暴風雨無情戲弄。不過，政府可以實施減稅或直接花錢來挽救。假設需求量不足，造成一百二十億美元的經濟衰退缺口，且假設邊際消費傾向是三分之二，即乘數等於三。這樣的話，政府可以提出四十億美元的振興消費計畫，用以促進經濟，將缺口補上。

　　事實上，凱因斯估算美國的乘數約為二‧五。他寫了幾封信給小羅斯福總統，也在雜誌發表文章，倡導大範圍的公眾振興消費計畫。一九三三年的一封信裡，他建議：「由政府主持，提撥大量貸款支出。但我無權決定支出的具體用途。但應該優先考慮大規模、迅速成熟的項目，例如鐵路。目標在於，讓球開始滾動。」

　　凱因斯知道經濟學家、政治人物將抨擊他激進的財政建議。英國和美國的財政部官員喜愛平衡預算，況且政府聽從凱因斯的建議，就會出現預算赤字。凱因斯回答：那又如何？在經濟衰退期時，平衡預算是愚蠢的做法，因為預算有兩方面：賦稅收入與政府支出。經濟衰退讓所得驟減、稅收減少。如果政府還沉迷於平衡預算，就得縮減支出或是提高稅賦。然而，這兩種做法都會因為乘數效應，進一步緊縮經濟。凱因斯疾呼，在整個景氣循環的過程中是該平衡預算沒錯，因為人們在繁榮時繳更多稅，產生預算盈餘；但在經濟衰退時，政府理應容許赤字。財政部的庸才們花了好長時間，才搞懂這個道理。

雷根總統在執政期間大力推動憲法修正案，認為有必要平衡預算——儘管當時的赤字高達兩千億美元。雷根費盡苦心強迫縮減支出，而非提高稅賦。大多數經濟學家記得凱因斯的建議，因此反對這項提案。該法案甚至在景氣低迷時也要求平衡預算。不過到了一九九七年，由於經濟快速發展加上人民強烈抵制無度的政客，雖然沒有憲法修正案，卻也造就了平衡預算。（這會在第十章進行更深入的分析。）

凱因斯也知道，自己將面臨哲學上的反對意見。畢竟，自由放任主義派的傳統教導大家：政府干預愈多，也就意味著自由愈少。但是，凱因斯奚落馬克思，也嘲笑馬克思那些被史達林愚弄的朋友。凱因斯認為自己是在試圖挽救資本主義，而非埋葬資本主義。

> 我為此（政府擴張）辯護……這不但是唯一可行的手段，避免現有的營利公司毀滅，同時也是個人能成功運作的必備條件……因為假如有效需求不夠，那不只是公眾無法容忍資源浪費，企業家想要利用資源發展時也會面對重重困境。

有時候必須暫時放下原則，當務之急在於「做正確的事」。凱因斯經常挖苦回應這些哲學上的異議：

> 如果財政部把舊瓶子裝滿鈔票，埋入廢棄礦坑，深度剛剛好，接著用城鎮垃圾覆蓋，最後讓反覆試驗**自由放任**原則的私人企業家挖

★第九章　約翰‧凱因斯：講究生活的救世主

出這些鈔票⋯⋯如此一來不再有更多失業，此外，在這個影響的幫助下，社會的實質所得以及資本將可能大幅超過實際狀況。確實，這對於房屋建設等事情較為明智；但如果有政治、現實上的難度，那麼，前述做法遠勝於毫無作為。

小羅斯福總統執政下，政府支出從未達到凱因斯所建議的水準，或說凱因斯批評者最大的恐懼，不過《一般理論》一九三六年出版之後，一直到尼克森總統時代，凱因斯的影響力越來越大。薩繆爾森回想：「《一般理論》擄獲了三十五歲以下大多數經濟學家的心，有如猛烈的致命傳染病，大舉進攻南海島民與世隔絕的部落。結果證明，五十歲以上的經濟學家對這種症狀有一定的免疫力。」

哈佛大學教授阿爾文‧漢森（Alvin Hansen）舉辦了凱因斯研討會，廣受歡迎且影響力強大，使哈佛成為美國凱因斯學派最重要的前哨基地，培育出許多著名的經濟學家，譬如薩繆爾森、詹姆斯‧托賓（James Tobin）、羅伯特‧索洛。甘迺迪與詹森執政期間，經濟顧問委員會（CEA）也成為劍橋大學和麻薩諸塞州大學的凱因斯學派前哨基地，來自耶魯大學與明尼蘇達大學的著名人士也紛紛參與。這些經濟學家聯合歐洲志同道合的學者，發展出「凱因斯經濟學」，使凱因斯的直觀與洞見更加精確。

政客有了凱因斯經濟學，得以大罵「無形之手」，迎戰景氣循環。經濟遲緩之時，他們可以提高聯邦支出或減稅，暫時造成赤字，直到經濟回溫。如果需求增加太快，超過商品的供應速度而讓價格上漲，

他們可以藉由增加稅收或縮減聯邦支出，以克服整體需求。真是乾淨俐落。就算這個方法顯非真確，也簡直是魔法了。對於財政的信心大增。政客歡欣鼓舞，通過《一九四六年就業法》(Employment Act of 1946)。該項法案大膽採行史無前例的措施，宣稱國會有責任「促進最大程度的就業率、生產量和購買力」。

一九六四年，凱因斯學派星光熠熠，最顯耀眼。當時，甘迺迪與詹森的幕僚注意到經濟遲緩，於是信心滿滿地想開處方，施打一劑經濟腎上腺素。他們估算衰退缺口將近三百億美元，而乘數是二‧三，因此他們削減個人所得稅和公司營業稅，達到約一百三十億美元。這個酌情考量的經濟政策效果良好，沒有其他政策可以相提並論。所有重要的指標都蓬勃發展。需求量提高，推動產量上揚，創造成千上萬的工作機會。經濟學終於甩掉作家卡萊爾的羞辱標籤：憂鬱的科學。

不過，凱因斯學派在一九七〇年代的政策似乎冷場了。卡萊爾的羞辱標籤又出現，而乘數效應也不管用了（下一章就會提到）。

酌情考量的財政會計政策仰賴著政客的智慧。不會有人單靠這種難得一見的智謀就能一夜好眠，所以經濟體該具備自動機制，使景氣循環裡的擺盪趨於平穩。「累進稅率」和「失業保險」即是這類的自動平穩措施，可應對經濟衰退與通貨膨脹加速。假如經濟趨緩，且收入開始下跌，眾人的稅級將會自動降級（但稅率級距在一九八七年後變得更大）。被裁員的勞工可以領取失業保險給付，讓他們維持消費，等重返職場後便停止給付。這些平抑措施的運作方式呈現逆循環

★第九章　約翰‧凱因斯：講究生活的救世主　　291

（counter-cyclical），可以穩定景氣波動，也能讓國民睡得更好。

　　如果不是這樣，凱因斯認為投資波動性最終會導致政府對國家投資額的水準造成更大影響。他偶爾在一些複雜難懂的段落中，說起投資的「社會化」，其他時候則是讚美現下的結構。難怪他得到「經濟雙面人」的綽號。他有一些文章非常含糊曖昧。他的立場反覆不定，關於這一點，他的友人說了不少軼事。說個笑話：「皇家委員會徵求五位經濟學家的意見，結果得到六個答案。凱因斯先生貢獻了兩個。」而一度懇求「獨臂」經濟學家出現的杜魯門總統，絕對不會看上凱因斯，因為凱因斯在政策事務上根本是八爪章魚。

　　這種評價其實有失公允。凱因斯說過的話、面對的聽眾可能比起其他經濟學家都多。當下情況不同，處方也會不同。凱因斯曾說，經濟學家的心態應該要務實，就像牙醫。如果不管個別狀況，病患一來就鑽同一顆牙，那還有多少人願意來求醫？當這位牙醫不小心手滑，或誤切，他總是會道貌岸然地說「請漱口」，以為這樣就能治癒所有傷口，而總體經濟學可沒有「漱口」這種詞——雖然熊彼得認為，經濟衰退只是一次有益身心的冷水澡，最後當創業家想出新點子並承擔風險，經濟會越來越有起色。凱因斯聽到有人取笑他的反覆無常，他回答：「我收到的資訊改變，我的結論就會改變。先生，不然你認為要怎麼做？」

　　儘管如此，反覆無常也可能是吊兒郎當的症狀。所有經濟學家都了解，時間是非常珍貴的資源。比起本書所提的大多數其他經濟學家，凱因斯投入較少時間到經濟學理論裡。但另一方面，他或許獲得

了最高的投資報酬率。通常,他寧可去劇院看戲,而非閱讀其他經濟學家的理論著述。他的劍橋藝術劇院十分成功,而大多數學術知識如此枯燥乏味,因此,我們不能歸咎於他。很顯然,在實際應用與其他學科方面,他找到智識上的豐足,且為之著迷,而經濟理論無法給他相同感受。鑒於這些傾向,他大概犧牲了較具整合性和一致性的分析架構。

批評者認為凱因斯很善變,凱因斯發現股市也很善變。《一般理論》第十二章〈長期預期的狀態〉非常重要,原因有二:①凱因斯解釋了為何「期待經濟學達到數學精確性」是愚蠢的想法。②他描繪出投資的波動性本質。凱因斯強調許多投資都是受到動物本能影響,創業家與投機者憑藉不理智的驅力往前邁進。但這些驅力並非始終如一:

> 一般的估值概念,是由眾多無知個人所產生的群眾心理建構而成,很容易受到突然的觀點波動而發生劇烈變化。⋯⋯市場將受到樂觀與悲觀情緒的影響,在沒有理論基礎的計算之下,這些情緒非理性,但就在某種意義上卻是理性的。

凱因斯聰明地推測,想在股市賺錢最好的方法,不是把公司經營面分析得鉅細靡遺,而是要猜測「**其他人認為**哪支股票好」。凱因斯用了生動的隱喻,形容專業投資就像:

報紙上的競賽。參與者必須從一百張相片之中,選出最美的六張臉。哪一位競爭者的選擇最貼近所有競爭者的平均偏好,獎項就屬於他。也因此,一個競爭者要選的不是他自認為最美麗的臉,而是他認為最有可能受其他競爭者青睞的臉,而且所有人都是從相同觀點來看待這個挑戰。

這令人想到伍迪・艾倫(Woody Allen)的一句台詞,他說他有一次形上學考試裡作弊,方法是偷看旁邊同學的心靈。

這樣說來,凱因斯沒有將理性推至絕望,只因為經濟學那種反常的謙遜。

我們不該斷定……一切事物都取決於起伏不定的非理性心理。相反地,長期預測的狀態通常很平穩……我們僅能提醒自己「人類的決策影響未來」,不論在私人、政治或經濟方面,都不要光靠嚴密的數學做預測,因為沒有任何能做出這種計算的基礎。況且,推進活動、讓世界轉動的正是我們天生的驅力。在諸多替代選擇之間,我們盡量用理性的自我做選擇,盡己所能地算計,卻又經常回到衝動、多愁善感或僥倖的動機。

未來觀點

凱因斯一九四六年去世。他如果能目睹自己的概念贏得勝利，可能會很開心，但他應該不意外。凱因斯反對馬克思主義，卻支持信仰，由衷確信「真理使人自由」。他畢生的多數時間都在提供政府建言，從而體現了心智的力量。《一般理論》結尾最知名的一段，他激昂地肯定了思想的力量：

> 不論對錯，經濟學家與政治哲學家的想法都深具影響力，遠超過普羅大眾所能理解。確實，世界受到其他微妙事物操控。現實生活裡的人自認不受到任何學術影響，卻通常成為某些已逝經濟學家的奴隸。掌權的狂人察覺某些聲音，在前幾年某些三流經濟門外漢那裡提取自己的極端思想……但遲早有一天，這些觀念（而非既得利益）將會危及善與惡。

「公共選擇學派」（Public Choice）現正挑戰凱因斯的觀點，他們提出警告：特殊利益其實挾持了良善的概念與政策。

凱因斯說過「長期之後，我們已經死了」這句出名的俏皮話，但他也相當認真設想未來。一九三○年，凱因斯寫了一篇追憶彌爾的雅致散文〈後代子孫的經濟可能性〉（*Economic Possibilities for Our Grandchildren*），我們可以看見光芒四射的魔法水晶球。他說未來將有好消息，而馬爾薩斯錯了。在往後一百年，人類可以解出經濟學的存在理由：**稀缺**

★第九章　約翰・凱因斯：講究生活的救世主

性。因為每一世代都站在雙親肩膀上，完成自己的成就，活出自己的夢想；我們的兒孫輩可能爬得很高，足以滿足自己全部的物質欲望，包括奢侈品。不久之後，街道可能遍布黃金。畢竟，雖然景氣循環起伏不休，且有不幸的戰爭，但西方經濟在這兩百年來已經飛速飆升。

更令人驚訝的是：人類存在變得更溫和，人心也會變得更柔軟。凱因斯認為，我們需要利己主義的「homo economicus──**經濟人種**」，在經濟上演化。人類可能會厭倦物質欲望的滿足感，而強烈渴望愛與良善。

然而，這不代表從此就能過著幸福快樂的生活。凱因斯問道：廚房櫃子裡食物滿滿，新車閃閃發亮，接下來要做什麼？今天，退休人士渴望再度工作，覺得日子單調乏味。假如全世界都退休了，又會怎樣？知名主持人勞倫斯・維爾克（Lawrence Welk）到底要花費多少心力，才有辦法娛樂一整群靠退休金生活的人口？世界看似滿足，卻可能瀰漫一股存在的不安。人通常在努力追求目標的過程中，才會產生喜悅，達成目標時卻反而空虛莫名。

這或許能解釋凱因斯的業餘愛好。他在藝術領域是收藏家、投資人、捐助人、策展人。他在嗜好上的投資組合相當多元，或許他深怕自己的經濟學太優秀，會讓人類太接近天堂。他希望在未來的漫長歲月中，留些目標給後人追尋。

第十章

米爾頓・傅利曼：
重貨幣學派迎戰凱因斯

「如果讓聯邦政府管理撒哈拉沙漠,那我們在五年內就會鬧沙子荒。」

――傅利曼

喜劇演員菲爾德斯（W.C. Fields）語帶諷刺地回應一個乞丐：「先生，真是抱歉，我全部的可用資金都被現金套牢了。」這不只是乞丐眼前的問題，對凱因斯而言，由於菲爾德斯用現金或活期存款的「套牢」來維持財富，經濟大蕭條會因此惡化。

依凱因斯之見，守財奴只會使經濟大蕭條繼續，因此他提倡政府花錢振興消費。對於凱因斯學派來說，國家經濟體像是一輛汽車。油門踏板寫著「提高的政府支出或降低稅率」，剎車則寫著「降低的政府支出或提高稅率」。政府小心翼翼地駕駛這輛車，將能使經濟成長、物價穩定。

本章所講的故事，是關於一個學術運動——故事中的人物抨擊凱因斯模型，堅持自己的主張：①政府的駕駛技術通常很差勁。②經濟體的煞車和油門幾乎無關財政會計政策。

這項運動稱為「**貨幣主義**」（Monetarism），承認經濟體確實有油門與煞車，但支持者認為：油門應被標記為「更高的貨幣供給增加」，而煞車則是「較少的貨幣供給」。至於由誰擔任駕駛人，「貨幣主義者」不同意凱因斯學派說法。根據凱因斯學派，有權批准政府支出與稅率的國會是駕駛人，而重貨幣學派認為監管銀行業的美國聯準會才是駕駛人。

從一九五〇年代一直到七〇年代，凱因斯學派與重貨幣學派發生激烈鬥爭。主事者是米爾頓・傅利曼、卡爾・布魯尼爾（Karl Brunner）和阿蘭・梅茨爾（Allan Meltzer）。重貨幣學派一開始飽受譏諷，雖然他們在學術上是洛克、休姆、彌爾和李嘉圖等人的子弟。後來他們不斷

產出有說服力的論文，培育出勇敢的研究生，終於制伏了凱因斯學派的反對，贏得更多尊重與聲望。直到最後，在卡特總統執政期間，國會要求聯準會認真採行貨幣主義，而當時聯準會主席決定遵從重貨幣學派的建議。

時至今日，這場鬥爭的狀態如何？不分勝負。我們可以看到，聯邦政府把國家經濟體當成一輛有四個踏板的汽車──兩個油門加上兩個煞車！還記得吧，可憐的杜魯門總統多麼渴望找一位「獨臂」經濟學家。而現在，許多領導人似乎被四隻腳的經濟學家困住。更為糟糕的是，這些踏板似乎效果沒那麼好，不像正統的重貨幣學派與凱因斯學派所承諾的那樣。

貨幣是什麼？

想搞懂今日的總體經濟學，必須回溯凱因斯學派與重貨幣學派之間的爭戰過程，也要知道貨幣學派的模型如何運作。我們需要稍微了解一下銀行學與聯準會。有些概念乍看很困難，實際上卻非常值得稍作研究。因為，關於重貨幣學派的理論如何在經濟學領域中受到重視，是當代學術史上最迷人的史詩之一。

重貨幣學派指控凱因斯忽視貨幣與貨幣供給，而這聽起來很荒唐。畢竟，指責的對象用股票、期貨賺了大錢，而且還革新了總體經濟學，怎可能忽略貨幣？這相當於在指控《白鯨記》作者梅爾維爾

（Melville）無視鯨魚一樣。當然，重貨幣學派所言的貨幣，與我們日常所言的貨幣不同。

何謂貨幣？一切事物都可視為貨幣，包括貝殼與串珠。在監牢裡，香菸經常被用來當作貨幣。以現今的總體經濟學術語來看，我們遵循美國聯準會對於「貨幣供給」的定義。最為普及的定義是「M1」，即等於：**在銀行外部現有的通貨數額（即貨幣數量），再加上商業銀行現金往來帳戶（即活期存款）的資金數額**。請注意：公司股票和債券不被視為貨幣。更廣義的貨幣供給措施包括流動性較低的資產，如儲蓄帳戶、貨幣市場共同基金等等。

為什麼有人會蠢到一直爭論貨幣供給？愈有錢就愈快樂，這理所當然吧？錯了。在低俗的喜劇電影裡，一個糊塗的犯罪集團成員把裝滿鈔票的手提箱掉在地上，路人爭相搶奪，想抓住幾張鈔票。路人一定滿心歡喜，壞人卻痛哭失聲。經濟學家為何要跟這些犯罪集團成員一起哭？假如打開的手提箱只有幾個，那還不至於產生問題。但是，如果打開的手提箱非常多，瘋狂灑幣淹沒整個市鎮，之後可能就會發生通貨膨脹。貨幣數量如果壓垮了商品生產的容量，由於消費者有更多錢可花，物價會因此受到哄抬。這個市鎮不會比以往更富裕，更多的鈔票並沒有帶來較高的生活水準，這好比在每個人的薪水後面都加上兩個零。切記，「金錢所能購得的產品與服務」才是衡量財富的方式，而不是「金錢的數字」。既然一美元可以兌換數千披索（peso），那麼，比起美國的低收入戶，某個墨西哥百萬富翁可能顯得很窮。裝滿披索的墨西哥手提箱實在沒什麼用，不一定會帶來更多歡樂。

正確的貨幣供給水準是什麼？答案很簡單：恰好足以購入所有已生產的商品，如此一來，不須提高物價即可達到充分就業。但這個簡單的答案迴避了至關重要的問題：流通的貨幣應該要有多少，才能充分就業且平抑物價？若要解答，我們必須先知道人們有錢之後，花掉的速度有多快。在花錢之前，人們是否傾向於長期持有，或是迅速花光光？金錢的轉手速度有多快？錢在經濟體的流通速度如何？假如每個人都快速脫手，國家就不需要這麼多貨幣；但如果人們在花掉貨幣之前，都先安放在櫥櫃抽屜裡好幾個月，那又是另一回事。學術界與國家經濟都圍繞著這個簡單問題。貨幣存量每年的週轉率稱為**貨幣流通速度**（velocity）。經濟學家把它拿來與國內生產總值──GDP相比，並且論及**貨幣的所得流通速度**（income velocity of money），縮寫為「V」。因此，V等於GDP除以貨幣供給。

例如，假設GDP是三兆六千億元，而貨幣供給量是六千億元，則貨幣的所得流通速度V必須等於六。在該年度中，如果貨幣轉手了六次，那麼人們在任何一天都相當於持有約兩個月的所得（不論是貨幣或活期存款的形式）。

為何這很重要？為什麼沒有人可以優雅又瀟灑地辯論這個議題？假如流通速度很穩定，且假設中央銀行能控制貨幣供給，那麼政府就有了強大的工具，可以加速或減緩經濟。寫著「貨幣供給」的油門和煞車直接控制了引擎。然而，假如流通速度不穩定，人們對於貨幣與活期存款裡的資金，都猶豫著要「保留多數」還是「保留少數」，那控制貨幣供給就沒什麼幫助，油門於是失靈了。

簡單說明這場論戰的雙方立場：重貨幣學派相信「流通速度很穩定」，而凱因斯學派認為「流通速度不穩定」。難怪重貨幣學派深掘「貨幣供給」這片軟土，當作政府這輛車最強力的踏板，而凱因斯學派會頌讚財政會計政策。一小群頑固的凱因斯學派分子甚至認為，貨幣政策不過是雨刷，對引擎根本沒作用。

　　在探索貨幣主義史以及其支持、反對的證據之前，我們要先概述美國聯準會如何操縱貨幣供給。最重要的工具有三項。第一，聯邦準備系統控制了銀行獲准貸出的存款比例，即存款準備率。假定聯邦準備系統訂定的存款準備率是二〇％，那銀行可以貸出八〇％的存款。我們假設一個朋友克里斯在活期存款帳戶存了十美元。這筆錢要算入貨幣供給的一部分（請記得：貨幣供給是活期存款與流通貨幣）。假如另一個人，琳恩跟這家銀行借了八美元，則貨幣供給就增加了八美元。如果琳恩把這八美元再存入活期存款帳戶，然後另一位布萊德跟銀行借了六‧四美元，貨幣供給會進一步提高了六‧四美元。現在，假如聯邦準備系統告訴銀行，說銀行僅能借出七五％的存款，而非八〇％，銀行就必須收回某些借款，從而讓貨幣供給量減縮。銀行借出愈多錢，貨幣供給量就愈大。

　　第二，聯邦準備系統有時候會貸款給一般銀行。經由提高貸款利率（即貼現率），可以阻撓銀行借出款項，約束貨幣供給。

　　第三，是最重要的一點：聯邦準備系統可以買賣政府證券（即公開市場操作）。社會大眾（包括公司與個人）持有了價值約一兆美元的政府債券，這些債券每年配息給持有人。要搞懂這個工具要花點心

★第十章 米爾頓・傅利曼:重貨幣學派迎戰凱因斯

思,利用一些視覺輔助可能有幫助。拿出一張一美元鈔票和一張白紙,在白紙上標記「債券」。把桌子的一端指定為「社會大眾」,另一端則是「聯邦準備系統」。切記,聯邦準備系統所持的鈔票**不被**視為貨幣供給的一部分。如果聯邦準備系統想提高貨幣供給,可以跟社會大眾買回債券。聯邦準備系統在這次購買中得到債券(**不是**貨幣供給的一部分),然後支付賣方一張支票(或鈔票)。一旦這張支票兌現或存入,就變成貨幣供給的一部分。(這筆錢還在聯邦準備系統名下時,並**不被**視為貨幣供給的一部分。)相反地,聯邦準備系統如果**賣出**一張債券給某個人或機構,就會收到個人帳戶的支票(或鈔票)。於是貨幣供給量緊縮,因為債券不是貨幣,一旦聯邦準備系統持有資金,這些資金就再也不是貨幣了。

貨幣主義模型與凱因斯的批判

聯邦準備系統設立於一九一三年,甚至早在這之前,古典學派和新興古典學派的經濟學家就已經勾勒出貨幣供給量變化的衝擊。一九一一年,耶魯大學教授歐文・費雪邁出最重要的一步;他從約翰・彌爾的分析中,導出一個簡易的數學架構,稱為「貨幣數量論」(Quantity Theory),其中最普遍流傳的版本是:$MV = PQ$。這條簡易方程式可以讓我們更清楚貨幣主義者的相關批評。首先,請記住V表示「貨幣流通速度」,M表示「貨幣供給」。等號右側的P乘上Q表示「名

目GDP」──P是物價水準，Q是已生產的商品與服務之總額，即實質GDP。這條方程式本身沒有引起爭議。依照定義，貨幣數量乘上貨幣轉手次數，即等於所購商品與服務的名目價值。但這些變項的行為模式，卻讓經濟學家爭論不休。

重貨幣學派最粗略的輪廓如下：①流通速度持續不變。②短期可生產的商品與服務之數量固定。③如果聯邦準備系統將貨幣供給量提高五％，我們將會看到物價上升五％。基本上，這項粗略的「貨幣數量論」消除了方程式裡的V和Q，並且得出結論：只有在P裡，才會感受到M的任何變化。

雖然描述得很簡略，但也有一些優點，尤其可用來解釋惡性通貨膨脹。德國在威瑪共和國時期就是很好的案例。在一九二一到二四年，德國的鈔票印製廠全速運轉，貨幣供給量直衝雲霄。增加的不僅是兩倍、三倍、四倍而已，而是以超過兩百五十億倍！物價指數隨之上揚，才不到一年半的時間，一元變成二億元。人人都是億萬富翁！而且，幾乎每個百萬富翁都吃不飽。衣櫥被鈔票塞爆，但廚房櫃子卻沒食物。在美國，電影大亨戈德溫形容：「一個口頭合約的價值，連一張印刷紙都比不上。」在當時的德國，貨幣面額比不上印刷紙本身的價值。德國經濟崩潰。這裡有個寓意：便宜的鈔票得來不易。

現代的貨幣數量論者（重貨幣學派）宣稱，他們的學術先師對貨幣的看法實在太謙遜了：貨幣不只在短期內影響物價，也會影響經濟活動。而對於長期，貨幣供給的變化只會改變價格。重貨幣學派還添加了一項「反凱因斯學派」的教條：政府支出不會影響物價或產量，

除非貨幣供給也隨之變動。貨幣最重要。

此處，我們有三個重要問題：①針對貨幣，為何重貨幣學派聽起來如此狂妄。②為何凱因斯學派對於貨幣如此輕率。③為何重貨幣學派對於政府支出如此輕率。先搞懂這三個問題，我們才能綜觀這場辯論至今的結果如何。

讓我們看看，貨幣供給與GDP直接相關的傳動機制。先假定重貨幣學派的主張沒錯：貨幣流通速度十分穩定。如果聯邦準備系統買回債券，藉此增進貨幣供給量，就會有更多貨幣流入民眾手中。可是，大家都想維持穩定的貨幣持有量。依照重貨幣學派的說法，人民持有貨幣多半是為了日常交易。既然現在他們有額外的貨幣，自然會把錢花在商品、服務和實質資產。GDP因而攀升。

相反地，假如聯邦準備系統踩了剎車，賣出政府公債，那麼人們所持的貨幣會變少。由於大家都想維持穩定的貨幣持有量，就會縮減開銷，GDP於是降低。

基本上，貨幣政策玩弄大眾的流動資產。如果人們確實堅持要固定的流動資產，貨幣政策就能一如所料，對GDP產生有效影響。聯邦準備系統將能玩弄大眾於股掌間，達到不同的支出水準。

凱因斯與其支持者怎能反對這個模型？諷刺的是，凱因斯一度相信這個模型。更諷刺的是，二戰以來最重要的重貨幣學派先驅傅利曼，以前居然不相信這個模型。起初，凱因斯以貨幣主義者之姿崛起，卻轉而發展凱因斯學派且日趨成熟。傅利曼一開始是凱因斯學派分子，後來卻轉為重貨幣學派。凱因斯可能因為鼻子大，年輕時被朋

友取「豬鼻子」的綽號，但他或傅利曼都不是天生豬頭。

且讓我們從重貨幣學派的原則中，循跡找出凱因斯的轉折。在劍橋口授的教學傳統中，凱因斯學到馬歇爾教授的「劍橋方程式」（Cambridge Equation）。這項方程式的運作類似費雪的模型。根據凱因斯說法，馬歇爾「總是教導」：貨幣需求量的度量，取決於「每人意圖保持既有形式的商品需求之平均存量」。在德國惡性通貨膨脹期間，凱因斯在《貨幣改革論》裡強調貨幣數量論的力量。《貨幣改革論》表明：快速的通貨膨脹會讓眾人加速花錢，迫使價格進一步飛漲。然而，到了凱因斯撰寫《一般理論》時，經濟大蕭條讓他相信貨幣政策沒有作用。

凱因斯主要批評的是貨幣流通速度。為何要假定流通速度穩定？如果中央銀行提高貨幣供給與流動資產，情況會如何？為何要假定人們會花掉多餘的錢？他們可能將錢存在床墊底下。若是如此，貨幣流通速度變低，將會抵消較高的貨幣量。GDP一樣是在艱苦掙扎。凱因斯認為這尤其可能發生在經濟大蕭條時期。儘管貨幣數量論堅持「人民持有貨幣是為了日常買賣，且會未雨綢繆」，凱因斯卻導入第三個動機，亦即「投機買賣」。人們持有額外的流動資產，可能只是想投機炒作股市和債券市場。如果利率止跌回升，對貨幣的投機需求也會上揚。因此，就算貨幣供給升高，囤積欲也可能提高。

凱因斯寫了一封信給小羅斯福總統，其中用一個聰明的比喻，同時譏諷貨幣的推力：「有些人似乎認為……增加貨幣數量就能提高產量與收入。但這個論點像是先買一條過長的皮帶，希望藉此增肥。

★第十章　米爾頓‧傅利曼：重貨幣學派迎戰凱因斯

現在的美國，皮帶已經夠長了，可以撐住你們的大肚腩。」

　　凱因斯不僅攻擊貨幣的力量，他與追隨者也描繪出不同的貨幣傳動機制。他們建議，貨幣政策並不直接透過消費發揮作用，而是經由利率和投資。想要巧妙操縱貨幣，讓經濟體有感，就必須採行兩種長期且危險的大躍進。假如聯邦準備系統提高貨幣供給，人們絕不能囤積貨幣（步驟一）。根據凱因斯學派的說法，人們就算真的花掉貨幣，也可能是購買股票和債券，買的是金融資產而非實質資產。這麼一來，利率就會降低。只有在企業或家計單位向銀行借錢，然後用於購買產品與服務之時，GDP才會稍微提高（步驟二）。不過，在這兩種大型風險步驟地等待過程中，許多貨幣主義者可能墜入深淵了。

　　朝另一個方向大步前進也是長期而危險的。假如聯邦準備系統縮減貨幣供給，人們可能不會在乎抽屜裡的現金變少。就算人們賣出金融資產來回應（利率因而提高），借貸成本雖然會變高，但借款人不會因此取消借款（例如，他們必須持續進行一項建設專案）。於是，GDP可能持續一路發出嗡嗡聲前進。

　　總之，在（步驟一）貨幣流通速度或貨幣需求易受改變，以及（步驟二）借款人不在乎利率時，凱因斯學派的批評最能深入核心。

　　傅利曼相當失望，他形容凱因斯的影響力：「使貨幣數量論暫時沒了風采，也使得投入貨幣理論、分析等方面的經濟研究者空前低迷⋯⋯眾人普遍接受『貨幣並不重要』的觀點，或在某種程度上認為貨幣並不非常重要。」

　　這般風采盡失，甚至遮蔽了傅利曼的早期觀點。傅利曼畢業於

芝加哥大學這所長期批評凱因斯的中心，年輕的他在一九四二年撰文討論通貨膨脹，卻幾乎不提貨幣的影響力。十年後，這篇文章出現在他的著作《實證經濟學論文集》（*Essays in Positive Economics*）中，加上了七個新段落。傅利曼解釋了新增的內容：「我相信，新資料清楚表明，先前遺漏『貨幣效果』的版本是個嚴重錯誤。我不是要對此辯解。那或許是當時凱因斯學派太過盛行之下的影響。」

傅利曼的反擊

在性格或才智上，沒人比傅利曼更適合帶領重貨幣學派的反擊。他是一位兇猛的雄辯家，使他的學術對手壓力很大。傅利曼不因傳統智慧而受到恫嚇。在發動反擊前夕，他的矮小身材外型很匹配他的專業高度。高伯瑞記得，在一九五○與六○年代間，只要有人「太過執意於」貨幣供給的角色，就會被視為「怪咖」。傅利曼透過勇氣和智慧，增強自己在專業上的高度。他在一九七六年獲頒諾貝爾獎，高伯瑞也承認「他或許是二十世紀後半最具影響力的經濟學人物。」

傅利曼認為自己很幸運，為自己和妻子羅絲・多瑞特（Rose Director）寫了一本自傳《兩個幸運的人》（*Two Lucky People*）。他生於一九一二年布魯克林區的一個貧困家庭，雙親都是奧匈帝國後裔移民，在血汗工廠裡做苦工。幾年後，他們渡河來到紐澤西州的拉威（Rahway），該地的州立監獄很有名。他的母親莎拉（Sarah）開了一間小

★第十章　米爾頓・傅利曼：重貨幣學派迎戰凱因斯

型服飾店，而他的父親吉諾（Jeno）是挨家挨戶推銷的業務，也在鎮上四處打零工。小傅利曼與其他三個姊妹的成長背景並不富裕。父親在他高三那年過世了，他的家境狀況變得更糟。那麼，他為什麼認為自己是幸運兒？因為他出生在一個自由國家。為了完成羅格斯大學（Rutgers University）的學業，他當過服務生和店員，半工半讀且拿到獎學金。傅利曼高中時，有個老師把畢氏定理比擬為英國詩人濟慈（Keat）的《希臘古甕頌》（Ode on a Grecian Urn），啟發他看見數學之美。他在羅格斯大學一開始是研究數學和會計，不久之後，他進入了經濟學，時機也剛剛好──因為經濟學需要某些幫助。他進入大學時是一九二九年，當時股市崩盤，而現代資本主義也分崩離析，情況有如古甕從架子上掉落。

傅利曼在羅格斯大學的教授，是後來成為聯準會的主席的亞瑟・伯恩斯（Arthur Burns）。傅利曼學習了古典經濟學的正統觀念，接著到芝加哥大學繼續攻讀研究所。他在那裡真的夠幸運，因為他的教授用學生姓氏的首個字母來安排座位。他姓氏的首字母是「F」，旁邊坐著一位姓氏是「D」開頭的年輕女性，羅絲・多瑞特。他們的婚姻持續了六十八年，但傅利曼不知何故，似乎還是覺得自己很幸運──如果他姓佐克曼（Zuckerman）的話就找不到他的新娘了。

傅利曼進行首戰時還是個研究生。他寫了一本書，討論美國醫學會（American Medical Association）為了撐持醫生的薪資而阻隔競爭。該協會列出這本著作不合理之處，並向出版商要求下架，但被拒絕了，傅利曼「英勇分析家」的生涯就此展開。他主張「在所有的專業裡……

貴族式的，或至少稱為限制性的運動已經形成」，這損害了消費者的利益，也給新加入的競爭者更高的進入門檻。在一九〇〇年，僅有四％的勞動力是「專業人士」。但到了二十世紀中，各州已通過一千兩百個以上的工作執照法規，種類相當多元，從醫生到遺體防腐師都有——美國人從坐搖籃到進墳墓都要經過專業人士的雙手。

在二戰期間，傅利曼擔任政府的統計學家，試圖將數學應用在金屬含量測定。他學習到理論模型必須結合實證檢驗。他有一次在紙上設計出一種可用於武器的超強合金。計量經濟學的檢驗結果非常可靠。傅利曼拿著他的致勝方程式，大步邁入化學家的實驗室。後來化學家們按照他的配方做出成品，但整體強度卻跟熟透的香蕉差不多。他終於知道：未經實際測試之前，不可信任理論統計數字。

二戰之後，戴眼鏡的傅利曼開始在芝加哥大學授課。傅利曼很欣賞凱因斯的著作，就算他粉碎了凱因斯學派的許多概念，但他依舊大方稱讚這位英國人。他形容凱因斯是「厲害的經濟學家」以及「偉大人物」。傅利曼在學術上非常心胸寬廣，這是他一直以來的特色，如同他響亮的辯論才華。不過，他還是粉碎了他的對手。

傅利曼是開路先鋒，展開一系列研究。他把貨幣數量論從凱因斯的炮火中拯救出來。凱因斯只給了一條迷濛又險惡的求生之路：傅利曼必須證明私部門是穩定的。如果貨幣主義是合理的，那貨幣流通速度和消費就不能像夏威夷草裙舞者臀部那樣搖動。

一九五六年，是凱因斯學派主導學術界的時代。當時傅利曼發表一套論文，針對貨幣數量論進行改良與檢驗。傅利曼的目標不是將

貨幣與價格做牽連，而是重新定義貨幣需求（貨幣需求是流通速度的倒數）。他認為「貨幣需求是穩定的」，因為它取決於長期因素，像是健康、教育、個人的期望終生收入等等。這些因素不會狂暴動搖，所以流通速度也不會。凱因斯輕忽了長期影響力。

接下來那一年，傅利曼轉而探討消費。凱因斯簡易模型假定，消費會隨著當前收入漲跌而有起伏。如果某一年收入驟跌，人們就會減少開銷。這似乎很顯而易見。不過，傅利曼再次點出更長期的觀點。畢竟，一個人如果在星期五領到週薪，也不可能隔天週末就大吃大喝，然後下個星期挨餓度日。相反地，他會維持穩定的消費流，因為他能預期自己的長期收入。傅利曼提出「**恆常所得假說**」（Permanent income Hypothesis），設想了一條平順的路徑，消費只有在未來收入的期望值改變時才會轉向。消費者不會因為週薪、月薪或年薪欠佳，就改變自己的模式。他們只不過是消耗積蓄。在收入特佳的那一年，他們就只是存下更多錢。只有在察覺到將有重大轉變時，才會改變原來的型態。

傅利曼在長期考量方面不是孤軍奮戰。諾貝爾獎得主弗蘭科・莫迪利安尼（Franco Modigliani）是凱因斯學派的經濟學家。他曾進行過類似研究，提出的「**生命週期假說**」（Life-cycle hypothesis）結果雷同。

傅利曼這個研究的主要結論是：其實消費狀態的穩定性非常驚人。

如果傅利曼與莫迪利安尼的說法沒錯，暫時性的政府政策對私人經濟只會有微弱作用。這個理論要如何檢驗？一九六四年的減稅方

案極為成功,振興消費,促使經濟起飛。這項方案讓薪資的稅率大幅降低,也讓消費者以為這是長遠的政策。到了一九六八年,詹森政府害怕越戰支出會造成通貨膨脹與赤字,也擔心社會開銷迅速增長,國會於是通過一項顯然是暫時性的稅收附加案,目的在於緩解經濟。果不其然,消費者的回應不是減少花費,卻是從積蓄拿出更多錢,以維持自身的高消費水準。而在一九七五年,一項暫時性的退稅措施被證明是無效的。然後二〇〇一年,每對夫妻可享有六百美元的退稅,效果還是不比降低稅率好。

在美國之外,暫時性的政策也同樣失敗了。一九九〇年代中,日本大藏省採取暫時性的減稅,試圖鼓勵消費;但這毫無效果,甚至讓民眾惱火。民眾非常憤怒,認為**暫時性**地所得稅減免只是小氣的讓步,因為政府也同時**永久性**地提高營業稅。民眾不願消費,只是把錢存入銀行。一九九〇年代的經濟長期衰退,這段期間日本換掉超過六位首相。

雖然傅利曼設計出支持重貨幣學派的理論,但他需要趕快實證性、歷史性的研究,來回應批評者的懷疑和嘲笑。他長期秉持的哲學立場是:對一項理論最真實的檢驗,就是看該理論能否正確預測事件。他認為,就算提出非常細緻的模型,對真實世界師卻起不了作用,那也是枉然。一九六三年,他與安娜・施瓦茨(Anna J. Schwartz)發表了長篇報告《一八六七至一九六〇年的美國貨幣史》(*Monetary History of the United States, 1867-1960*)。傅利曼知道,經濟大蕭條是支持凱因斯學派最有力的案例。他沒多加猶豫,就宣稱「經濟大蕭條反而證明**貨幣政**

策的力量」，而非證明凱因斯所言「貨幣政策的無能」。換句話說，他悄悄取走了凱因斯學派的最佳證據。從一九二九到三三年，貨幣數量驟減三分之一。傅利曼和施瓦茨指責聯準會，因為民眾極度恐慌，猛烈撞擊銀行大門，個個要求提領存款，但聯準會拒絕提供流動現金給一般銀行。他們認為，聯邦準備系統只需要小小支援，就能灌輸民眾許多信心。

總之，《美國貨幣史》認為：在過去的一世紀，每次嚴重的經濟衰退與通貨膨脹，都有貨幣政策的誤用。經濟衰退或通貨膨脹並不像凱因斯學派所言。傅利曼這本著作也產生了附加效果，讓工會不再被究責——過去認為工會助長了通貨膨脹。

傅利曼與其他貨幣主義者（如布魯尼爾與梅茨爾）逐步瓦解凱因斯學派的正統理論，凱因斯學派內部卻反應各異。有些人提出自己的研究，進行反駁。有些人承認重貨幣學派有其道理，而其他人繼續大笑不理。一九六〇年代晚期有一場會議，麻省理工學院的羅伯特・索洛評論傅利曼的一篇論文：「我與傅利曼之間有一個差別：所有事物都讓他聯想到貨幣供給；但所有事物卻都讓我聯想到性事，而我努力不讓這出現在我的論文。」

隨著一九六〇年代的發展，貨幣主義也變得更加有力，因為貨幣流通速度呈現出一種非常穩定地模式。實際上在一九四八年後的三十年內，貨幣流通速度都是能預測的，每年成長越高於三％。傅利曼與少數支持者為了理想而奮鬥，結果似乎有如神助。

重貨幣學派證實了貨幣的力量，貨幣數量論重獲新生。他們後

來設法挑戰凱因斯學派的主張,即政府支出能促進經濟。為了殘殺這隻惡龍,他們必須向大家顯示「凱因斯乘數為零」。

重貨幣學派認為,凱因斯避開了一個大問題:財政支出的貨幣從何而來?如果貨幣供給量恆久穩定,而政府支出貨幣,那其他人的支出額鐵定會變少。天下沒有白吃的午餐。如果國會提高稅率支應政府的計畫,消費者的購買量也跟原先一樣多;而如果國會向民眾出售美國國庫債券來借錢,那企業就無法借到原先那麼多的投資額。利率提高,投資額減少。政府支出勢必**排擠**私人開銷。凱因斯的基本乘數忽略了這個問題。

排擠效應將發生,而凱因斯學派分子無法否認。但他們提出反駁,認為排擠效應不會完全抵消政府支出,尤其是在經濟衰退時期。實際問題在於,排擠效應的程度高低。美國聖路易斯的聯邦準備銀行站在重貨幣學派的基礎上,提出一個計量經濟模型。這個模型推估,如果政府永久提高十億美元的支出,那第一年對於整體經濟幾乎沒有作用,之後則是完全沒有作用。這個數據資源模型(Data Resources Model)較偏向凱因斯學派,預估第一年的乘數大約是一‧六,接著會逐漸穩定下降。就連凱因斯學派的模型也承認,凱因斯誇大了說詞。

一九七〇年代發生停滯型通貨膨脹[1],傅利曼受挫卻也因此成名。在這十年的剛開始,大學生被教導了一個「人盡皆知」的道理:只要社會容許通貨膨脹高一點點,就可以創造更多工作機會。這種權衡,

---

1　產出下降、物價上揚並存的現象。

似乎被一條以英國經濟學家威廉・菲利普斯（A. W. Phillips）命名的曲線記錄下來。根據「菲利普斯曲線」（Phillips Curve）的分析，如果你不願容忍高一點點的通貨膨脹來交換更多工作機會，你就是愚蠢又小氣。但傅利曼不信這一套。依他之見，如果政府透過通貨膨脹，試著「購買」更多工作機會，物價只會愈來愈高。諾貝爾經濟學獎得主埃德蒙德・菲爾普斯（Edmund Phelps）也認同這個觀點。事實上，通貨膨脹甚至可能毀了工作機會。一九七〇年代發生的停滯型通貨膨脹，對美國家庭來說真是一場災難——這對傅利曼的分析本領來說卻是一件好事。勞倫斯・薩默斯曾任美國財政部長，是全球著名的經濟學家。他回憶在他的進步派經濟學家族中，傅利曼曾經是「邪惡人物」。薩默斯一九七〇年代初期還是個大學生，十年後，尚年輕的他就當上教授；他形容在這一段時間裡，「傅利曼的異端說法成為普遍接受的正統觀念」，而傅利曼再也不是魔鬼，而是薩默斯「無比景仰」的人。

贏家的謙遜

請想像自己就是傅利曼。你不但證明了貨幣會說話，甚至還會流動、讓經濟運轉。下一步，你可能要說服美國聯準會，在經濟衰退時期提高貨幣供給，而在通貨膨脹迫在眉睫之時降低貨幣供給。沒錯吧？生意清淡時，你可能指著印鈔廠，對美國聯邦準備系統的主事者們大吼：「別只是站著不動啊！做點事吧！」但傅利曼可不會這樣做，

他反而會叫道:「就是站著不要動!別做事!」

傅利曼這般謙遜實乃少見。他認為,經濟學家不夠了解貨幣政策,不懂如何聰明地操縱。貨幣政策有時得耗上六個月,才會對名目GDP產生影響,有時甚至得耗費兩年。每當聯邦準備系統試圖微調政策,通常卻會傷害經濟,因為無法得知這種遲滯要耗上多久。一九六八年,聯邦準備系統害怕進入經濟衰退期,於是大力踩了「貨幣」這個油門。但整體經濟直到衰退快結束時才有一點作用。結果導致高度通貨膨脹,因為在經濟復甦時期,作用才開始發揮。一九七四年,聯邦準備系統猛然踩下「貨幣」煞車,希望藉此停止通貨膨脹。經濟衰退期卻在一九七五年緊接而來。一九七四年八月福特入主白宮,他跳入駕駛座,巧妙地用了「汽車」的比喻,告訴國會別對貨幣政策期望過高,因為他是「福特,不是林肯」[2]。既然整體經濟像福特Edsel汽車四處碰壁,這可真是明智的建議。

依傅利曼之見,聯邦準備系統沒有因應經濟時事,聽起來就像海軍上將海曼・里科弗(Hyman Rickover)的建議,而里科弗當時已經厭倦了美國國防部的笨手笨腳。他說,美國國防部五角大廈應該分成三個部門。第一個部門應該進行全部工作。第二個和第三個部門應該耗費整天時間,親筆書寫普通信件給彼此。即使計畫如此,比起傅利曼要求聯邦準備系統採取行動,美國國防部也較為勤快多了。

傅利曼一派的學者認為,聯邦準備系統應該被機器人取代。不

---

2 林肯汽車是福特汽車旗下的豪華品牌。

管經濟環境狀況如何，機器人都能用固定的成長率，精準地踩動貨幣油門。不論是三％、四％或五％，固定成長將能抹去經濟不穩定的重大來源，即聯邦準備系統的反覆無常。如果經濟下沉，持續增添流動資金將能供應支出。在經濟上升時，也不會有足夠的燃料引發通貨膨脹的火花。

阿瑟‧奧肯（Arthur Okun）是布魯金斯學會的經濟學家，他在一九六〇年代自信的激進凱因斯主義與傅利曼大相逕庭！一九六二年的《總統經濟咨文》（Economic Report of the President）仍然與通貨膨脹或經濟衰退對抗。精明老練的經濟學家還是會微調國家經濟，運用財政會計政策穩定長期的經濟成長：

> 需求不足代表失業⋯⋯需求過剩則代表通貨膨脹⋯⋯追求穩定並不是要剷平生產與就業裡的高峰與低谷⋯⋯而是要把成長之中的偏差降至最小。

雖然今日沒有一位誠實的經濟學家會寫出如此自大的東西，但多數經濟學家還是不同意傅利曼的貨幣法則。他們的座右銘是：「人非聖賢，孰能無過？但真正搞砸事情的絕對是電腦。」就算傅利曼沒錯，貨幣流通速度在長期來看是穩定的，但短期內肯定有所波動。如果流通速度已經下降了好幾個月，貨幣供給卻以持續穩定增長，那麼經濟將會崩毀。這種狀況或許不會太久，但在這些情況裡，工作機會依舊仰賴聯邦準備系統的作為。聯邦準備系統的積極分子還是沒有解決

這個嚴峻問題：聯邦準備系統要知道波動速度的變化需要多久——即「決策時間滯差」(recognition lag)？他們的行動要多久才會影響經濟——即「效驗落後」(impact lag)？聯邦準備系統真的知道自己該做什麼？

在學術界，若你的同事取笑那些批評你的人，反而較少把矛頭指向你，那麼你就贏了。重貨幣學派到了一九七〇年代晚期已經不再是笑柄，而是高才。全世界的中央銀行開始密切監控貨幣供給。德國中央銀行官員變成正統派，敦促新的歐盟中央銀行遵循重貨幣學派的傳統。主流經濟學家吸納重貨幣學派的許多見解，不再輕視貨幣，也不再崇拜財政推動力。經濟學家不再公開地清楚劃分重貨幣學派與凱因斯學派。回想一下尼克森總統的話：「我們現在都是凱因斯學派了。」連傅利曼也語帶保留地承認了尼克森的話。這是必然結果。學術界再次改變觀點。諾貝爾獎得主莫迪利安尼也坦承：「我們現在都是重貨幣學派了。」他自然也是語帶保留。

薩繆爾森與威廉‧諾德豪斯（William Nordhaus）合著新版的《經濟學》（Economics）中，承認「早期的凱因斯學派受惠於『貨幣的發現』，貨幣肯定有其重要性。其中許多人熱衷於財政會計政策的作用，不合理地貶低貨幣的角色」。薩繆爾森和諾德豪斯沒有寫出這些壞蛋的名字。

有一個八成是杜撰的故事，或許能指出重點：有位成功的企業家拜訪他以前求學時的經濟學教授。兩人聊天時，企業家發現教授桌面放了一份考卷，於是他拿起一看，結果非常震驚地叫道：「這份考卷跟十五年前一模一樣！你不怕學生查考古題嗎？」教授大笑：「這有什麼關係！題目是一樣，但我每年的答案都不一樣！」

★第十章　米爾頓・傅利曼：重貨幣學派迎戰凱因斯

讓贏家苦惱的「貨幣流通速度」

　　重貨幣學派已經說服莫迪利安尼和薩繆爾森，讓他們相信貨幣的重要性無與倫比。重貨幣學派在一九八一年相當振奮，高唱劇作家蓋希文（Gershwin）的老歌《終極贏家》（Who's Got the Last Laugh Now）。

　　但他們很快就停止歡唱。英國首相柴契爾夫人與美國總統雷根各自要求兩國的中央銀行遵循重貨幣學派的反通貨膨脹路線，忽略利率升高並縮減貨幣供給。不出所料，通貨膨脹以驚人的速度大幅降低。美國在一九八〇年的通膨率超過一二％，一九八二年則降至四％以下。幾乎沒有經濟學家預料到貨幣的威力如此強大。但也一如預測，嚴重的經濟衰退隨之而來──因為貨幣政策可以在短期內影響產量和價格，而不是如長期只能改變價格。美國的失業率創下一〇％新高，一直到一九八三年才開始降低。要把通貨膨脹從一個經濟體擠出來可一點都不有趣。

　　重貨幣學派認為聯邦準備系統的做法太過粗糙──急踩貨幣煞車，卻踩得太大力。再者，他們認為保羅・伏克爾（Paul Volcker）主席帶領的聯邦準備系統容許貨幣供給劇烈搖擺。不過就連重貨幣學派也承認，較溫和的政策仍然會引發經濟衰退。

　　如果反通貨膨脹的過程證明了貨幣的力量，為何重貨幣學派沒辦法繼續吹著口哨？為何這個反革命最後打成平手？關於這個……因為在經濟復甦的途中發生了一件有趣的事。記得嗎？貨幣主義的核心在於「穩定的貨幣流通速度」。重貨幣學派備受尊崇，值此之際，

眾人也開始重新檢查自己抽屜裡的現金。貨幣流通速度在一九四八到八一年維持穩定成長，比率是每年三・四％。大家的抽屜在一九八二年突然間塞滿了錢——貨幣流通速度暴跌了近五％。從一九八二到八八年，貨幣流通速度的過程使人摸不著頭緒。假如貨幣流通速度下降，貨幣供給量成長的速度卻沒有更高，那麼GDP也一定會下降才對。

貨幣流通速度驟降，聯邦準備系統如何因應？他們沒有遵循三％或四％的貨幣成長率法則，反而重踏貨幣油門。聯邦準備系統不顧三％到八％的經濟成長目標，在一九八六年以超過一五％的年增率發行M1貨幣，想要抵消正在暴跌的貨幣流通速度。

在一九八六年如果採行固定的貨幣規則，或許會帶來災難。貝里爾・斯普林克爾（Beryl Sprinkel）是傅利曼的門生，是第一位擔任經濟顧問委員會主席的正統重貨幣學派人士。他在一九八七年的《總統經濟報告》（Economic Report of the President）中也坦承：

> 在實際成長適中、通貨膨脹極低且預計不斷降低的背景脈絡之下，以及考量到貨幣流通速度的不確定性，減低M1貨幣的重要性會利於其他變項……這個判斷似乎很合理……在貨幣限制方面，沒有證據可以說明聯邦準備系統出了差錯。

面對較低的貨幣流通速度時，柴契爾夫人執掌的政府也踩上了貨幣踏板。

沒人知道貨幣流通速度會不會回歸穩定。為了解釋流通速度下降，學者提出了各種假說。過去十年來，由於銀行業放鬆管制，民眾把更多資產存放入活期存款帳戶。既然他們手上持有較多貨幣，流通速度會因此下降。然而，有些測試顯示，貨幣流通速度不管有沒有這種轉變都會下降。傅利曼和其他重貨幣學派解釋：在一九八〇與九〇年代，通貨膨脹和利率急遽下跌，減緩了貨幣流通速度。經濟學家曾經低估了流通速度對利率的敏感度。此外，房屋增貸商品也給屋主新的流動資金來源。聯準會近幾年來追蹤貨幣供給，可是主席班·伯南克（Ben Bernanke）抗拒依賴貨幣政策。儘管如此，全世界的中央銀行一致同意：無論貨幣供給飆升或暴跌，聽在政策制定者耳中，應該都是響亮的警訊。

借用邱吉爾的話：貨幣流通速度已然成謎，層層包裹著玄妙之事，最後成為終極贏家。

貨幣供給面面觀

自凱因斯去世以來，這個世界見證了一場豐富多彩的知識鬥爭。傅利曼堅持不懈地擊打，使百年前的理論得以再度延續。主流經濟學無法否認貨幣主義的過往，也不能否定凱因斯的所有創新。聯邦準備系統的經濟學家們密切監控M2貨幣，同時監督凱因斯學派的潛在國內生產總值概念。這種方式被形容是「把凱因斯的頭接上傅利曼的身

體」。

我們在上一章曾問，凱因斯如果生在今天是否還是會選擇經濟學。而現在我們可能要問，凱因斯如果能活到見證重貨幣學派的研究和復興，是否還是會繼續謹守純粹的凱因斯學派？他有敏銳而務實的心智，肯定會承認，一些基本的事情隨著時間推移還是合用的。

在傅利曼和薩繆爾森之後，緊接著來了一批聰明耀眼的經濟學家，這些傑出人物包括馬丁・費爾德斯坦、邁克爾・博斯金（Michael Boskin）、保羅・克魯格曼（Paul Krugman）、勞倫斯・薩默斯。他們不再浴血爭辯凱因斯學派與重貨幣學派，而是同時為貨幣政策和財政會計政策找出新定位。

他們沒有在控制總和需求的政策上爭論不休，反而轉向總和供給，研究聯邦政府如何勸誘公司企業提高生產力。更高的生產力可轉化為更高的生活水準。但如果要提高生產力，需要擴增投資到廠房、設備、研究、教育訓練。美國經濟學家與兩大主要政黨氣味相投，怪罪輕率的賦稅政策造成生產力成長遲緩。

多數經濟學家小心翼翼地把自己跟激進的評論家與政治家區分——這些激進分子在一九八〇年代早期被赫伯特・斯坦（Herbert Stein）稱為「龐克供給面學派」（punk supply-sider），他們一些人承諾削減所得稅會引起經濟活動的大爆發，而使稅收快速增加。這種主張稱為「拉弗曲線」（Laffer Curve），經常被過分誇大。「拉弗曲線」的名稱來自南加州大學的經濟學家亞瑟・拉弗（Arthur Laffer），他有一次雞尾酒宴會時，在一張餐巾紙畫下曲線的草圖。供給面學派的熱情很有感染

力，鼓勵了主流經濟學家大力推動自己的研究，了解高稅賦與低儲蓄率對於整體經濟的不良作用。

愛德華・普雷斯科特（Edward Prescott）是二〇〇四年諾貝爾經濟學獎得主，他認為：由於稅率過高，法國人、德國人和義大利人花很多時間在休息上，流連咖啡館和SPA水療中心。他發現，西歐「的工時是北美與日本的三分之二」，因為法國、德國和義大利的所得稅是六〇％，而美國、加拿大和日本的勞工只有四〇％。他指出，法國人在一九七〇年代早期的努力將近當時的五〇％——但當時的「邊際稅率」（marginal tax rate）要低得多。

經濟學家就算蔑視供給面學派，也反對回到一九八〇年七〇％的稅率等級（或者一九六〇年代早期九一％的邊際稅率！），因為這等於鼓勵人們透過手段來、關係與漏洞來避稅。在一九八〇年代後半，超過五十個國家縮減了最高稅率，包括瑞典、澳大利亞這些堅守平均主義的國家。（黎巴嫩是提高稅率的兩個國家之一，難道他們的麻煩還不夠多嗎？）柯林頓總統說服國會，要針對富人提高稅率，他是指要把最高稅率從三三％推到三九・六％。他雖然在競選活動上譴責一九八〇年代簡直是鄉村俱樂部的天降大禮，但他也沒有建議要恢復到當年雷根踏進白宮時迎面而來的七〇％高稅率。另外也要注意，雖然柯林頓推高了美國的稅率，但他花了七年力勸日本政府大幅削減日本的所得稅率，以便復甦日本低迷的經濟。

小布希總統取消了柯林頓的增稅政策。有幾個有勢力的民主黨州長強調要在他們的州內減稅，強化了他們對供給面學派的善意，不

過政客之間的分歧仍持續存在。

稅賦將與我們永遠同在，透過商業決策和個人決定，拉扯著我們。無人能免疫。英國滾石樂團曾舉辦世界巡迴演唱，名稱是「通往巴比倫的橋」（Bridges to Babylon），但一九九八年主唱米克‧傑格（Mick Jagger）決定取消英國巡演的場次。他抱怨，如果在英國本土演唱，滾石樂團按英國法律將被課徵一千九百萬美元的稅。而且只要在英國舉辦一場，他們在國外巡演所賺的全部收入也會被迫課稅。他們反而只要遠離自己的家鄉，就能迴避稅費。所以他們選擇這樣做，讓英國三十五萬的歌迷失望透頂。順帶說明，傑格並沒有躲在公關背後，他親自出面向媒體痛心地解釋他的經濟決定，如大家所見，他看起來就像是曾在一九六〇年代念過倫敦政治經濟學院（The London School of Economics）。

幸虧凱因斯，我們現在全都是凱因斯學派人士。也幸虧有了傅利曼，我們現在全都是貨幣主義者了。而且，我們現在也全是折衷人士了，一切歸功於這個動盪多事的世界。

傅利曼的爭論超過了重貨幣學派的範疇。雖然自由市場經濟學家有時被譏為「缺乏惻隱之心」，但傅利曼早在一九六二年就提議用「負所得稅」取代繁複的社會福利體系，以此幫助窮人。他的這項設計啟發了美國今日的「薪資所得租稅補貼」（Earned Income Tax Credit）。在國際經濟學方面，傅利曼致力投入反向觀點。他在一九五三年主張「匯率應該浮動」，而非由政府固定。如今在外匯市場和全球債券市場每天都有數兆美元的交易，迫使政府和中央銀行採取更有效的行動。

★第十章　米爾頓‧傅利曼：重貨幣學派迎戰凱因斯

傅利曼二〇〇六年過世，享年九十四歲。在他生命最後幾年，他與妻子羅絲一起大力主張：透過給父母選擇學校的自由權，來創造學校之間的競爭，從而取代地方學校的壟斷。

　　除了諾貝爾獎、理論與經驗上的勝利，傅利曼最驕傲的時刻在一九七〇年到來。這件事與經濟學不太相干，卻關於軍事。美國軍隊徵召了幾十萬名年輕人投入血腥的越戰。尼克森總統任命傅利曼加入全志願役部隊的委員會。起先，委員會分成兩派，志願軍的支持方與反對方勢均力敵。威廉‧魏摩蘭將軍（General William Westmoreland）表明自己不想指揮一隊唯利是圖的僱傭兵。傅利曼出面反擊：「將軍，你難道寧願指揮一整隊奴隸嗎？」魏摩蘭將軍站起身子說：「我不想聽見我們愛國的入伍者被叫做奴隸。」傅利曼回道：「我也不想聽見我們愛國的志願軍被稱為唯利是圖的僱傭兵。但如果他們唯利是圖，那麼長官，我也是唯利是圖的教授，而長官你也是唯利是圖的將軍。我們接受唯利是圖的醫生治療，我們聘用唯利是圖的律師，還向唯利是圖的肉販買肉。」傅利曼回想：「從那時起，再也沒聽見將軍說『唯利是圖的僱傭兵』了。」傅利曼就像電影《十二怒漢》（Twelve Angry Men）裡持不同看法、堅持不懈的那位陪審團員，促成委員會一致投票給志願軍，同意為自由而戰。

第十一章

公共選擇學派：政壇就是市場

「人類有一個普遍的行為特徵：如果有利可圖，努力就會吸引投資。在私部門、市場與公部門都是如此。」

——詹姆斯・布坎南

馬克‧吐溫說：「我今天看見一個驚人的畫面。有個政客居然將自己的手放進**自己的**口袋。」

馬克‧吐溫這番挖苦是否啟發了新的經濟學派？一九八六年，諾貝爾委員會頒發經濟學獎給詹姆斯‧布坎南（James M. Buchanan），他是經濟學**公共選擇學派**的創始人。以馬克‧吐溫的理解為依據，公共選擇學派理論家要我們重新思考，且不採信傳統普遍接受的公共財政理論。他們認為，有一種政治面的實際觀點比重貨幣學派的乘數統計更能推翻凱因斯學派。公共選擇學派的支持者對政客的支持不會少於唾棄。

公共選擇學派認為自己能解釋許多經濟、政治方面的問題：為何我們不斷面臨預算赤字？特殊利益團體為何會激增？總統候選人雖然承諾重整人事，但官僚體制為何仍持續擴大？政府監管機關為何通常比較保護企業，而不是消費者？大多數經濟學家認為政治是一種惱人、難懂且不具經濟性質的障礙，會阻礙良好政策的發展。與此相反，公共選擇學派的經濟學家堅定地認為：政治必須用經濟學的工具來研究。**他們指出，政治是一種經濟活動**。其他經濟學家不該只是雙手一攤，擺出厭惡的表情——他們應該問，為何官僚和立法者老是阻撓了良好政策。

仔細一看即可發現，公共選擇理論已有不少先驅，包括亞當‧斯密、彌爾、瑞典經濟學家維克塞爾，以及任何一個咒罵官僚體系的人。不過，這方面的學術成果在二戰之後才忽然變多。隨著政府日漸成熟，批評也隨之而來。

★第十一章　公共選擇學派：政壇就是市場

　　如同范伯倫這位尖銳的批評家，布坎南也經常覺得自己在主流學術圈裡不受歡迎。他一九一九年出生於田納西州默弗里斯伯勒市（Murfreesboro）。他因為負擔不起一流大學的學費，所以選擇了家鄉的中部田納西州立師範學院。他是這間師範學院未來的諾貝爾獎得主，每天早晚擠牛奶賺自己的學費。與牛群為伍過了四年，他進入田納西大學取得經濟學碩士學位。他的學術之路因為二戰而中斷，當時美國政府指派他進入紐約的海軍戰事學院。

　　約翰・高伯瑞一開始也有類似的農家背景。他曾在加拿大與牛隻為伍，徜徉在牧場。高伯瑞一路順暢，打入主流學術界，後來任職於哈佛大學。不過，布坎南辛苦掙扎，而且很快就學會鄙視所謂的「東部菁英」。來自南方的布坎南，在紐約受到了知識分子的歧視，後來依舊難過，深感不滿。戰爭結束後，布坎南往西而行，在芝加哥大學取得博士學位。接著他搭機南飛至維吉尼亞大學。

　　布坎南依然把他大多數研究成果看成一種抵抗，回應東岸象牙塔學者的理想主義沉思。在甘迺迪總統和詹森總統的執政期間，一群哈佛經濟學家相繼踏入華府，布坎南不動聲色，在維吉尼亞的山丘上，抨擊他們的想法。他在一九六二年與戈登・圖洛克（Gordon Tullock）共同發表《計算共識》(*The Calculus of Consent*)。

　　布坎南說：「東岸學術菁英覺得自己地位崇高，自以為是睿智的長老，向政府提出神聖的宣言。他們無法放下這種心態，老是以為自己是華府顧問。」

　　至於布坎南自己？他說：「我自稱是偉大平民百姓的其中一分

子，只想努力搞清楚發生何事。」

連布坎南的朋友也承認，他這個人不愛派對狂歡。他天性簡樸，厭惡喜好享樂的華貴人士。想想看，如果布坎南與優雅的高伯瑞共處一室，場面應該非常緊張吧！

與其追溯公共選擇學派的歷史，且讓我們看看，這個學派如何看待幾項最迫切的政治經濟學議題。公共選擇理論的要旨相當明瞭：如果生意人是利己者，何不假設官員是「政治創業家」？這些人想追求什麼極致？當然是權力與能力，且要贏得選票。經濟學家耗費了兩百年開發出人類的行為模型，那為何在面對政府時要拋開這些模型？

特殊利益團體的矛盾

在國會開會時，沒有人是安全的——包括了國會議員。遊說者糾纏他們與他們的助理，要求提供優惠、減稅、補助金與保障。已故的馬里蘭大學教授曼瑟爾·奧爾森主張：降低社會效率的系統化激勵措施驅動著特殊利益團體，包括工會、社團或公司。

何不讓憂國憂民的特殊利益團體遊說國會，藉此振興效率和國家財富？但這不管用。來看看酪農生產者組成的「全面農業政策教育委員會」(Committee for Thorough Agricultural Political Education)，這個團體是國會競選活動金主名單的前幾名。酪農們喜愛價格支持（又稱價格補貼），這表示每加侖牛奶皆能獲得一定價格的保證。經濟學家痛恨價

格支持。而且消費者也會被這些人牽連。（附帶一提，兒童的牛奶飲用量並非人人均等，有不少兒童的家境貧困，窮人家可能受害最深。）假設委員會成員占了美國人口的一％，而且成功遊說國會通過某一項能提升美國整體生產力的一般性措施，他們也僅能獲得一％的利潤。可是，他們卻必須發揮一〇〇％的氣力來通過法案。到頭來，他們可能花費五萬美元立法，為國家創造一百萬美元的新財富，但自己得到的卻只有一萬美元。除非該項法案所吸引的新收入遠超過遊說成本的一百倍，這種愛國性質的遊說才合情合理。也因此，團體組織對於用政治來促進社會效率這件事興趣缺缺，因為不值得。

現在來看看酪農委員會如何自己找方法。它可以透過價格支持從別人身上獲取利潤。是從誰身上獲利？從消費者身上，這理所當然。假設牛奶價格支持需要委員會花費五萬美元的遊說金，但是為生產者們增加了一千萬美元的收入。酪農扛下了一〇〇％的遊說負擔，但也得到一〇〇％的利益。政治堪稱完美投資。難怪酪農業者更渴望點綴華府辦公室的門面，而不是幫自己工廠安裝新設備。難怪他們花錢找更多律師，因為效果更好。銀行搶匪薩頓（Willie Sutton）解釋自己為何要搶銀行，因為「錢就在那裡」。對許多組織而言，錢就在華府裡。

此類政治活動通常會對社會有害，但這些組織在乎嗎？我們以酪農委員會為例，他們僅承擔一％的總體傷害。這表示除非GDP跌至他們收益的一百倍時，他們對經濟的損害才會被嚇阻。美國著名經濟學家奧爾森曾說：「若社會充斥特殊利益組織，就像是摔角選手全都擠在一家瓷器店，他們大打出手，連帶破壞了許多物品，而最後完

好的東西所剩無幾。」

假如價格支持的做法掠奪了消費者荷包，那消費者為何不群起抵抗？因為不值得。在我們所舉的例子裡，消費者的總體花費是一千萬美元。如果人口數是兩億五千萬人，每一個消費者大約需要負擔四毛錢。可是這卻能為每一個酪農業者帶來四美元的收益，這表示一個酪農業者可從一個消費者身上賺到四十倍的利益。況且，集結酪農業者其實相對容易。

製糖業者僅佔美國人口約萬分之二，他們請人遊說，設法使美國的糖價維持在世界價格的三倍。不只他們獲利頗豐，玉米甜味劑（代糖）的製造商也能得到比一般高糖價更優厚的利潤。美國洛卡賓（Log Cabin）的鄉村糖漿沒有純楓糖漿，只有玉米糖漿。科學研究顯示，有一些人造甜味劑可能會導致白老鼠罹癌。人為的價格支持，可能還會導致整個國家的弊病。

民主國家不斷浮現此類問題。充滿動機的許多組織踐踏消費者權益，而後者在個人上與結果的利害關係卻很小。最後，隨著國家效率與收入的下降，個人消費者受創甚深。但這要怪誰呢？我們沒辦法指出一個惡棍——因為特殊利益團體只是逮到機會，小小咬了公共利益一口而已。

要消費者怪自己是毫無道理的。想持續追蹤國會行為其實非常花錢，所以不如施點小惠給那些人吧，只不過花你四毛錢，可以讓你理性地忽略這一切。畢竟打電話給國會議員，想要搞清楚這種小惠會讓你損失多少，可能要耗上好幾倍的代價。經濟學家稱之為「**理性忽**

略」(rational ignorance)。我們不是萬事通,也沒腦力、時間或金錢得知更多。如同一位喜劇演員所言:「人沒辦法擁有一切,否則要把東西擺在哪?」

在紐約市與波士頓,大家都很清楚計程車供不應求。這些城市實際上限制了有照計程車的數目,計程車司機因此收入抬高,民眾的士氣卻遭受打擊。儘管如此,市政府拒絕支持一般大眾的陳情,反而為大聲怒吼的計程車業者叫屈。公共選擇學派不僅指出「會吵的小孩有糖吃」,更重要的是,奧爾森及其同事告訴我們**箇中原因**:比起無組織的一盤散沙,緊密的聯盟更能發出強力的聲音。

藉由描繪出廣泛的歷史規律,奧爾森將他的觀點帶入了更具爭議性的領域。他認為:穩定的社會更容易受到特殊利益的影響。然後他宣稱,「長期穩定」的社會比起相對新的社會成長得較慢。隨著時間推移,吸血蟲大肆繁殖並吸走了國家生命。若是如此,革命與戰爭可以提振經濟活力,因為特殊利益團體在那時會失去自身的箝制之力。他舉例為證,說英國是一個穩定卻發展遲緩的國家,而戰後的日本卻是經濟奇蹟。

關於國家的興衰起落,鮮少有經濟學家完全認同奧爾森。雖然如此,他對於特殊利益團體盤算的解釋仍相當合理。

特殊利益團體的悖論似乎無法解開,是嗎?不一定。畢竟,當國會施惠給一個團體,其他團體也會因此受害。如果總統或國會領導人能直接批准命令,將預算全面縮減,或實施廣泛政策,反對津貼補助、價格支持、保護方案,那麼整體經濟的效率會增加,將能抵銷施

惠措施對於其他團體的負面影響。遺憾的是，這種狀況在歷史上相當罕見。更有可能是：政客將繼續發表強硬的言論，而特殊利益團體也繼續滔滔不絕地激昂陳情——最後什麼都沒發生。

受監管者如何控制監管者？

為何政府要監管許多產業？可從高中課本中找到簡單的解答：這些產業是獨占事業或寡頭壟斷事業，政府應該保護消費者免於遭受算計。這個答案，其實暗指企業痛恨法規監管。

公共選擇學派經濟學家遵循諾貝爾獎得主喬治・斯蒂格勒的領導，給了另一個可能的答案：**企業想要法規監管，因為可以保護它們免於「動態競爭」**（Competitive Dynamics）**的風險**。企業實際上是在對監管者進行遊說。這即是所謂的「規制俘虜理論」（Regulatory Capture Theory），也就是說，這些受到監管的企業實體其實「俘虜」了監管者。

這是如何運作的呢？我們來看某一州的理髮委員會，該委員會堅持某些規定和標準，比方說，所有理髮師皆須消毒使用過的梳子，以及，像流浪狗一樣邋遢的客人不准進入。委員會的干預可能會讓成本稍微增加，但理髮師們可以要求委員會採行對自己有利的其他規定，尤其是在嚴格限制入行方面。委員會可以強烈要求新手理髮師在牙買加待一年，為拉斯特法理運動人士（Rastafarians）修剪他們的招牌長髮，或要求新手理髮師必須先進入官方認證的理髮店，依最低工資

實習三年,接著才能搬遷至該州。上述的每一項法規,都是為了保護理髮師免受競爭,而他們的理由可能是保護消費大眾「不會遇到菜鳥理髮師」。事實上,一般大眾連頭皮也被他們理光了。根據亞利桑那州規定,髮型師必須先進入政府核可的美容學校,接受一千六百小時的課堂之後才可執業。那麼,亞利桑那州鳳凰城規定警察需要接受多少小時的訓練?六百小時。很顯然,拿起梳子所需要的訓練時間是.357麥格農手槍的三倍。

　　法規監管對產業同時兼具好處與壞處。酪農監管機關可能規定業者使用不銹鋼桶,成本費大於塑膠桶。這項規定或許惹惱酪農業者,但是他們也會收到價格支持和津貼,肯定遠勝這些微不足道的麻煩事物。

　　產業為何在受到監管的情況下,卻能成功俘虜所謂的「公眾利益守門人」?回想一下先前提到的「理性忽略」,也就是「特殊利益悖論」。這些產業有一種動機,那就是盡可能為自己蒐羅所有的學術證據。經濟學家其實會在法律雜誌上刊登自己的研究當作廣告。監管官員時常覺得,既然「公眾」看似不怎麼在乎,那不如就對產業讓步。最後,一種更偏激的解釋慢慢出現了:受監管者與監管者暗中勾結。政府委員出身民營部門,在任期屆滿後,也會回歸民營部門,而交朋友就是賺錢的途徑之一。一九七〇年,美國消費者保護運動之父拉爾夫‧納德(Ralph Nader)諷稱「州際商業法委員會」是「州際商業法**疏漏會**」,因為該聯邦機構讓貨運業者一路順暢。

　　俘虜理論尚未俘虜所有經濟學家的心。這項理論呈現出一種片

面、狹隘的政治觀點。有時候政客可能會扭轉局勢，將企業當作人質。政客可以蠱惑人心，承諾擊垮強盜式資本家，藉此乘勢崛起。政客可能會承諾「每隻鍋裡都會有一隻雞」的美好未來，然後用懲罰性的法規壓低雞隻價格，卻傷害了家禽業。激起大眾的憤怒和關注的那些激昂政客們，正好為公共選擇學派的假說提供主要的反證。

公共選擇學派的經濟學家並沒有說：所有的監管法規都是對產業有益，但對消費者有害。他們也不主張純粹的「自由放任經濟學」。然而，他們確實敦促眾人將自由市場成效與現實的政府法規模式加以比較，而非假設一個被架空的願景，認為心腸慈悲的政府總是為了公眾利益而努力。

誇張的承諾、膨脹的預算與官僚體制

奧爾森與斯蒂格勒描繪出一些特殊利益團體，牠們貪婪地把自己的鼻子塞進公眾飼料槽裡。政府為什麼要餵食？政府為何要提供不同團體要求的產品與服務？公共選擇學派理論家檢視了官僚體制和政客，來回答這些問題。

戈登‧圖洛克與威廉‧尼斯坎南（William A. Niskanen, Jr）密切觀察官員們，就像是生物學家研究白老鼠一樣──這可以看出這兩位學者對於其研究主題的賞識程度。根據尼斯坎南的說法，官員們的競爭相當激烈，不亞於商業競爭。官僚跟企業家一樣是自私自利的老鼠，

只是這種特性被用不同的方式表現出來。商人爭鬥是為了讓利潤最大化。當然，政府官員可以將自身的利潤最大化，那或許只能是收賄。相反地，他們試圖最大化一組不同的變項，例如：薪資、津貼、權力、聲望、退休後的機會等等。官員要如何將這些最大化？透過膨脹的預算與規模。尼斯坎南形容官僚機構是「預算最大化組織」，這些機構的規模可能已經超過有效率的規模。而且，它們壓榨納稅人來進行擴張。更多錢代表著更多權力，所以官員沒有削減成本的強烈動機。無能的官僚機構導致了性情乖戾的官僚。

即使民選官員發誓大幅削減官僚體制，他們也很少集中去做。卡特總統與雷根總統都曾經如此承諾，但兩人都失敗了。在他們執政期間，公務人員的薪資總額持續攀升。他們學會同情沙皇，因為沙皇曾說：「俄羅斯的統治者不是我，政府裡一萬多個公務員才是。」雖然政治領袖可以下令採取某些行動，但只有官僚體制能夠實施這些行動。有時候，官員知道如何微妙拒絕、阻礙或拖延實施，盼望著領導人退休、選舉失利或不幸過世。公務員懂得明哲保身，讓自己處在灰色地帶的人通常才是贏家。

尼斯坎南的理論有點問題。他將全部官僚人士一起討論，方式如同馬克思將所有工人混為一談，好似這些人皆有高於一切的共同利益，但他們並非如此。我們可以提出一個更複雜的官僚體制模型。到底誰才是官僚機構的老大？內閣部會首長？高級公務員？他們會從「削減官僚體制規模」中偶爾得到政治優勢嗎？在雷根的第一次任期內，內政部長詹姆斯・瓦特（James Watt）試圖縮減他所領導的部門。另

一個更能說明問題的案例與卡斯帕・溫伯格（Caspar Weinberger）這個人有關。尼克森執政期間，溫伯格贏得「刀鋒隊長」的稱號，因為他在健康醫療、教育和社會福利預算等方面相當精明。後來他在雷根執政期間擔任國防部長，「刀鋒隊長」稱號變成「勺子隊長」。他把五角大廈變成一個肥缺機構，因為他找不到方法切開這個果凍狀的建築，更別說一兆美元的預算。為什麼溫伯格會有這種轉化？為何尼斯坎南理論的作用只有一半？可能是溫伯格認為：前一個部門太過臃腫，但後一個部門必須擴編，以符合時任總統的目標。

尼斯坎南的官僚體制模型仍然不夠完整，或許需要更多時間醞釀成熟。

現在，我們來看看公共選擇學派對民選政客有何看法。

有個俄羅斯移民曾說：「美國國會真是奇怪的地方。一個人站起來，啥都不說，也沒人在聽。接著大家卻都站起來反對。」詹姆斯・布坎南恰好相反，他認為國會的共識太多了。政客們喜歡抨擊政府的浪費、欺騙，以及濫用職權。在一九八八年的民主黨總統競選時，州長邁克爾・杜卡基斯（Michael Dukakis）抨擊國稅局的政策不當。蓋瑞・哈特（Gary Hart）砲轟五角大廈揮霍無度。知名的非裔民權牧師傑克森（Jesse Jackson）譴責富人的稅收漏洞。在削減預算赤字的議題上，他們個個點頭一致認同。

在政客同聲斥責政府太過浪費的同時，他們投票支持花更多錢、讓預算膨脹的法案。從一九五八年到二〇〇六年，美國只有過預算平衡六次。根據布坎南的說法，政客們雄辯滔滔，卻與自己的投票紀錄

相互牴觸。他們看似政治家，但投票時就像黃鼠狼。有些人說，只要沿著政客的脊椎骨一路向上到他們的兩耳之間，就能找到華府最大的赤字。正如老羅斯福所言，連香蕉都更有骨氣。

布坎南擅長貶損政客，不過他做的不只這樣。他還找尋那股強迫政客必須偽善的力量。事實上，問題不在國會中的特定個人，問題出在全面性的系統體制。布坎南聲稱，這種政治體制養出了預算赤字。

我們來回顧一下凱因斯的教誨：在經濟繁榮時期，隨著就業和稅收的增加，政府預算應該達到盈餘；在經濟衰退期間，政府預算應該會出現赤字，因為就業和稅收減少；在整個景氣循環的過程中，預算應該保持平衡。布坎南想知道，為什麼我們四十年來享受了繁榮，**卻沒見到**預算盈餘？。

答案相當簡單，且讓我們回顧邊沁的說法。政客想要取悅選民。眾人喜愛享樂，討厭痛苦。施政措施要能討好社會大眾，但徵稅令人痛苦。猜猜看，人民想從國會議員得到什麼？高額的政府支出與低稅率，也就是說，通常會轉變為預算赤字。

我們來迅速反擊布坎南說法：假如持續的預算赤字傷害了整體經濟，人民難道不覺得痛苦，從而想要平衡預算？

布坎南回答：預算赤字確實造成傷害，但是這份痛苦是間接且分散的。將「預算盈餘的直接痛苦」與「預算赤字的間接痛苦」加以比較。假如一開始就想要預算平衡，且希望創造盈餘，我們可能會採取兩種做法：①提高稅賦。②削減開支。這兩種策略都會帶來直接痛苦。高稅賦通常會減少私人消費，而若大幅刪減開支，則會傷害政府

施政的受惠者。就一個較為健全的經濟體而言，許多益處往往到未來才會顯現；對於高稅賦、低開支政策的受害者來說，這些幫助也只是間接的。受害者必須設想未來將如何受益。

現在來看預算赤字方面。降低徵稅或增加政府開支，赤字由此產生。這兩種方式皆使納稅義務人和政策受益人眉開眼笑。有了赤字，人民就能花更多錢在自己身上。沒錯，赤字可能帶來經濟上的「擠出效應」，但再度重申，這些作用是間接的：人民必須設想未來，自問是否受到影響。

人民誤判了間接的未來作用，布坎南據此提出解釋。太多人聽信愛因斯坦的話：「我從沒思考過未來，因為未來就在眼前。」田納西・威廉斯（Tennessee Williams）寫了《玻璃動物園》（The Glass Menagerie）這齣戲，劇中角色艾曼達曾說：「未來終究成為現在，而現在也會成為過往。如果不預先規劃未來，過去將轉變成永無止盡的悔恨。」布坎南希望大眾至少聽進這句台詞。

布坎南認為：由於赤字開支忽略了未來，後世也會因此遭殃。事實上，他提出了一個道德問題：赤字算不算還沒出現的稅收？今天國會提高了選民當前的福利救濟，卻因此損害選民子孫的利益。尚未出生的孩子沒有投票權，可是一旦出生，就立刻背負了龐大的金融債務。

布坎南關於後代子孫方面的觀點，遭到理性預期學派（Rational Expectation School）的強力駁斥。下一章將提到這個學派。基本上，理性預期學派理論家主張：人民能夠正確權衡未來，也能為自己後裔設

想。跟你想得差不多,這個新學派比公共選擇學派招惹更多爭議。

對於布坎南的強烈批評,來自於以下這個顯而易見的事實:聯邦預算赤字在一九九七年轉虧為盈。這件事怎會發生?這是否表示公共選擇學派的理論注定滅亡?美國國會在一九九〇、九三與九七年通過立法,縮減聯邦支出額的增長比率。並且在一九九〇與九三年,特別針對美國較高收入的族群進行增稅。更重要的是,收入成長率爆增,經濟擴張持續走強,失業率下降,程度乃是美國人自一九六〇年以來前所未見。更多勞動力投入職場,意味著更多人有收入,並繳納稅費。同樣地,公司企業獲利也讓政府得到更多的營業稅收入,同時股市漲勢直衝雲霄。從一九九五年六月到一九九八年六月,道瓊指數翻了一倍。當股市投資人賣出股票且從中獲利,就必須付資本利得稅(CGT)。總而言之,這是美國經濟令人印象深刻的表現,而且這還是發生在政客們一度自我克制,沒有瘋狂支出的時候。

一九九〇年代以預算盈餘告終,我們該不該把公共選擇學派的研究報告撕毀?公共選擇學派看見盈餘在接下來十年被零零碎碎地浪費掉,是一點都不意外。在一九九〇年代晚期,國會議員們開始感受到人們想吃掉那塊大餅的渴望。柯林頓總統一九九八年簽署了一項公路法案,包含一大筆舊式的「瓜分大餅」支出。根據研究人員計算,公路法案高達兩千億美元,**簡直能讓**美國政府用黃金來鋪路了──當然金磚不是純金,而是鍍金。不過這項法案沒有將公路鍍金,而是將國會議員的政治生涯鍍金,而他們亂開選舉支票,說要為地方帶來新資金、建設橋梁、挖掘地道、整修渡口、鋪設自行車道。法案通過後

五個月，有九八％的國會議員成功連任。一九九九年的預算法案也包含這種企業甜頭，其中發了三十萬美元的一筆經費，用於研究家樂氏玉米片是否應該符合聯邦營養計畫的資格。

布希總統二〇〇一年上台，國會馬上打開了美國人民的錢包，然後翻倒過來大力搖晃。一項農場法案預算高達一千八百億美元，給予財源乾枯的豆類作物農人紓困，同時為山羊牧民和養蜂業者提供振興計畫。另一項公路法案高達兩千八百六十億美元，給出將近十億美元到阿拉斯加的一百一十九項特殊專案。其中一個鄉村僅有五十位居民，卻得到二億二千三百萬美元預算，用以建造一座一英里長的橋樑，連接到阿拉斯加州凱奇坎市（Ketchikan）的熱鬧市區。另外有二億三千一百萬美元，用來在阿拉斯加州首府兼最大城市安克拉治（Anchorage）建設橋樑──法案具體稱這條公路為「唐揚公路」。誰是唐・揚（Don Young）？當時的眾議院運輸和基礎設施委員會（House Transportation and Infrastructure Committee）的主席。

一九九〇年代晚期的預算盈餘顯示：公共選擇學派認為美國人無知又被動，但實情並非如此。一九九〇年代中期，像是羅斯・佩羅（Ross Perot）之類的激進派，以及協和聯盟（Concord Coalition）這類代表兩黨的倡議團體，有效地煽動了全國的選民。政客突然間相當不安，他們如果不縮減開支，很可能會丟掉飯碗。共和黨員佔了國會的多數，他們對民主黨總統持續施壓，直到賓州大道的兩側（國會／白宮）都對縮減開支妥協為止。面對長期存在的赤字，選民如果不發出怒吼，政府可能依舊揮霍人民的納稅錢。此處的教訓是：「人民力量」有時

確實能擊敗「公共選擇」。

其實在一九九〇年代，工業化世界突然全面爆發預算平衡問題。在初期，加拿大、瑞典和澳大利亞皆曾面臨破產，所以大刀闊斧削減施政計畫，以便重建信用。歐盟會員國簽署了《馬斯垂克條約》（Maastrict Treaty），責成會員國擠壓自己的預算，否則就得失去加入新單一貨幣方案的資格。只有日本完全錯過這輛列車，當時他們經濟嚴重衰退，預算膨脹至警戒等級。對於西方世界來說，要求財政緊縮，並且容許一點點凱因斯主義的奇想飛過，才是那些時代的精神主流。

社會安全

美國社會安全保險與醫療保險的熱議提供了另一個有趣案例，我們可從中看到利益團體在公共財政上彼此衝突。社會安全保險起始於經濟大蕭條時期，用來當作一項規劃，協助年老公民維持退休後的尊嚴。作為交換，政府從薪資扣除新式稅費，而無法再工作的老人可以免於貧窮。由於當時大多數人活不過六十五歲，一開始很少有退休人員真正拿到養老金。後來有兩項發展將這種算法推翻。第一，人類的壽命變長了。美國人通常在六十歲退休，但現在卻能活到近八十歲。再者，二戰之後嬰兒潮世代的出生人口數飛漲。因此在接下來的幾十年，美國將有愈來愈多的退休人口，但僅有相當少的勞動人口能供養。目前領取社會安全保險金的人口占一二％。數十年後，這個數

字會大約提高到二〇％。那麼，到時候要由誰來養活這群年屆退休的嬰兒潮世代？我們要從何處拿出估計為二十七兆的錢，用來付這些已經承諾的福利金？

許多美國人誤以為社會保險金稅費已經用於投資，且一直再賺取利息來支付這些帳單。可惜事實並非如此。國會制定的社會安全保險是一種「隨收隨付制」（pay-as-you-go）的體系。也就是說，現今所繳的稅費有大部分直接付給目前的退休者。其餘金額則投入聯邦預算，支付其他措施的費用。「社會安全信託基金」確實存在，但該基金是美國財政部繳給社會安全局（Social Security Administration）的一疊借據。戰後嬰兒潮屆齡退休的人數，在二〇一二年前後達到頂峰，國會如果不削減開支、提高稅收，就得找到仍未發掘的金礦。醫療保險受益人也面臨同樣的入不敷出。難怪 X 世代深感威脅，因為賦稅壓力會逐年增加。戰後嬰兒潮世代也同時在思索，自己是否造成了後代子孫的負擔。或許這就是某一項公共調查結果的原因：愈來愈多十八到二十四歲的年輕人，寧願相信飛碟，也不願相信社會安全保險。畢竟，二一〇〇年說不定飛碟真的出現，而社會安全保險的存在卻又是另一回事了。

近年出現了一線希望。那就是政客現在願意公開討論如何徹底改進社會安全保險。就在幾年前，此事仍被稱為「美國政治的第三軌」，社會安全保險金的受領者有四千兩百萬人，但如果有任何一個人提議改革，他會像是被四千兩百萬伏特致命電擊，全身燒焦。一九六四年總統競選活動期間，高華德在佛州（全美稅率最低的州之一）提到這

項議題之後，他的幕僚就聽見對手詹森即將壓倒性勝出的轟隆巨響。共和黨員儘管在一九八〇年代有私下討論社會安全保險議題，但他們害怕一旦走漏風聲，就會遭到民主黨員的抨擊。有兩股力量解放政策制定者討論改革的禁忌。首先，在一九九〇年代的預算激辯讓政客們相信，打擊赤字有其「政治市場」。再者，在一九九〇年代期間，美國人開始將私人積蓄投入股市，成果豐碩，但二〇〇〇到〇二年間的重挫則是例外。他們發現一件事，隨著時間推移，股權投資績效往往大過債券投資。如果是這樣，那他們的社會安全保險稅費為何不能賺到更多收益？平均而言，一般雙薪家庭繳納的年回報率只有一％，但股市的年回報率卻是九‧五％。如果政府把社會安全保險工資稅拿來投資股市，美國人就能享受更富裕的退休生活，而不需給年輕人過重的賦稅壓力。

雖然國會尚未著手解決社會安全保險問題，但在一九九八年，一些顯赫的民主黨人士，如參議員丹尼爾‧莫尼漢和鮑伯‧克里（Bob Kerrey）曾跳出來批評保守勢力，他們提議：讓工作者可以將一部分的社會安全保險稅費用於股市。莫伊尼漢說，這當然有風險，但總比眼睜睜看著整個體系垮掉好多了。如果年輕人要負責戰後嬰兒潮帶來的重擔，在學理與政治上實在沒有道理。布希總統企圖鼓勵個人社會安全保險帳戶，可是失敗了。但至少他能討論這項提案，而不會被選民或政敵擊垮。

醫療保險也需要重大改革，而且財務方面甚至比社會安全保險更不穩定。美國的健康照護制度並未給予退休人士足夠的誘因，去關

注金錢流向。拿出一張聯邦醫療保險卡（俗稱紅藍卡），感覺就是拿出別人的信用卡──更精確一點，是拿著別人家小孩的信用卡。經濟學家稱之為「**道德風險**」（Moral Hazard）問題。你租車之後，會先洗車再還車嗎？你去高級飯店的泳池，是否會放棄游泳，而叫飯店人員給你海綿、水管和水桶，開始清洗泳池？當然不會。實際上，大家對待租來的車子不會像是對待自家車那樣小心。在擁擠的地方，反而敢並排停車，也敢重踩油門衝上高速公路。同樣地，如果醫療保險費用佔了你帳單的八〇％，你可能就會心血來潮去找足科醫生，偶而來一次足部保養。你不會去買一張十美元的電熱墊，而是花兩百五十美元去跟整形醫生聊天。這些動態不只存在於醫療保險。雇主分攤的健保費用也會導致類似的浪費。美國蘭德公司（Rand Corporation）的一份研究顯示：一旦人們在政策上「搭便車」時，他們在醫療方面的金額將會上漲超過四五％。更驚人的是，這些人不會因此更健康！邁阿密的重症加護病患的花費是明尼阿波利斯市（Minneapolis）同類病患的兩倍，卻沒有變得更健康。不過值得注意的是：像是雷射近視矯正手術，或是諸如肉毒桿菌與潔牙漂白之類的美容治療，如果必須自掏腰包，那麼價格就會大幅下跌，因為醫療技術提供者會蜂擁而入，最後競爭白熱化，供過於求。

★第十一章　公共選擇學派：政壇就是市場　　　347

政治循環

　　一些公共選擇學派的學者進一步擴展了布坎南的方法，指出「政客操弄總體經濟是為了提高連任機會」。根據「政治循環」（Political Cycle）理論支持者的說法，政客在選舉期間，利用通貨膨脹相關政策來壓低失業率。通貨膨脹就會來臨，不過那都是選舉完的事。經濟衰退可以解決通膨。而當下次選舉來臨，失業率又會再次壓低。針對這項理論，雖然許多政治保守的理論家對此都有共鳴，但是在一九四三年，來自波蘭的馬克思主義者米哈爾・卡萊斯基卻是提出的第一人。這個理論在尼克森時代贏得敬重，當時，貨幣工具似乎是依民調結果而定，而不是合理的政策。

　　尼克森總統白宮錄音帶中的尷尬似乎沒完沒了。尼克森對貨幣政策的觀點雖屬明智，卻又十分偏激。亞瑟・伯恩斯是尼克森任期內的聯準會主席，他對衣著外表相當講究，留著中分頭，身上掛著懷錶，喜歡抽菸斗。伯恩斯不只這樣而已，也有非常傑出的資歷：哥倫比亞大學教授職位，曾任艾森豪總統的首席經濟顧問，以及美國全國經濟研究所（NBER）所長。尼克森透過勸誘，試圖說服伯恩斯在一九七二年大選前增加貨幣供給。因為尼克森把他在一九六〇年的敗選歸因於經濟不景氣，而這次他不想重蹈覆轍。而當伯恩斯向尼克森匯報，說已經說服聯邦公開市場委員會（FOMC）降低折現率時，尼克森非常高興：「太棒了！太讚了！踢他們屁股一腳就沒問題。」尼克森知道貨幣政策會有延遲。雖然在大選前一年就敦促伯恩斯刺激經

濟，可是到了一九七二年二月，他告訴這位聯邦準備系統首長：「我才不管你四月要做什麼。」果然，貨幣供給量在一九七一年爆炸，成長超過一三％，一九七○年的成長率相較之下僅有七·四％。刺激計畫讓經濟在總統大選那年達到了七·七％的快速成長。不幸的是，通貨膨脹也隨即飆升。沒有人知道伯恩斯是屈服了白宮壓力，或是誤判了經濟需求。但這一連串事件倒是給我們一個寶貴教訓：千萬別讓總統接近貨幣政策的操縱桿。

自尼克森與伯恩斯的時期以來，政治循環理論的證據越來越少。如同我們下一章的討論內容，行動果決的「債券義勇軍」[1]讓央行官員與政客更難共謀。我在白宮擔任老布希的顧問時，曾經見過財政部長尼古拉斯·布雷迪（Nicholas Brady）的公函亮眼地出現在我桌子對面，正要轉交給美國聯準主席格林斯潘。布雷迪與總統認為，格林斯潘曾在一九九一與九二年讓貨幣供給量下降。格林斯潘證明了自己獨立於布希政府。不過他最後終於大幅削減利率，但已經來不及幫到布希了。一九九七年，英國首相東尼·布萊爾（Tony Blair）與財政大臣戈登·布朗（Gordon Brown）宣布他們不干涉英格蘭銀行，藉此為英國工黨建立信譽。此舉推動英鎊走勢，成為全球投資者眼中的動人之物。

公共選擇學派的著作每年都在增加，其中提出的問題相當有趣。為什麼人口數持續增加，但國會依舊四百三十五個席次？哪個國會選

---

[1] 債券義勇軍（Bond Vigilantes）指的是為了對抗貨幣政策的投資人，大舉拋售政府公債，刻意推高公債收益率。

區得到最多的政府撥款？政治獻金如何影響施政計畫？

大多數經濟學家對公共選擇學派抱持懷疑態度。然而，就算是最強力的反對者也承認該學派最重要的課題：千萬別假設政府是因為面對政治對抗，才會採取謹慎的經濟措施。二戰之後的二十年間，經濟學教科書都指出市場缺陷，如壟斷和汙染。他們接著說，這些缺陷可以透過政府行動來修補或避開。然後他們描述了理論上政府該如何確保效率。沒有下文。公共選擇學派理論家迫使我們提問：**政府是否會履行這個理論的職責嗎？或者，政治上的壓力或刺激會破壞整個有序的劇本？**正如市場可能有缺陷，政府也可能不完美。針對市場經濟的現實結果與政府成效的現實預測，我們必須加以比較。長久以來，教科書都把有缺陷的民營經濟拿來對照清澈見底的政府。久而久之，我們可能不情願地承認：華府唯一傳出的聲音居然來自於地鐵，而不是自國會大廈。

凱因斯為何沒有預見公共選擇學派？

儘管發源自亞當・斯密、努特・維克塞爾與其他十九世紀的經濟學家的概念，但公共選擇學派卻是二十世紀末才出現的現象。為什麼早期的經濟學家沒有對政治體系有任何懷疑？尤其是凱因斯這個天才，他倡導政府干預，卻沒有警告我們政府有系統性缺陷？凱因斯要不是太過政治純樸，就是覺得政治太邪惡——或者他只是在無意間

推動了一個有缺陷的系統，或者他明知一切卻保持緘默。再一次審視凱因斯——細看這個夾在維多利亞時代價值觀與現代社會之間的人，就更好理解公共選擇理論在二十世紀的獨特特徵。

凱因斯的「政府干預」處方

　　凱因斯簡潔陳述了他對於「政府的正確角色」的立場：「不要做別人已經在做的事……要做目前根本沒人做的事。」例如透過擴大消費與投資來促進充分就業。凱因斯無意摧毀資本主義。他認為馬克思對經濟學沒有任何貢獻，只增加了政治上的麻煩。然而，他看出資本主義制度的缺陷，而這些缺陷可以透過政府的作為來修補。他一九二九年出版了一本小冊子《勞合喬治做得到嗎？》（*Can Lloyd George Do It?*），內容相當政治化又很偏頗。凱因斯大力鼓吹用公共工程緩解失業率，並且嚴厲批評「財政部觀點」（Treasury view），因為該觀點體現了新古典主義的主張——政府支出只會排擠私人投資，而非創造就業機會。馬克思主義經濟學家保羅・斯威齊（Paul Sweezy）描述凱因斯的做法是：「這是一種習慣，每當他的人類演員按照資本主義遊戲規則行事，而陷入顯然無處可逃的絕境之時，就會把國家當作希臘羅馬劇場裡的**解圍之神**來使用。」

　　凱因斯明白：用先驗判斷來認定「正確」的政府規模相當愚蠢。雖然如此，他主張國家必須透過調節所得稅與提高利率來引導消費。

早在一九二五年，凱因斯就看出現代國家需要新型的行政機構，他說：「我認為，未來的政府勢必承擔許多職責，而且都是過去避之唯恐不及的事。為了那些目標，現在的部會首長和國會將不適任。」凱因斯認為，最終要對國會負責的新式機構，將會執行或影響三分之二到四分之三的總投資額。

凱因斯很少給予讀者或聽眾警告。在一封回應海耶克著作《通往奴役之路》(The Road to Serfdom)的信中，凱因斯認為「若對經濟施加更多政治干預，終將導致極權主義」。凱因斯回覆此信，頑強堅持「我們幾乎必定想要更多」計畫，而不是更少。他說：「但這個計畫應該在這種社區——人越多越好，包括領導人與追隨者在內，而且完全共享你的道德立場。適度的計畫是安全的，只要執行者的心靈與思想在道德議題上有正確的導向。」不過，凱因斯幾乎沒有解釋如何判斷誰的心靈有著「正確的導向」，或者解釋大眾是否真的會選擇導向正確的人，而不是承諾帶來利益的人。

文化與知識對凱因斯的影響

文化與知識方面的因素，是否能解釋為何凱因斯沒有提出警告？先前我們深入理解凱因斯的維多利亞式教養背景。牛津經濟學家羅伊・哈羅德(Roy Harrod)是凱因斯第一位傳記作家。他提到「哈維路上的預想」，而劍橋的哈維路正是凱因斯家鄉。不過凱因斯本人有時排

斥這些預想，把這些預想歸咎於他人。這些預想是什麼？聽起來像是童子軍誓詞：經濟、道德健全、公共職責、紀律。凱因斯相信，英國知識分子普遍遵守這些信條。

　　但是，對凱因斯以及那群被稱為「使徒」的劍橋知識菁英來說，舊有道德觀念都遭受了英國道德哲學家喬治・摩爾的《倫理學原理》（Principia Ethica）的致命一擊。摩爾是劍橋的哲學家，他向凱因斯及其一群優秀好友提供了新的信仰，猛烈攻擊亞里斯多德、耶穌、彌爾、康德。根據摩爾的說法，最高的良善是一種意識狀態，而非特定行為。凱因斯對摩爾言論的詮釋是：「對美好事物與性行為的享受，優先於傳統道德行為。」凱因斯坦承，他們敗壞了摩爾思想（諷刺的是，瓊安・羅賓森指責現代凱因斯學派敗壞了凱因斯），他說：「我們從摩爾學到的事，絕不全然是他給予之物⋯⋯我們接受摩爾的信仰⋯⋯拋棄了他的道德觀。」凱因斯也承認，他和他的朋友認為「心智狀態良好」與「行善」幾乎沒有關聯。他們的態度讓人想起來美國做好事的貴格會教徒（Quaker），他們最後做得非常好。這種偽摩爾式的做法看起來很高貴。他們要如何知道哪種心智狀態才是良善？如果出現歧義，他們通常會下結論，認為有一些人的判斷能力更強：「就好像有人能分辨頂級 Vintage Port 葡萄酒，而其他人不能。」一般道德通則會對他們有約束力嗎？不會。「我們完全否定了普遍道德、習俗與傳統智慧。我們是⋯⋯反道德論者」。這或許能解釋凱因斯在一九○五年的信中，透露他對經濟學感興趣的這段話：「我想管理鐵路，或組織一個信託基金，至少騙騙投資大眾也好。」

★第十一章　公共選擇學派：政壇就是市場

　　凱因斯在一九三八年透露，他的「信仰」比任何其他學說「更接近真理」，儘管帶有些許惋惜意味。問題不在於信仰好壞，或者是不是摩爾觀點的變體。真正的問題是：**凱因斯信奉一種推崇利己意識狀態的信仰，同時有假設其他人會愚蠢地堅守垂死掙扎的道德體系（他卻從中快樂脫身），這是否自相矛盾？**他如果不是以為別人是看不到光的菁英，那他就是在打臉自己。凱因斯毫不費力地把自己設想成是菁英的一員。誰能不同意呢？凱因斯假定政客和官僚人士行事之時，不會犧牲大眾利益來強化自己的意識狀態，正如他顯然想做的方式那樣——關於此點，他幾乎沒有做任何解釋。

　　為何凱因斯不擔心失控的政客和官僚人士？有兩項核心原因。第一，凱因斯似乎採用韋伯式的政治與官僚主義：政客雖然不受康德絕對道德論（天塌下來也要伸張正義）的約束，卻仍受到責任倫理的約束，也就是結果主義[2]（公共利益為最高法律）。政客不能無視自私所導致的公共利益損失。凱因斯也接受了麥斯·韋伯對於官僚的理想願景，那就是忠誠而冷靜地執行命令。韋伯說明：「公務員的榮譽在於認真執行上級命令，就像是命令與他自己的信念相符。」當然正如韋伯所強調的，這是一種理想類型，但在現實中不可能出現這種純粹性。不過，凱因斯似乎時常假定他面對的都是這種理想類型。

　　第二，凱因斯吸收了「哈維路上的預想」，認為應由高等學術階層來統治政府，這些人能夠飛越無知的自私自利，轉而就緊迫的社會

2　結果主義（consequentialism）是一種倫理學，主張判別行動好壞或是非的標準在於結果。

議題（一定會關於陳年波特酒）進行高尚的辯論。凱因斯與政府官員、英格蘭銀行董事，以及其他知名機構領導人的接觸，常常類似於牛津劍橋的同學會。雖然這些代表不一定來自使徒社團，但他們是公共利益事業的稱職領導者。難怪凱因斯在《一般理論》表明：「與思想被逐漸滲入的狀況相比，特權階級的力量被過度誇大。」但凱因斯從沒問過這個經典的問題：「這些守護者要由誰來守護？」他也沒有問劍橋與牛津能否產生足夠的使徒、神職人員、唱詩班孩童來填補他所設想的所有職缺，並隨著政府的擴張忠誠地散播福音？

如果考慮到二戰前的英國文官制，或許凱因斯對政府的印象是合理的。倘若如此，我們只能怪他沒有**預料到**國家官員的行為會變得自私。凱因斯見過政府官員拒絕用政治權宜之道來行事的許多案例。他一次又一次地見到公務員固守老舊觀念，並且唾棄吸引人的新職位。一九二五年，英國政府以失業為代價，恢復一九一四年之前的金平價（Gold Parity）。幾年後，凱因斯譴責政府拒絕增加公共開支。為何政府要抗拒呢？肯定不是因為高失業率讓他們更受歡迎、更有權力或更加富裕。凱因斯認為他們的動機良好，但是經濟理念卻很糟糕。基本上，政治領袖和公務人員相信自己所學的自由放任主義。最大障礙是固執的惰性，而不是自負的野心。在經濟大蕭條最嚴重的時期，凱因斯寫了不少信函與文章，指責部會首長們固守著一戰前的格言和口號。在經濟成長的路上，站著幾位「古板的老紳士，身上大衣的鈕扣緊繃，只要開一點點友善的小玩笑，就會翻臉不認人。」文官制也有礙進步。凱因斯也宣稱在具有建設性的行動上，公務員比部會首長更

★第十一章　公共選擇學派：政壇就是市場

重要。事實上,「若無他們的協助和良善意志,就成就不了什麼有價值的事⋯⋯今日的文官制是由財政學派主導,受到傳統經驗和本土技能的訓練,造成各種形式的智能妨礙⋯⋯這束縛了我們的精力,糟蹋或棄置了我們的想法。」海耶克與布坎南有農奴身分的夢魘,凱因斯似乎很難體會,因為他說部會首長和公務員「不是把時間花在為我們鍛造枷鎖（差得遠了）,而是把時間花在找理由,以便不去做**社會大眾亟需的事情**。」

所以,凱因斯認為政府官員刻意避開機會,不願透過公共開支來增加權力或選票。但他也很少警告未來的弊端,反而開玩笑地說道:一旦這些道貌岸然的紳士卸下道袍,揚棄不復存在的自由放任立場時,他們可能會「一時感到震驚,但回過神來也覺得還不錯呢」！公共選擇學派提倡者認為,這些官員太熱衷此道,也太常這樣做。

凱因斯也以自己對於理性思考的堅定信念來展現他的學術涵養。如果政治上或學術上的敵人不同意他,一定是對方思想不正確。他有辦法用說服技巧改變對方的想法。凱因斯坦承自己太有信念,而歸咎於摩爾的影響。凱因斯承認:「我們完全誤解人類本性,包括我們自己的本性。我們把理性歸於其上,導致一種膚淺性質,不僅是在判斷力方面,在感覺方面也是⋯⋯在學術上,我們是佛洛伊德學派前的人⋯⋯我仍然無可救藥地感覺痛苦,因為我將別人的感情與行為（無疑也包括我自己的）歸於一種不真實的理性。」儘管如此,比起現今的理性預期學派的學者,凱因斯看起來彷彿神祕主義的印度哲人！

凱因斯總是假設動機與理性是高尚的,他因此也總是把糟糕的

政策歸因於糟糕的邏輯，或至少是糟糕邏輯而養成的習慣，正如那些「老紳士」。他的《作品全集》(The Collected Writings) 有許多信件紀錄，指控官員實施邏輯糟糕的爛計畫，卻沒有指控這些人貪贓枉法或自私自利。各國在一戰之後對德國強加嚴苛的和平協定，他稱之為「非常不智的政治舉動」。當時，英國財政大臣恢復黃金限定價格政策，凱因斯詢問邱吉爾為何「做出這麼蠢的事」，並且責怪專家消息有誤。一九二八年，他發送一封簡要的公函給邱吉爾，附上以下的短文：

親愛的財政大臣：
您推行的貨幣法案蠢到不行！

邱吉爾有禮地回覆，表示會認真思考凱因斯隨函附上的短文。
凱因斯看見官員沒有正確推論事情，有時候會勃然大怒。他這時會指控對手精神錯亂，不然就是拼命絞盡腦汁，找出合乎邏輯的解釋。就算這樣他也不會質疑動機。早在一九一一年，他寫信告訴好友鄧肯・格蘭特 (Duncan Grant)：「我猜你想像不到，近距離與官員交際往來，是怎麼一回事吧？他們糟透了⋯⋯愚蠢程度簡直沒人性。」

除了對理性的信仰，凱因斯也還相信「說服的力量」。他信仰中的黃金法則是：他比任何人都具說服力。這個黃金法則大多時候沒錯。從一九二〇年代開始，凱因斯就常常發信給報章雜誌編輯，包括《曼徹斯特衛報》(Manchester Guardian)、《國家郵報》(Nation)、倫敦的《泰晤士報》(The Times)。根據倫敦經濟學院的利奧尼爾・羅賓斯 (Lionel

★第十一章　公共選擇學派：政壇就是市場

Robbins）所言，凱因斯對「廢除臨時關稅」這項棘手議題的回應是：「我從未對這個問題表示意見。」海耶克常常說起一九四六年凱因斯去世前幾週的一次經歷。凱因斯向海耶克保證，如果他為一九三〇年代設計的理論變得有害，他會去盡快改變大眾的看法。海耶克說，凱因斯相信自己「可以操弄輿論，就像樂器演奏家把玩自己的樂器一樣」。凱因斯本人反省了自己對於人類理性的過度假設，此外還有「一種微小卻極其癡愚的表現⋯⋯也就是**抗議**的衝動——例如寫信給《泰晤士報》、在倫敦市政廳召開討論會、認購某一個基金⋯⋯表現得好像真的存在某些權威或標準，而我只要大聲呼喊，就能訴諸這種權威或標準——這也許是某種心誠則靈的古老信仰痕跡。」

總而言之，凱因斯的經歷和影響力使他確信：政客與官僚人士雖然有時冥頑不靈，還常常愚蠢透頂，但只要他們有所察覺，就會致力於公眾利益。再者，他們寧可**少做**以免多錯。最後，大眾即使腦袋空空，也能開放心胸，受到說服轉向正確的立場。這些原則讓凱因斯偏離公共選擇學派的原則。不過，就算文化與思想上的影響力都不是決定性的，我們還是可以解釋凱因斯為何如此全面地接受這些概念。

政治上的「無形之手」

也許凱因斯沒有質疑政客和官僚人士動機的原因，是因為他隱含了一個「政治上的無形之手」前提，而這隻手確保了政治私利與公

共利益的融合。例如,一個政客可能支持某一項莫名其妙的「X」政策,只因為它廣受歡迎,還可以讓選票最大化。但它之所以會受歡迎,可能是因為大眾正確地察覺了自己的需求。如此一來,公眾得到自己所想,而公眾想要的即是良善的。政客也得到自己想要的,就算他根本對自己的行為甚少關心。

在二戰之前,政治上的無形之手或許可行。若是如此,凱因斯的天真**還說得過去**,因為政府蔑視公共利益的原因只可能是信念(就像「財政部」觀點),而不是貪腐。貪念會讓官員做出正確政策,或至少是受歡迎的政策。列奧‧施特勞斯(Leo Strauss)所認定的第一位現代政治哲學家——馬基維利,他重新定義了「美德」(virtue)一詞。這個詞對中古世紀經院哲學來說,意味著「道德完美」,但對馬基雅維利而言,美德暗指「精湛」(virtuosity),意思是不論正義、氣度,只求達成一系列終極目標的完美。

英國喬治首相、法國克里蒙梭總理(Clemenceau)和美國威爾遜總統簽訂《凡爾賽條約》時,凱因斯對此提出了「政治上的無形之手」的問題。鮮少有書籍能夠這般生動描繪這些性格互異的人物。凱因斯認為,這世界派遣了兩位「精湛」的大師與一位富有「美德」的道德家出席。克里蒙梭是「最具美學貴氣者」,也最有決心,推動得來不易的和平。喬治最具學術巧點,堪稱「威爾斯巫師」,是一個「人身羊腳的訪客,來自上古歐洲凱爾特族(Celtic),走出先人留下的陰暗森林,來到我們的時代」。威爾遜則是「糊塗的長老會教徒」,在道德上是最高尚的。儘管有那麼多明顯的衝突,但這齣戲裡的每個角色都是

為了促進自己國家的利益,正如他們的人民所表述的那樣。克里蒙梭想要粉碎德國的能力,以防再度超越法國。喬治使用了嚴厲的措辭來打動英國人民。威爾遜則希望實現美國所渴望的,那種寬宏大量的和平。遺憾的是,克里蒙梭和喬治這兩位精湛的大師竟說服威爾遜,使他同意嚴峻的和平協定其實不嚴峻,是真正的寬宏大量。凱因斯再最後寫道:喬治知道這項計畫太殘酷,「但要解開這位長老教會信徒受到的迷惑,遠比迷惑他還難……」。雖然與會者的動機各有不同,克里蒙梭和喬治卻受到政治上的無形之手牽引,以求實現自己國家的利益,正如各國人民做的定義。就算有著長老教會信徒的品德,不管如何還是會這樣做。

然而,如果這隻政治的無形之手失控了,凱因斯的天真則變得可惡,最終會受到譴責,因為他沒有預料這次致命失誤。為什麼?因為這一次失誤的背後藏著一種普遍性、系統性的力量,而不僅僅是駭人、惡魔般的行為。

為何政治私利會偏離了公眾利益?當政府透過法規、津貼、關稅、補助金擴張成一個個小型交易時,政府的資訊成本花費也隨之提高了,連同大眾的資訊成本。也就是說,若有公民想知道政策、公共開支的相關資訊,都需要花更多時間跟力氣才能蒐集資訊。對大多數公民而言,這種投入在經濟上是不理性的,因為資訊成本遠遠超出自身獲益。假如一項計畫將一百萬美元分給一百人,想要研究的個人可能要耗費一整天找資料。至於該項計畫的刪減或擴編,人均價值(per capita value)可能跟一包洋芋片的價錢差不多。因此,如果一位公民沒

有被列入那一百人，也沒有調查該項計畫，即可算是理性忽略。**因此，這一股認同政府擴張的趨勢，也是一股分離政客行為與公眾知識的趨勢**。官員可能做更多事，無論好壞皆不須知會大眾。這種行為悄悄滑過政治無形之手的指間。

美國政府對二五％的國民生產毛額（GNP）負有責任。此外，聯邦機構與法規條例也以滲透整個社會。既然這麼多團體有管道接觸聯邦政府，利用政治體系的成本已經大幅降低。沒有人需要站上路邊的臨時演講台，說服同胞或立法機關採取行動。只要找幾位委員辦一場聚會就行了——洋基球場內的四人包廂也可以，效果大過中央公園的臨時演講台。

最初，政府各部門與利益團體之間有著制約與平衡（checks and balances），是為了防止以權謀私。美國麥迪遜總統（James Madison）所寫的《聯邦黨人文集第十篇》（Federalist Paper No. 10）主張：憲法章程應該要讓「用政治體系謀求私利的派系」無利可圖。但無處不在的聯邦勢力削弱了麥迪遜的計畫。

政治上無形之手在複雜世界中失去掌控力。民主不再是自由經濟市場的政治比喻。正如諾貝爾獎得主肯尼斯·阿羅所言：投票給一位候選人，並不等於買了一個產品。經濟學家無法設計一套能反映市場並合乎邏輯的政治體系。選民在民主之下不是在選購特定商品，如微波爐——他們是在購買整組套件，盼望候選人可以按照自己的意願行事、表決提案。但事實上，選民並不確定自己能夠得到什麼。某種程度上，民主政體介於超市與購物袋之間。

凱因斯提倡大幅增加公共開支和干預，間接削弱了政治無形之手的掌控，卻陷入了太過信賴官員動機的危險。在凱因斯的時代裡，公眾知識與長期存在的規則有助於強化公僕的良好動機。針對政治弊端，如果凱因斯對於政治弊端設想了任何檢驗手段，那就是行政機關必須透過競選過程，來回應反對派的指控。這種檢驗當然有意義。但它忽略了非選舉產生的官僚，其擴張自身影響力的力量。而且也沒顧慮到這項事實：攻擊政府的小型計畫（按人均計算），不可能會成為朗朗上口的選舉口號。

　　對凱因斯的指責源於他暗中假設的政治無形之手，這涉及了個體經濟學與總體經濟學的層面。就個體經濟面，當選民的資訊成本高於獲利時，政府官員就能為了政治利益而扭曲支出計畫和規定。這些成本隨著政府的業務擴張而上升。此外，由於人民看不到政府與其他人之間的個體經濟交易，也看不見這間接帶來的危害，因此會低估蒐集政府行動相關知識的好處。至於總體經濟面，降低賦稅且提高政府支出，會帶來公共財政的損害——這又讓選民低估了財政貨幣政策的間接成本與好處。論述個體經濟弊端的論據可能更加有力，因為這些弊端更仰賴理性的忽略，而不是非理性或錯覺。

審判凱因斯

　　如果公共選擇理論是正確的，凱因斯在政治上確實很天真。就

算公共選擇理論只有部分正確，凱因斯似乎還是對衍生的議題視而不見。連他的仰慕者哈羅德也不得不承認這一點。然而，根據凱因斯與英國公務員的交際經驗，以及當時的歷史背景來看，我們僅能怪他沒有在他的理論中預測政治上的弊端。另外，凱因斯的批判者也應該小心區分「政治／公共選擇派觀點的批評」，以及「對其經濟理論的批評」。憤怒而不信任地將矛頭指向政客，也不能證明凱因斯的經濟理論錯誤。這就像是在說水沒辦法滅火，因為消防隊員忙著丟飛鏢，沒時間去救火。在某種程度上，凱因斯經濟學是正確的，他給了我們撲滅經濟之火的水源。但他應該多拉一些警報才對。

第十二章

狂野世界：
理性預期學派與行為經濟學

「有些問題對於人類福祉的影響力非常巨大：一旦開始思考這些事，就很難再想其他事。」

——羅伯特・盧卡斯

準備好聽聽真正古怪的理論了嗎？不相信非自願失業的理論如何？或是認為擲飛鏢可以用來選股的理論如何？否認政府會對整體經濟造成傷害或幫助的理論如何？我們對經濟學思想史的研究竟然有如此荒誕的結局！一開始，我們提到重商主義，他們說政府通常能幫助經濟。然後，亞當・斯密學派說政府其實傷害了經濟。凱因斯學派卻說政府有幫助。重貨幣學派說政府可提供幫助，卻時常造成傷害。公共選擇學派說政府通常帶來傷害。現在，來談談理性預期學派，亦稱新興古典學派（New Classical）——他們嘲笑所有的經濟學前輩，宣稱政府干預只是一種幻覺，猶如魔術師的把戲，終究無法改變太多現實。

　　為了得出這種驚人結論，新興古典學派的經濟學家遵循了巧妙的邏輯。然而當他們完成時，呈現出的是一個工整的模型，其理論之美令人欽佩。不過，批評者會用輕蔑的眼光看待這種純化卻不現實的模型，認為這更適合放在藝廊，而非經濟顧問委員會。

　　經濟學的「不死軍團」（The Old Guard）——詹姆斯・托賓、弗蘭科・莫迪利安尼、保羅・薩繆爾森與米爾頓・傅利曼，以及他們的追隨者——發現他們的畢生心血被這些新來的貶低了。這些新人的起源可追溯至一九六一年的一篇論文，作者是卡內基技術學校（Carnegie Technical School）的年輕教授約翰・穆斯（John Muth）。新興的理性預期學派運動吸引了不少年輕學者，因為它具備數學精確性與新式探索機會。老舊的凱因斯學派深怕被這批新學者甩在後面，正如他們五十年前超越了拒絕追隨凱因斯的古典學派老師那樣。至於主流經濟學的挑

★第十二章　狂野世界：理性預期學派與行為經濟學

戰，則是要在理性預期學派中挖出一些真理，再添加到主流理論裡。

讓我們來看看，為何無人完全否定理性預期學派理論？且讓我們找出原因。它的第一條原則是：所有的市場皆會「結清」。意思是說，價格總是會立即調整，以消除任何過剩或短缺。「市場供應過剩」不可能存在。如果魚子醬的產量太多，價格就會下跌。如果勞動力的需求降低，薪資就會暴跌。現在，大多數經濟學家同意「市場終究會結清」；但是重貨幣學派與凱因斯學派假設結清之前的過渡期比較長。凱因斯學派指出「工資僵固性」（sticky-wage）。重貨幣學派則指出貨幣政策傳導時會有延滯性。但是新興這群年輕分子說：「胡扯！」

第二條原則，他們認為：人們做出經濟決定時，會考慮所有可供取得的資訊，也會持續更新自己的經濟模型或預期。將舊派的「適應性預期」（Adaptive expectations）與「理性預期」加以比較。如果人們以適應性的方式來行動，他們會看過去的行為變項，並漸進式地調整自己的看法。假設過去幾年來的物價以每年六％的比率上漲，但今年卻漲了一○％，那麼根據適應性的模型（尤其強調過去數據），大眾可能會預期下一年將上漲七％。眾人坐等即將發生的經驗給自己當頭棒喝，而不是以新資訊為基準來改變預期。如果人們聽見聯邦政府為了一項龐大的擴張型政策，而釋出貨幣與財政支出，他們會如何？依照適應性的模型，人們不會改變自己的預期，除非他們親眼目睹證據。

假設卡通人物大野狼威利在迪士尼好萊塢影城的主題公園，準備搭公車回家。按照以往經驗，在每天下午的五點半，他必須遠離公車站牌兩步，因為每天的五點半都會有一個五公噸的鐵砧，突然從

五十樓高的艾克美鐵砧公司頂樓飛落。有一天，大野狼威利在街角等公車。鐵砧遲了十五分鐘，到五點四十五分才落下壓扁牠。如果威利有著適應性預期，那隔天下午五點四十五分牠會怎麼做？牠會再一次站在公車站牌旁，因為鐵砧不常在下午五點四十五分落下。於是牠又被壓扁了。最後經過連續七天的壓扁（這種情況只會在卡通出現），牠可能終於知道艾克美公司的時間表已經改變。

而如果大野狼威利有著理性預期，又是如何？第一次壓扁之後，等牠從扁平狀態彈回立體原形，牠隨即上樓拜訪鐵砧公司，釐清到底怎麼一回事。如果新資訊出現，而舊資料已經過時，牠會重新制定時間表，忘掉過去的資料。

約翰・穆斯點燃了理性預期學派的火光。他是個害羞的男人，動作彆扭。從小在美國中西部長大，以豬隻聞名於世。他透過研究豬隻學習經濟學，原本則毫無基礎。而且他似乎對其他傑出同事的成就不感興趣，包括諾貝爾獎得主赫伯特・賽門（Herbert Simon）、弗蘭科・莫迪利安尼、默頓・米勒（Merton Miller），以及約翰・納許（John Nash）——電影《美麗境界》(A Beautiful Mind) 與其原著裡的主角。莫迪利安尼稱讚穆斯的思想，但也說過，這位蓄鬍又略微駝背的研究者「煞費苦心地讓自己像是個怪人」。他在印第安那大學商學院任教期間，有一次他許多MBA學生衝進院長辦公室，要求院長開除穆斯，因為他才華橫溢的數學令人費解，讓學生們相當困惑。

豬隻與高階數學究竟有何關聯？在穆斯出現之前，大多數人相信豬隻市場經歷了瘋狂、非理性的興衰起落。當培根的價格很貴時，

養殖場的回應似乎是要飼養更多豬。然後，所有豬隻同步竄入市場，使培根的價格陷入失控。接著面臨價格降低，養殖場主人據稱會停止養豬，而這將再度導致豬隻短缺，也讓培根價格變貴。穆斯下了結論：「真是豬一般的胡說八道！」他挖掘豬隻價格相關數據資料，發現養殖場主人沒那麼笨，不會認為今天的高價保證代表明天也是一樣。穆斯說，養殖場主是理性的，這一點駁倒了高伯瑞的觀點──後者認為養殖場主人頭腦簡單、四肢發達。

如果人們有著理性預期，就不會犯下系統性的錯誤。他們可能受到愚弄或遭逢意外一次，但他們會起而力行，預防第二次。如同《星艦迷航記》（Star Trek）的工程師斯科蒂所言：「騙我一次，是你不要臉。騙我兩次，是我太丟臉。」

向你的經紀人丟飛鏢

股票市場為理性預期提供了最具說服力的證據。學院派的經濟學家的報告指出：股市幾乎是在瞬間接收訊息。換句話說，股價會立刻反映出來被公開的資訊。如果你在昨天的報紙上看見，美國西爾斯公司（Sears）預期這一年的績效良好，那麼你就已經太晚了。由於前景看好，西爾斯公司股票會立即上漲，而廣為人知的訊息是無用的。至於另一個例子，如果你精明地觀察到：有數百萬個大學生在感恩節前夕從波士頓湧向紐約。你發現「屁孩航空」這間公司載運許多學生。

在九月，也就是感恩節回鄉潮的前兩個月，你會購買屁孩航空股票，期望股價在十一月暴漲。這是愚蠢的行為。屁孩航空的股價早已反映了感恩節期間的預期利潤。感恩節是屁孩航空的旺季，人盡皆知。況且，價格是基於預期利潤和股利，而不是單憑財務報表的現狀。

這個模型稱為「**效率市場假說**」（Efficient-market hypothesis）。如果它是正確的，那麼，你無法藉由追蹤公司動態、研究財務報表或根據過往的價格動態，來戰勝股票的平均報酬率。市場已經有效率地預估了未來收益。股票無法被「**高估**」或「**低估**」，除非剛好每個人都曲解了這家公司的某個特性，或是資訊有所隱瞞。直到新資訊證明了新價格，市場價格都是永不出錯的圖標。雖然如此，一九八七年十月股市崩盤，以及二〇〇〇到〇二年的科技股崩盤，可能顯示出「動物本能」仍然潛藏在股票交易員的白襯衫之下。

選擇股票標的時，與其聽取股票經紀人的建議，倒不如丟飛鏢決定，成效可能都差不多，還能省手續費。這裡提出一道妙計，不但符合效率市場假說，效果也跟知名股市顧問建議一樣好。在你的狗面前放兩碗狗食，一個碗貼上「IBM」小名牌，另一個貼上「埃克森美孚」，然後買狗狗選的那一家。如果你的狗不餓，就把你的錢投入公司債券基金。

一九九〇年代的的多頭市場，將道瓊指數從一九三三年的三千五百點，一路推至二〇〇〇年一月的一萬一千七百點。被動型的指數型基金績效幾乎超過任何一位專業選股人，經理人無不灰頭土臉。就在眾人付錢給共同基金的廣告、研究成本費和佣金時，他們的

★第十二章　狂野世界：理性預期學派與行為經濟學

收益卻落低於在大盤上丟飛鏢。薩繆爾森很久之前就指出：「大部分的投資組合決策者都應該停業才對，改行當水電工、希臘文老師。」當然，按照效率市場假說，一個差勁的投資組合經理不致於搞砸得太過分（這需要無能至極的表現，**大大落後**於一個普通的飛鏢投擲者），而笨拙的水電工卻可能造成真正的損害！

有許多經紀人和名嘴不斷吹捧自己的預測。仔細研究之後發現，實在沒什麼理由相信這些人。當然，有些人可能會走運。而拉斯維加斯的賭客有時也會打敗莊家。重點不在於股票經紀人通常賠錢，關鍵在於他們沒辦法一直打敗大盤。如果一個地位崇高的分析師發現了一種解釋數據的成功方法，眾人於是跟進，那麼這套方法隨即變得過時。所以，為什麼要為了平均報酬去付佣金，還有花錢做理財諮詢？找一個平衡各種風險的多元投資組合，或投資隨市場平均指數移動的股票，成效也可能不錯。

理性預期學派的學者認為政府對市場幾乎沒有影響力，包括一九九五年諾貝爾經濟學獎得主羅伯特‧盧卡斯（Robert Lucas）與二〇一一年諾貝爾經濟學獎得主托馬斯‧薩金特（Thomas Sargent）。他們從股市著手，接著類推到經濟體中更廣泛的市場。若是政府想暫時提高股價，於是試圖購買屁孩航空股票會如何？原始股價代表投資人對於未來盈餘和股利的當前「正確」的感覺，而這將帶來合理的收益率。如果政府買股票而拉抬價格，股東會發現股票被人為高估了，因此將股票脫手。如果政府拋售股票讓價格下跌，投資人會發現股票值得更高價，於是買進股票。到頭來，不論政府如何行事，價格都會回歸到

該有的「正確」價值,除非新資訊說服投資人「新價格具有正當理由」。

將這個類比套用至總體經濟之前,且讓我們先檢視兩項重點。**第一項重點**,請注意效率市場假說並不包含內線消息,也就是公司幹部可能知道關於未來損益的機密。若投資人得到尚未公開的資訊,就可以贏得平均以上的獲利。這看似合乎邏輯,卻很不公平。在董事會沒有席次的普羅大眾,無法像內線交易者那樣收割獲利。基於這個理由,內線交易是違法的。美國證券交易委員會(SEC)會監督是否發生內線交易,從事違法活動的人將受到懲處,包括處以刑期,並且要求「吐出」非法收益。當然,不是每個人都會被抓到,法律也無法涵蓋每一個擁有內線消息的人。怎麼可能?

假設A企業打算暗中買股收購B公司。A企業的管理者有辦法讓B公司營運得更好,因而提高B公司的資產價值。基於此項理由,A企業願意支付較高價錢買股。B公司股東出售了股票,大賺一筆。這項收購計畫是機密。知曉此事的人僅有A企業的董事、副總與律師群。當然,尚未公開這項收購企圖之前,如果A企業的主要幹部私下購買B公司股票,就可能因為內線交易被逮捕。但是,假設收購相關的文件送到一間印刷廠準備印出,而印刷廠員工在這份文件公開前就買了B公司的股票,他會怎樣?是否該把他視為內線交易者懲處?根據最高法院裁定,這個人無罪。

諷刺的是,當年最高法院宣判印刷工人文森‧基亞雷拉(Vincent Chiarella)無罪。幾年之後,「套利之王」伊凡‧博斯基(Ivan Boesky)由於內線交易被判刑。有人問文森,伊凡是否該受罰?他竟然回答:「把

法條丟給他看吧！」

效率市場假說還有**第二項重點**，引出了另一個具有諷刺意味的問題。**選股是無效的，因為有太多人從事研究和股票分析**。當前的股價「正確」反映預期，**是因為**有這麼多人根據現有的資訊買進賣出。你不太可能有機會一直用比別人好的方式解讀資訊。然而，如果研究的人只有你，你可能就能找到比隨機選股準確的方法。因此，如果每個人都採納效率市場的建議，隨機選股就會變得過時！

華爾街的經濟學家

直到最近，華爾街的經理人與經濟學家才發現彼此之間沒有什麼好談的。畢竟，薩繆爾森這些經濟學家對投資經理人潑冷水，叫他們轉行當水電工！普林斯頓大學教授柏頓‧默基爾（Burton Malkiel）的著作《漫步華爾街》(A Random Walk Down Wall Street)宣揚效率市場假說，而同時，華爾街的巨頭們告訴經濟學家「滾遠一點」。這些權勢集團的重砲人物回應：學院派人士就是太過膽小了，畏懼在金融市場一賭輸贏；而除了凱因斯以外，其他大多數經濟學家就算膽子夠大，願意擲骰子下注，也都徒勞無功。

當一些經濟學家譏笑華爾街經理人的選股能力時，另一些經濟學家則是巧妙構思新的投資組合，找出公司價值和股票選擇權估值。這些技術挑戰極為艱難，需要進階的數學和經濟學。但這些研究者

的問題在於，在一九六〇與七〇年代沒有單一學科領域需要這種人才——經濟學家認為他們太過技術性，數學家卻認為他們太過俗氣。不管怎樣，在一九九〇年，諾貝爾獎委員會頒發經濟學獎給三位開創性的金融經濟學家——他們是真正在幫助華爾街，而非拆掉華爾街。

一九五二年，哈利・馬科維茲（Harry Markowitz）這名年輕研究生發表了一篇論文《投資組合選擇》（Portfolio Selection），從而開啟了一場金融革命。這篇論文用一句簡單的格言建構了一套分析架構：「別把所有雞蛋放在同一個籃子裡。」乍看之下，你可能會覺得把諾貝爾獎頒給《鵝媽媽童謠集》或《伊索寓言》作者的後代比較好。五百年前，莎士比亞的《威尼斯商人》（The Merchant of Venice）就曾寫道：

我的冒險不仰賴同個基礎，
也不在同一個安穩之處；那裡也沒有我的所有財產
全在我此年累積的財富之上，
因此我的交易不致使我憂愁。

然而，直到馬科維茲致力研究之前，這種民間智慧只不過是一個老生常談或是經驗法則。事實上，偉大的凱因斯拒絕接受這個觀念，反而認為：對一家你非常了解的公司做大筆投資，比標的眾多的小額投資更安全。馬科維茲不只是說「愈多愈好」，也不是說有五家航空公司湊成的投資組合較為安全。他的論證是「股票的**種類**應該多元化」。你的投資應該要真正的多元化——也就是說，標的之間

毫不相干。持有美國全美航空公司（US Airways）與嬌生公司（Johnson & Johnson）的股票，會好過持有兩家航空公司或兩家製藥公司的股票。儘管一開始大家都抱持懷疑，但今日華爾街已遵循馬科維茲的教誨長達三十年。

然而，要成為開創者並不容易。馬科維茲記得，當時他非常擔心博士論文口試的答辯會讓傅利曼不滿意。馬科維茲告訴自己：「我太了解自己的理論了。就連傅利曼也難不倒我。」不過口試開始幾分鐘之後，傅利曼突然尖聲說道：「馬科維茲，我認為論文裡的數學沒有錯誤，但我有個問題。這不是經濟學的博士論文，所以我們不能以一篇非經濟學的論文，授予經濟學博士。這不是數學，也不是經濟學，甚至更不是企業管理學。」然後，其他教授也發出類似抱怨。馬科維茲坐在大廳走廊，等待委員會的決定。幾分鐘後，一位資深教授來到走廊，看著馬科維茲的眼睛說：「恭喜你！馬科維茲博士！」

一九九〇年，與馬科維茲同時獲得諾貝爾獎的人還有史丹佛大學的威廉‧夏普（William Sharpe）與芝加哥大學的默頓‧米勒。夏普設計了「資本資產定價模型」（Capital Asset Pricing Model）。舉凡公司金融學相關書籍，保證至少有一章在講這個模型。此外，他還提出「β值」的概念，幫助投資人判斷一支股票可能的風險。具體而言，β值可以告訴你一支股票是否會隨著整體市場波動。旗下有嘉年華郵輪的嘉年華公司（Carnival Corp），β值為一‧〇，這表示如果紐約證交所的股市上漲一〇％，嘉年華公司的股價也可能上升一〇％。這是有道理的，因為強勁的市場是一種信號──如果大家都覺得自己變有錢，負

擔得起遊輪之旅的人會比較多。其他類型股票的 β 值可能較低。就算經濟變壞，大家還是會繼續買糖果。所以美國同笑樂糖果製造公司（Tootsie Roll）的 β 值只有〇・六九，也就不令人訝異了。換句話說，如果整體市場跌了一〇％，這家糖果公司只會下跌六・九％。當人們想要分散投資組合時，他們會計算 β 值，以確保他們手上的股票不會同時上升或下跌。

默頓・米勒研究公司的組織方式而聞名。弗蘭科・莫迪利安尼是一九八五年諾貝爾獎得主。在他與米勒的研究成果出現之前，許多公司的財政人員認為只要發行更多債券來融資，並且發行較少股份，公司的獲利看起來會比較高，因為瓜分利潤的股東會比較少。不過，米勒與莫迪利安尼證明：不論所有權如何細分，公司的總價值都是取決於未來的盈餘。例如，假設公司借太多錢（發行太多債券），貸方將會要求較高的利息，那麼，股東人數減少的好處就會被抵消。

米勒舉了一個全脂牛奶的生動比喻。酪農可以單獨出售奶油，售得更高價格。但如此一來，他只會剩下價格較低的脫脂牛奶。奶油加上脫脂牛奶的總收益跟全脂牛奶一樣。不論如何攪拌，一桶牛奶就是一桶牛奶。同樣的，公司的利潤流就是一道利潤流，不管利潤怎麼分配。

一九九〇年的這三位諾貝爾獎得主將經濟學對準金融市場，使華爾街更加富裕，而他們自己的境遇也不差。夏普和米勒擔任多家華爾街巨頭的顧問。美國先鋒集團（Vanguard Group）的共同基金非常知名，集團董事長約翰・柏格（John C. Bogle）勸告投資人不要忽視經濟學家：

★第十二章　狂野世界：理性預期學派與行為經濟學　375

「雖然學術知識有許多難解的道理⋯⋯但最紮實的學術思想，無論多麼複雜深奧⋯⋯都能套用在實際操作中，也能應用於投資人的市場。」

哎呀，就連諾貝爾獎得主也必須學會謙恭。羅伯特・莫頓（Robert Merton）和邁倫・斯科爾斯（Myron Scholes）研究的是金融衍生商品的價值評估，是一九九七年諾貝爾獎得主。他們加入一家雄心勃勃的投資集團「長期資本管理公司」（Long-Term Capital Management）。這家基金在一九九八年八月崩潰，在全球金融市場掀起一陣騷動。該公司魯莽地借太多錢，還打賭全球各地的利率將會越來越接近。他們賭輸了，最後虧損數十億美元。**長期資本公司**證明終究無法持久，在短短幾天內輸光身家。我們能怪莫頓和斯科爾斯的諾貝爾獎嗎？或許可以。畢竟銀行大肆放款給長期資本管理公司，是因為對這些大人物與其團隊深具信心，認為他們不會錯判風險。愛因斯坦或許擁有二十世紀最偉大的科學心智，但你可能不會想請他幫你更換汽車的水箱精。同樣地，有人拿到諾貝爾獎，不代表你就該把錢交給他。

盧卡斯批判：傳統的政策分析有問題

在討論理性預期理論之前，我們先看看它對總體經濟的顯著影響。記住，理性的行為者會不斷更新他們的經濟模型。所以第一個教訓是：計量經濟學模型已經過時了，因為它們是基於過去的數據，而且統計模型無法預測新政策的效果。舉個例子，如果政府發現「棒

球比賽與GDP在歷史上有穩定關聯」，於是企圖增加棒球比賽來提高GDP。然後，每一個經濟行為者會把這個新政策看成新資訊，用以修正自己的模型。如此一來，舊有的行為模式在新政策的制訂上無法提供良好基礎。這個隱身意義稱為「盧卡斯批判」(Lucas Critique)。羅伯特・盧卡斯是芝加哥大學教授，事實證明他**實在是出色的**理性預期學派老師。一九九五年十月，位在斯德哥爾摩的諾貝爾獎委員會宣布他得獎了。當時盧卡斯前妻的律師透露，**她早就預見**盧卡斯會得獎。而她在七年前，加了一項條文到離婚協議書裡：萬一他得諾貝爾獎，她要索討諾貝爾獎金的一半。這一條是根據她的理性預期而訂定，價值五十萬美元。

羅伯特・哈爾(Robert Hall)依照盧卡斯批判提出主張：仰賴過去收入、財富、利率和通貨膨脹的主流消費模型，與一個只有兩種變因（去年的消費額、隨機變項）的簡單模型，都一樣無法預測。哈爾認為，明年與今年消費程度的唯一差異可以用「隨機意外事件」來解釋──即新資訊。

第二項教訓，政府的經濟刺激計畫不受歡迎，只有出奇不意的策略才會有效果。假設整體經濟陷入嚴重衰退，失業率明顯飆高。主流經濟學家可能敦促政府採取擴張政策。大多數經濟學家認為，較高的總需求將會導致較高的產出與就業，經濟將會因此走出低迷。

理性預期學派可不是這麼想。他們主張經濟個體早就知道聯邦政府會藉由刺激需求，來挽救經濟衰退。因此在經濟衰退期間，企業不會降低價格或是提高產量，而是單純提高價格。**企業預見政府政**

★第十二章 狂野世界：理性預期學派與行為經濟學

策。由於較高的需求即將到來，他們已經學會不讓價格在經濟衰退的時候下跌。這就好比政府通過了一項法律，規定聯準會在失業率高達七％時重踩貨幣油門。至於這種說法有何證據？理論家說明：價格在二戰之前的經濟衰退期確實下降，而在二戰之後的經濟衰退期，由於預期了需求面的回應，價格確實較為穩定。《一九四六年就業法》保證了最大限度的就業，這簡直是在通知企業，一定會有解圍之神來相助。總之，如果解圍之神做了他該做的事，最終仍然會一事無成。只有出人意料地的舉動，才會影響產量等級。

想像一下這個理論如何衝擊凱因斯學派和重貨幣學派，讓他們的建議看起來很荒謬，跟喜劇女演員葛瑞絲·艾倫（Grace Allen）針對加州與佛州的邊境爭議的提議差不多。

還有另一點令人訝異。假如這個理論沒錯，美國聯準會想降低通貨膨脹率應該是輕而易舉。為什麼？依照主流途徑，緊縮性的政策首先會造成經濟衰退，最終導致通膨降低。不過，依據理性預期學派，如果可靠的聯準會宣布「貨幣供給量成長率將會是零」，人們就會自動預期較低物價，並且降低售價與薪資。基於聯邦準備系統的政策，人們會自動接受較低的通膨率。既然他們不採用適應性預期，就不需要在降低物價預期之前，先經歷一段難受的經濟衰退。

理性預期學派已經徹底侮辱凱因斯學派與重貨幣學派，現在，讓我們看看他們射向公共選擇學派的刺箭。布坎南堅持認為，政客會助長赤字支出，從而欺騙了未來世代。布魯諾·費萊（Bruno Frey）是另一位公共選擇學派經濟學家，他認為：民主國家有其政治循環，政客

為了勝選而操控通貨膨脹與失業率。

這兩個主張都與理性預期學派理論互相牴觸。首先，來看「政治循環」（political cycle）。如果政客為了提高勝選機率而玩弄政策，按照理性預期學派說法，在第一次政客嘗試玩弄政策之後，選民就會理解狀況。選民看得出來，選舉年的經濟發展象徵著高通貨膨脹。他們因此想辦法戳破這種金玉其外的繁景，因為他們知道只要選舉完，政府很快就會踩煞車。這個解釋有道理，或許也能說明：為何支持政治循環一致的證據總是如此不堪一擊？至於持續性的預算赤字？理性預期學派理論其中一位代表人物——哈佛經濟學家羅伯特·巴羅（Robert Barro）主張：投資人與儲蓄者會將未來的負擔計入長期利率。較高的長期利率必然會影響當前整體經濟的表現。因此，今日的資本市場已經實質呈現出明日的願望和期許。巴羅的觀點其實源自於李嘉圖。李嘉圖注意到：公共債務與賦稅相當類似，因為理性的人民知道公債將有一天會償還，而那時稅率將會提高。因此，用來為赤字融資的政府債券改變了人們對未來賦稅的預期。布坎南會回答，未來世代就算在債券市場中可以間接發言，但他們沒有任何**政治**發言權。畢竟，布坎南認為這不但是經濟問題，也是倫理道德問題。

順便說一下，理性預期學派的理論家可以找到證據，說明人民懂得政治騙子的伎倆。來看看一九八〇年代早期英國政壇的「鐵娘子」柴契爾夫人。她誓言要降低英國的預算赤字，為了維持承諾，她甚至在經濟衰退中期提高徵稅。她的兩次連任，是否表示英國人已經看清且拒絕老派工黨毫無約束的放任政策？

★第十二章　狂野世界：理性預期學派與行為經濟學

在真實世界中,理性預期學派教授得到了「債券義勇軍」的幫助。這群惡名昭彰的幫派是什麼?他們不帶刀槍,卻有辦法讓財政部長兩腿嚇得發抖。債券義勇軍是交易者與投資人,根據國家的經濟績效、前景來買賣政府債券。他們對於魯莽的政府有著約束作用。一九九〇年代初期,債券和外匯的交易者看見瑞典情勢不妙——當時瑞典經濟疲軟,有著巨額貿易赤字、虛胖的政府部門,而且貨幣異常強勁,以致於瑞典出口商無法在海外競爭。幾年後,他們的公債翻了一倍,而赤字增加十倍。瑞典搖搖欲墜。交易者預見到,這個國家正在朝著一種慘況前進,那就是無力償還世界各國的債務。瑞典金融巨頭斯堪地亞公司(Skandia)宣布:「有鑑於創紀錄的預算赤字,以及急遽增加的債務,本公司拒絕購買政府債券。」瑞典境外的債券交易者和外匯交易者紛紛拋售瑞典資產,迫使利率上升;政府嚇壞了,不得不大舉重組其財政結構。面對這麼多有遠見的交易者,政府將赤字從一九九四年佔GDP的一二%(高得嚇人)大幅削減至一九九七年的二‧六%,到了一九九九年達到實際盈餘。瑞典從一九九〇年代中期開始,一直都是國際市場裡的強悍對手。就讓我們勉為其難地相信這些義勇軍吧!

主流學派的回擊

最後,我們要來回頭批評理性預期學派了。這些傢伙確實該被

嚴厲砲轟,因為幾乎每一個經濟學家都被這些新秀打得體無完膚。我們首先探討理論上的難處,然後引用真實的經濟事件。

　　理性預期學派理論家是一幫令人生畏的傢伙,與他們爭論八成只會感覺沮喪。就像伊斯蘭原教旨主義的什葉派分子信奉《可蘭經》一樣,他們對於任何問題都能快速提出一個堅定的答案。他們的理論包括許多古怪的假設,例如市場可以即時調整,以及個體吸收資訊的速度跟超人差不多。我們如果認同這些假設,那麼他們的理論就變得堅不可摧。要如何進攻?要推翻一個經濟模型,我們不能只是取笑它的前提不切實際。如同傅利曼依循奧地利哲學家卡爾‧波普爾(Karl Popper)所提出的主張:想真正檢驗一個模型,要看其**預測**是否精準,而不是看它能否如實描述目前的經濟形勢。

　　理性預期學派預測:政府的激勵措施不會刺激經濟,而且政府的緊縮政策也不會造成傷害。我們先來談談後者。一九八二年失業率高達一〇‧六%,聽起很嚇人吧?在這之前的一九八〇和八一年發生貨幣緊縮,整體經濟頓時陷入衰退。而在更早之前,一九七五年出現過類似的情況,經濟也是往下滑。在這些時期,非常高的失業率壓低了對通膨的預期。盧卡斯跟他的同僚可能把貨幣崩盤當成意外,他們或許會問:「誰知道聯準會會不會堅守緊縮政策?」儘管有爭論,但人們花了相當漫長、慘淡的財政季度,才調整了自己的通膨預期。如果理性預期學派理論只會說「經濟事件皆屬意外」,藉此躲開批評,那他們的理論是空泛的。

　　政府刺激經濟又會如何?假如理性預期學派理論家沒錯,那減

★第十二章　狂野世界：理性預期學派與行為經濟學

稅並不會影響消費。只要稅務法案簽署通過，就算幾年之後才有實質減稅，眾人也會立刻調整自己的消費。然而，以甘迺迪與雷根的減稅為例，消費在政策通過時依然穩定，卻在政策實施之後大增。普林斯頓大學經濟學家艾倫・布林德（Alan Blinder）屬於凱因斯學派。他相當不滿理性預期學派刻意忽略財政會計政策，說道：「羅伯特・巴羅曾告訴我，世上沒有任何證據，可以證明財政會計政策是有效的。你只要睜開雙眼，看看減稅政策與增加政府支出後的相關事件，就會懂了。那二戰要怎麼解釋？那對產量有巨大影響。」布林德也抨擊「市場總是會結清」這項主張：「這也十分荒唐愚蠢。不知何故，有些人就是望著世間百態，卻沒看見非自願失業。在景氣循環的低迷時期，那些是明明就隨處可見。我就看到各地商品賣不出去，例如一堆閒置的汽車。」理性預期學派捍衛者能坦然面對經濟大蕭條，將這一事件解釋為長達十二年的「新型」的意外資訊？

談到股市時，大多數經濟學家傾向於贊同理性預期學派；可是如果談的是總體經濟，意見卻常常有分歧，為什麼？事實在於：股票市場是一個比其他市場更有效率的市場。股市流動性相當大，可以輕鬆買進賣出，交易成本很低。投資人甚至可以請打折扣的證券商處理自己的交易。相較之下，商品與服務的實質市場有更高的複雜性與僵固性。你可以像賣股票一樣輕鬆辭職嗎？一間企業能否像買賣股票一樣，輕鬆資遣員工、關閉工廠再營建新廠？當然不能。

在實質市場裡，**契約**扮演重大角色。針對勞動力、資本、設備的名目價格，契約可以增進確定性的層級，卻降低了流動性和靈活

性。即使「屁孩航空」預計要下修價格和薪資,但也可能必須暫時維持薪資,因為他們受制於三年期的工會契約。**即使經營者有理性預期,契約也會把他們制限在一條適應性的道路上**。理性預期學派的批評者其實問了兩個問題:①人們是否有理性預期,而非長期確立的習慣?②如果是肯定的,那人們能否如自己所想那般靈活行事?在某種程度上,兩者的答案都是「否」,理性預期學派的理論錯誤地描述了經濟。

行為經濟學:探究人性

心理學家們也急切地火上加油,企圖封殺理性預期學派。你應該很好理解心理學家急於介入的理由——因為如果人類完全理性,那我們就不需要這麼多心理學家了。德國著名哲學家康德對「理性」懷有堅定信念,他曾經建議,精神病患應該交給哲學家來輔導。因為精神病患有著糟糕的理性。因此,最擅長邏輯與推理的專家,能提供最好的幫助。自從康德時代以來,我們已經知道人類被矇蔽、無法清晰推理之時,可能會出現嚴重的情緒問題,或者說,體內化學物質失衡。不過,讓精神病患與康德或笛卡爾共處一室這個建議——哲學家可能幫不了病患,到最後還可能被逼瘋吧!康德可能過度強調理性思考的能力,而有些經濟學家也是這樣。如果你想買一台新的相機,而且發現X店賣的東西與Y店相同,但X店售價是兩百美元,比Y店便

宜了十美元。大多數人會多開一英里，來省下這個十美元。現在，假設你要買新車，而且發現A經銷商開價三萬零八十美元，比B經銷商的價格**貴**了十美元，那麼，大多數人會忽略這個價差。不過十美元就是十美元——心理學家不禁提問：為何便宜十美元的相機可以讓你跑來跑去，但便宜十美元的汽車確會被你的腦波忽略？

一九五〇年代，有兩名以色列研究者在服役期間開發自己的構想。他們根據採訪與實際經驗，匯編了一套「非理性經濟行為」（irrational economic behavior）理論，簡直是虛擬的百科全書。丹尼爾・卡納曼（Daniel Kahneman）與阿莫斯・特沃斯基（Amos Tversky）指出：人類從規避風險轉換為偏愛風險的速度很快。前者曾在幾十年前為以色列軍隊設計了心理篩選測驗。這兩人與以色列戰鬥機飛行員教練一起工作時，開始發展他們的理論。以下是一個普遍但古怪的經濟思維案例：一項調查顯示，眾人寧可讓通膨率提高，也不願讓失業率從五％提高至一〇％。但如果問說「你使否願意用較高的通膨率，來避免就業率從九五％降至九〇％」，他們會說「不要」。兩個問題其實相同，答案卻天差地遠。

同樣地，在另一項實驗裡，參與者被問到「如果亞洲爆發傳染病，你會偏好用何種方式來打擊疫情？」A計畫可拯救兩百人。B計畫有三分之一的機會拯救六百人，以及三分之二的機會救不到任何人。有七二％的參與者看重A計畫的「確定性」。人類喜歡確定性。行為經濟學家發現：人類討厭「輸」的感覺，而且站在原地不動的話，有時反而會麻痺。即使聽見「可能將出現更大利空」的警訊，股市投

資人也不喜歡在小額虧損的狀況下拋售股票。他們對於股票、家庭、工作都有著情感依附。

　　待人謙和的特沃斯基在一九九六年與世長辭。他說，他研究的東西是每一個二手車銷售員和廣告商早就知道的事。在語義上或數學上不同意義的提問，決定了誰會是超級業務或失敗者。特沃斯基曾在一九八八年登上多家報紙頭版，他當時證明了籃球的「熱手原理」(hot hand theory) 有誤。他發現一個籃球員投籃得分之後，不代表他再次投籃得分的機率比較大。他統計了費城七六人隊 (76ers) 在過去一年半的每一次得分。再說一個關於特沃斯基與決策的故事。特沃斯基是真正的戰爭英雄。一九五六年，他年僅十九歲擔任中尉。當時有一個年輕士兵，往流刺網下面丟了一枚手榴彈，然後「凍僵」似地愣在原地不動——這個士兵就在爆炸物正上方，無法脫身。特沃斯基這一位未來的風險專家，知道炸彈會在幾秒內爆炸，於是奮不顧身衝向士兵，抱起對方丟到安全的地方。手榴彈炸傷了特沃斯基。以色列政府為此頒發最高榮譽勳章。

　　查德・塞勒 (Richard Thaler) 是芝加哥大學的教授。多年來，他都在《經濟展望雜誌》(Journal of Economic Perspectives) 中描述經濟的反常現象，引發了不少課堂與教授會議的討論。二〇〇二年，諾貝爾獎委員會把獎項頒給了丹尼爾・卡納曼，當時行為經濟學立刻成為了一個明星學科，吸引更多研究生與企業贊助者。其中一個關鍵的主題是「跨期選擇」(intertemporal choice)，說明人類如何評估未來價值。行為經濟學家間接表明：人類太過預支未來了。他們想及時行樂，這可能會讓他們

★第十二章　狂野世界：理性預期學派與行為經濟學

忽略了那正在縮減的退休金，以及逐漸變大的腰圍。行為經濟學家指出：大約有三分之一的美國勞工忽視自己公司的401(k)退休存款計畫，他們是在把免費的錢丟在公司桌上，因為雇主也會負擔部分。二〇〇六年在行為主義者的研究基礎上，國會通過一項法律，由布希總統簽字，讓企業方便建立自動登錄。以前，受雇者必須積極、主動地選擇加入。現在，系統會自動登錄符合資格的受雇者，除非他們主動選擇退出。理性預期學派不會花太多時間討論人類的惰性，而行為經濟學家會。

「跨期選擇」的研究肯定令人大惑不解。哈佛大學行為經濟學家戴維・萊布森（David Laibson）說，如果你問人「今天想吃巧克力還是水果」，他們會選「巧克力」。但如果你問他們「下星期想吃什麼」，他們卻會回答「水果」。今天我們在沙灘上閱讀約翰・葛里遜（John Grisham）的驚悚小說，而總有一天我們會看完普魯斯特（Marcel Proust）的曠世巨作。這對行為經濟學家來說是一道待解的問題。不過有一項研究顯示：如果你去問一些嚴格自律的老人家，是否會因為少吃巧克力、多吃麩皮麥片而感到快樂，假如你問他們這樣做是否快樂，他們會叫道：「一點都不。」回顧往事，他們寧願自己曾經活得更「多采多姿」！

卡納曼和特沃斯基發現了這些心理學遊戲和小測驗，而我們是否該因此丟掉所有的經濟學理論，並用美國心理學會來取代聯準會？大可不必。主流經濟學不需假定每個人在任何時候都是理性。相反地，它假定經濟力量將會隨著時間的推移，推動人們與機構走向更理

性的行為。

　　行為經濟學家或許沒錯：很多人會非理性地依附著連日慘賠的股票。但失敗的對手不會讓專家們不理性。最後，冷血的職業好手會輾壓業餘人士，狠狠給他們兩個教訓，自選其一：要不是離開遊戲，就是擺脫情感依附吧！

　　另一個投資的例子或許也有幫助。在一九八〇年代早期，一些研究人員發現小公司的股票績效似乎優於大公司，為投資人帶來更大獲利。這個結果聽起來不太合理，混淆了效率市場假說。但這些研究結果發表之後，湧入小型股基金的人太多——使得這些小型股在一九九〇年代反而落後較大型的股票。尋找低點的理性投資人，修正了非理性的歷史趨勢。

　　透過行為經濟學家的真知灼見，我們可以「灼烤」這個大膽的理性預期學派思想，到它燒焦酥脆為止。但它值得更好的評價。如果我們放寬看待「充分資訊」與「市場會神奇地結清」這兩項假設，仍可保留幾個想法——主流經濟學家正試圖將這些想法移植到他們的標準框架。比起一個漸進式的適應性模型，人們會更快速地完整或拋棄先前的預期。挑戰在於：要將這些洞見納入，同時認識到「契約」與「不完全資訊」的問題。

　　理性預期學派理論家發出激進的聲音，像是從漫威（Marvel）漫畫裡跳出來的人物。如果假設「人類行為都是完全理性」，那何不相信人類有X光透視眼或飛行能力？當然，DC漫畫中的氪星沒發生過停滯型通貨膨脹。理性預期理論以激進的形式，為我們提供了一個對於

★第十二章　狂野世界：理性預期學派與行為經濟學　　　387

現實世界來說過於完美的模型。我們當然不能忽略其中的差異。如同詹姆斯‧托賓所言，運用這種純粹的理論來解釋世界，就好像在路燈底下尋找丟失的錢包。問題是，丟失的錢包往往在暗處。當你在迷濛的路燈光線中彎著腰找尋錢包時，可能會不小心一頭撞上「現實」。

第十三章

穿透烏雲的一線光明

現代世界有太多機會，我們因此無法良好預測自己的未來生活，這不是因為太笨或太懶，而是因為世界已經大到無法掌握。

我們從亞當・斯密開始，歷經了一段漫長旅程。如此之久，如此之快，彷彿溜冰穿越法國羅浮宮中那些幾世紀之前的偉大傑作，時間僅僅剛好一瞥蒙娜麗莎神秘的微笑。可憐那些經濟學家吧！人們期望他們可以從扭曲的歷史長河中看出真相，然後信心滿滿地為總統提供謀略。

但「真相」是：連最聰明睿智的腦袋，也會被經濟學搞糊塗。傲慢自負會招致懲罰。魯莽的經濟學家將會站上普羅米修斯的位置，讓老鷹啄食肝臟，直到他們學會謙卑。為何經濟學要為難這麼多人，甚至嚇跑了更多人？經濟學家與生物學家不同，他們無法以嚴密監督的控制組來進行科學實驗。當然，並非全部的自然科學皆有控制組。天文學家蒐集衛星的數據，跟經濟學家處理家庭主婦的隨機樣本是差不多的。不過，至少天文學家不必擔心星球會像消費者一樣善變。天文學家有良好的記錄預測哈雷彗星的週期。但經濟學家在預測家計儲蓄率的紀錄卻非常糟糕。有一則蘇聯的笑話。有人問：「共產主義是生物學家或政治家發明的？」另一個人回答：「當然是政治家。因為生物學家會先用白老鼠做實驗。」遺憾的是，白老鼠也幫不上經濟學家。白老鼠與人類的循環系統或許類似，但經濟學更多是在思維問題，而非解剖學問題。

經濟學並非像亞當・斯密以及他理性學派的後繼者所言，是一門規律而精確的科學。或許說的是趨勢吧！高產量通常意味著低價格，除了范伯倫說的炫耀財。較高的貨幣供給量通常意味著較低的利率，除非對通膨的恐懼將利率推高。股價通常代表未來現金流量的理

性預期,除非「動物本能」讓投資人恐慌或興奮,導致股價大幅波動。投資人通常甘冒風險,直到邊際效用等於邊際成本為止,但「熊彼得式」的超級企業家除外,這些人對於價值的敏感度比市場還高。這些擾亂科學方法、不精確的驅力,不一定是非理性的(瘋狂的)。這些驅力可能是非理性且無法預測的,如同量子物理中的電子不會「瘋狂地」移動——它們只是違反了我們目前的模型建構方法。我們這些經濟學家還沒完全理解每一件事。另一方面,故意藐視「經濟大師名人堂」成員所發現的趨勢,就是在跟經濟災難開玩笑。價格支持、保護主義、放任汙染政策,都可以快速提升物價、稅率,並帶來更多髒空氣。儘管愛爭辯出了名,但很少有受過教育的經濟學家會建議採取上述的政策。

　　當經濟學家可不容易。凱因斯用了一段最閃耀動人的文字描述經濟大師:「他必須像藝術家一樣超然、清高,有時也要跟政治家一樣接地氣。」國王底下所有大臣與隨從都不適用這一段描述。

　　我們研究了多位經濟學家,其中沒有人能夠完美地平衡「常態／特例」、「未來／現在」或「天堂／人間」。也沒有人同時在個體經濟、總體經濟分析兩方面都達到輝煌成就。經濟學家有自己的限度,而他們有些人甚至知道這一點。

　　不過他們全都知道一件事:不可忽略政府與經濟之間的相互作用。亞當・斯密嚴厲批評政府支持同業公會的貿易限制。馬爾薩斯認為《濟貧法》反而助長貧窮。李嘉圖警告,保護主義可能讓英國走入新的黑暗時代。馬克思主張,政府不過是用來剝削與壓迫的工具。凱

因斯試圖把公務人員從睡夢中搖醒。諸如此類。

激進人士雖然孤獨地吶喊著，但我們已經知道，政府不一定是邪惡的，也不一定是善良的。他們既不是救世主，也不是撒旦——縱使政策有時候可能帶來救贖，或是邪惡的結果。

不過，我們研究的每一位經濟學家（儘管有許多分歧）都警告我們：政府總是面臨政治壓力，被要求採行可能會毀壞經濟的政策。美國國會議員可以耗盡畢生心力，去安撫並拉攏那些良好經濟政策下的受害者。自由國際貿易傷害了一些國內生產商。低通貨膨脹率傷害了借款人。利率下降傷害了債券持有人。技術創新傷害了某些工作者。徵收汙染稅傷害了公司企業。

不要上當，以為良好經濟造成的傷害正好抵銷了好處。良好的經濟並非「零和遊戲」，不是把錢從A拿給B。事實上，我們可以將「良好經濟學」定義為「能夠產生正面收益的政策」，即使這可能創造了受害者。

由於良好的經濟政策也時常會給某些族群帶來傷害，因此經濟學家很難說服民主政府採納良好建議。良好的經濟學可能不是廣受歡迎的經濟學，尤其就短期來說。低通貨膨脹率與高投資額的好處，可能要經過一段時日才會顯現出來——在那一段時日，電視上可能常常會出現一些落寞的農夫與崩潰的屋主（他們在一九七〇年代的通貨膨脹期間享受到資產價值的飆升；但在一九八〇年代歷經了一段艱難時期；接著在一九九〇年代晚期和二〇〇〇年代早期，又再次享受到資產價值的飛漲）。遺憾的是，媒體通常喜歡短期爆發的痛苦畫面題材，

★第十三章 穿透烏雲的一線光明

而不是長期的愉悅與平靜。

媒體業界經常提到在十五秒內抓取注意力的「聲刺」(sound bite)，但良好的經濟學並不是這種摘要。一個說客可以在十五秒之內把公正的經濟學家砲轟得體無完膚。經濟學家真正需要的是學會喊口號、打廣告，而新聞節目需要的是耐心傾聽某一些艱難的辯論。

不過，來說實話吧！在很大程度上，媒體其實只是反映出觀眾對於腥羶色的需求。很顯然，大眾喜愛聳動的新聞，就像喜歡恐怖片。愚蠢的新聞，部分的成因就是我們自己——我們不能一邊護著市場經濟，一邊又抨擊網路迎合公眾需求。

身為公眾一分子，我們對於經濟學素養至少有三項心理障礙。第一，我們喜歡簡短而浮誇的資訊。第二，我們喜歡立竿見影的效果，而且很快就失去耐心。凱因斯在這一點上說錯了。就長期而言，我們或至少我們的後代子孫沒那麼快死。假如我們今天屈服於每一種欲望，那我們就沒有東西留給明天。如果我們不節制，只知道借錢去狂歡今夜，那明天將會是漫長而艱辛的一日。社會只有在考慮到長期狀況時才能繁榮興盛。這不是說「守財奴的社會必然會繁榮」。中世紀的人癡迷於死後的天堂生活，這可能榨乾了他們的創新、追求卓越的動力。而在我們的時代，我們為今夜舉杯慶祝，將明天或未來日子拋諸腦後。

第三，我們聚焦在短期卻難以認出「好光景」，即使已經置身其中。經濟上的幸福不是一夜暴富。工業革命是人類史上最戲劇性的經濟事件，每年的成長率不過在五％。生活水準提升五％，並不能讓貧

民住進白金漢宮的主臥室，清粥也不會變成法國鵝肝醬。這年復一年的變化非常緩慢。但這些貧民快要老死的時候，會突然發現自己的生活水準已經提升了四倍。幸福的生活不常有，很多時候只是勉強過得去。縱使較高的生活水準可以帶來幸福，對我們而言，卻通常來得太遲。它終於來臨時我們已經老了，嘴裡哼著歌頌「美好往昔」的懷舊金曲。我們穿越時間之路，對於車前的狀況像是近視一樣看不清楚，只能費力端詳；而對於車後經過的一切，我們卻相當樂觀，看得一派輕鬆。這樣很難繼續前進，而經濟學家也很難指引出正確方向。

報紙很少報導盛世，只有史書才會。回顧往事，一九六〇年代中期是經濟學的盛世。經濟持續成長了好多年。凱因斯學派似乎相當強大。然而，當時的新聞報導卻只注重絕望與經濟的不確定性。好光景在沒人注意到的情況下消逝了，彷彿我們已有權利，期待經濟繁榮會延續下去。經濟衰退才會登上新聞的頭條。一如叔本華所說的：在史書中，太平時代只是零散事件的短暫停頓，而戰爭與革命佔據了主導地位。義大利哲學家切薩雷·貝卡里亞（Cesare Beccaria）更簡潔地形容：「幸福快樂，只存在於沒有歷史的國家。」

電影大亨戈德溫警告我們：「不要做任何預測，尤其是關於未來的。」我們別理他。儘管有末日即將到來的悲鳴，說全球性的饑荒、絕望與苦難將至，我們仍有保持樂觀的理由。沒有任何保證，也沒有絕對的可能性，我們只有理性。回顧一下，國民所得取決於勞動力、資本、天然資源和技術。每一項這些生產因素的近期發展，全都指向長期的經濟成長。在美國以及其它西方民主國家裡，勞工與管理階層

的關係似乎比十幾二十年前更好。由於日式管理技術的影響，大型工廠裏的工人在生產流程的設計、完善等方面發揮了更大的作用。再者，工會也認清：自身的興盛有賴於企業的成功，而非在不提高生產力的狀態下要求提高工資。在經濟衰退期間，美國工會似乎願意接受較低工資，而不是裁員。作為回報，企業的管理階層也終於明白，員工與企業之間有非常大的利害關係。現在很多員工都得到公司的股票選擇權，作為一部分薪酬。更多樣的合作關係促進了經濟成長。

資本市場比十年前更有效率。國際金融資本流動性更好，在各國之間往來移動。效率不佳的政府和企業遭受巨大壓力，因此改變做法，否則無法吸引投資人。企業發現籌資拓建新廠、購買新設備比以前容易許多。如果以企業為中心，畫出以前可以融資的地理範圍，一百年前差不多是半徑十英里。如果當地人的存款不夠，公司就無法向銀行借貸。半徑一百多年來不斷擴大，現在已經是地球的半徑了。現在，美國匹茲堡的企業可在澳洲發行債券，就算匹茲堡所有居民都沒有把錢投入共同基金，而是藏在床墊下。

在生產函數（Production Function）方面，科技呈現了最為迷人且最不可預測的一部分。誰知道下一個艾倫·圖靈（Alan Turing）以及約翰·馮紐曼（John von Neumann）甚麼時候會出現，出現之後又將帶我們到哪裡？這些人帶來了現代電腦，可是，如果看見網際網路讓世界交織在一起的速度與力量，他們一定也會大感驚訝。印尼雅加達的女學生只需要點擊滑鼠，就可以來一趟迪士尼世界的虛擬之旅，或是觀看NASA的太空梭簡報。非洲剛果的前列腺癌病患也可以從美國約翰·

霍普金斯大學（Johns Hopkins）的網站下載研究報告，出示給他的醫生看。物理學家與化學家卯足全力研究超導性，這個主題可以消除摩擦力給我們帶來的阻礙。超導材料與奈米技術將會以令人難以置信的速度，為我們提供運輸或傳送訊息。生物學家正在努力（但願他們能小心一點）開發重組DNA，改善營養來源，並且消除疾病肆虐。就機構而言，我們也看到大學研究中心與企業的合作正在蓬勃發展。創投業者加入這兩種機構的菁英陣容，加速了原本就快如閃電的科學步調。

當然，只要科技找到新方法提煉、回收或補充地球豐足的資源（以及太空資源），我們的自然資源就會加倍增長。

我們理應不該抱持著「不計後果的樂觀主義」走向未來。每一個積極發展的可能性都有著風險與缺陷。回顧一下我們的生產函數，工會並不總是與管理階層攜手合作。工廠的創新可能取代一些工人，也可能造成長期罷工。資本市場也會受到內線交易和其他詐欺手段的阻礙。不負責任的企業可能剝削天然資源。諸如此類。

最後，我們必須考量所有其他塑造我們思想的政治、心理以及制度因素。科技可以蓬勃發展，但是部落禁忌卻有礙進步。舉個例子，如果我們認為「沙子是神聖之物」，那可能就不會有玻璃或半導體了，或者邁阿密沙灘會有度假小屋？古代和中世紀的貸款限制無疑妨礙了經濟發展。此外，如同諾貝爾獎得主羅伯特．索洛的發現：經濟成長需要受過教育的人民。史丹佛大學的保羅．羅默（Paul Romer）敦促經濟學家，要把「思想代溝」當成工廠缺陷和馬路坑洞，多花一點

★第十三章 穿透烏雲的一線光明

時間處理。羅默認為，大多數科技的出現並非偶然，不像普羅米修斯帶給人類火焰。電晶體或化療等發現造福了芸芸眾生；既然如此，社會應該多方鼓勵科學家和工程師，不論是藉由減免賦稅或授予專利皆可，讓這些人暫時獨佔利潤。正如熊彼得（在諾貝爾經濟學獎設立前）的教導，經濟成長也需要一種創業動力。誰知道心智與精神上的驅力是否會推促我們前進，或將我們扭曲，讓我們搖搖晃晃地步向野蠻？是否有伊朗宗教領袖柯梅尼（Khomeini）類型的企業家？

熊彼得的傑作《資本主義、社會主義與民主》（Capitalism, Socialism, and Democracy）推測了資本主義的未來。他認為，最大的威脅並非來自經濟因素（如獲利下降），而是政治因素。事實上，資本主義的極度成功，反而將會摧毀資本主義。資本主義由於創造了一群受過高等教育、擁有大量閒暇的階級，而允許新世代得以開始質疑資本主義的道德框架。後者會開始提出有關收入不平衡、公平正義、公害汙染等問題。最後，這些尖銳的問題會燒破資本主義脆弱的道德基礎，然後把國家轉型為社會主義。因為社會主義能為世界上渴望正義的人提供物質**以及**精神上的支持。熊彼得曾問：「資本主義有辦法存續嗎？不，我不認為。」這問答現在變得非常出名。

一九六〇年代晚期，隨著長髮、搖滾樂、迷幻色彩與毒品的流行，熊彼得的預測似乎正在成形。剛從歐洲解放出來的第三世界國家轉向社會主義。到了一九七〇年代早期，有博士畢業生開著計程車為業，嘴裡大罵政府當局。

但是，一九八〇年代為我們帶來什麼？雅痞、短髮、條紋襯衫。

還有一整列的低度開發國家，想以《資本論》換取推廣「權力著裝」的暢銷書《為成功而穿》(Dress for Success)。甚至蘇聯也努力重振他們僵化的經濟。再也沒有人鼓吹中央規劃了。此處摘錄了《紐約時報》專題報導的某些標題，例如：南斯拉夫資本家開始倒栽蔥；亞當斯密在安哥拉共和國制伏馬克思；根治拉丁美洲經濟痼疾，一本提倡創業精神的書席捲而來。

最後，我們來讀《紐約時報》一篇報導的幾句話，大意是「全球走向自由市場：隨著世界經濟變得更具競爭力，資本主義國家與共產主義國家都在轉向亞當·斯密」，摘錄如下：

> 在莫斯科，有創業精神的同志們經營著自己的美容院或修車廠，而在中國，許多農夫規避人民公社制度，轉而銷售自己栽種的農產品……似乎不管你怎麼看，國家政府都已經轉向市場機制來刺激經濟，也就是亞當·斯密那隻「看不見的手」。經濟學家說，在資本主義國家和共產主義國家之間，對於「給市場自由的重要性」有著非比尋常的共識：這種全面的機制有助於闡明消費者的欲望，鼓勵創新，並約束低效的生產者。

一九九〇年代與二〇〇〇年代早期，這些趨勢更廣泛的強化，不過那時的俄羅斯和遠東地區仍舊步履蹣跚。舉個例子，當波蘭共產黨一九九五年贏得民主選舉時，他們就承諾實行資本主義制度，他們只不過是出身共產主義而已。羅馬尼亞曾經實行比蘇聯更嚴格的共

★第十三章 穿透烏雲的一線光明

產制度,後來也與土耳其簽署了自由貿易協定。桑定民族解放陣線(Sandinista)領袖丹尼爾・奧爾特嘉(Daniel Ortega)拋開他舊有的馬克思主義,打著「親資本主義」的旗幟在尼加拉瓜競選。至於英國與加拿大,當工黨政府取代保守黨政府之後,他們保持預算緊縮,並且將國有產業民營化,以此超越前任政府。英國布萊爾首相上任後,第一個行動就是將英格蘭銀行從政治中解放,這樣一來,英格蘭銀行就能自行決定貨幣政策,不須顧慮政客神經兮兮的施壓。難怪柴契爾夫人會說布萊爾做得很好。

雖然「回歸市場機制」並不代表能魔法般地轉貧為富,但至少各國已經拋棄對市場經濟體制那種僵化的、意識形態上的厭惡。更重要的是,奇妙的通訊技術帶來了網際網路,暴君很難再讓人民處在黑暗或沉默之中。

熊彼得認為受過教育的階層會面臨許多問題,而物質上的繁榮當然無法解決這些問題。不平等和貧窮可能依然存在。怎樣最能平息這些問題?採用賦稅與重新分配等政策,往往不會阻礙發明與創業,這或許是個好辦法。許多經濟學家主張「消費稅最終會取代所得稅」。

不過,有一個問題或許不是市場或精明的政府可以解決的。新發明物會淘汰傳統工作和工作者,而人類能否跟上它的腳步?人類進行自我教育的速度是否夠快,以應付電腦時代與後電腦時代?大多數人或許可以。但是,隨著社會日趨複雜,將會有越來越多人從各種安全網上跌落——那些在心理、身體與智力方面有障礙者將會更脆弱。與兩百年前相比,今日世界在物質上更容易生活,心理上卻日益艱

難。在二十世紀的城市中討生活，你在心靈層面會跟農場的物質生活一樣貧乏。處在現代世界，人們很容易失去立足點，像是活在卓別林的《摩登時代》(Modern Times)劇情中，一個人在工廠裡整天窮忙，接著被趕出去街頭變成流浪漢。

我們的生物時鐘可能不再與生活方式同步。兩百年前，女人會在二十歲前產子。在這樣的年紀，他們早已知道這世界能提供什麼，他們又能找到什麼工作、預期哪種未來。她們有辦法告訴子女生活之道。今日，有多少二十歲年輕人知道自己二十五歲時該做什麼？現代世界給我們提供太多機會，於是，我們無法良好預測自己在未來的生活，更別提下一代了。我們的後代的撫養人不再理解世界，這不是因為父母太笨或太懶，是因為世界變得過大而無法掌握。父母最終必須教育子女「如何處理不確定性」，而非「確保穩定性」。

我們重提了上述令人憂心的消息，不過還忽略了其他可能，包括天然災害。加州可能被太平洋淹沒。瘟疫可能殺死數百萬人。旱災可能餓死更多人。戰爭可能會殺死許多國家的青年。要畫出美國與世界各地的黑暗景象，其實不難。

經濟學家必須研究一切。這些事件都潑濺在他的畫布上，蓋住他原本想向世人展示那幅精心設計、美好雅緻的畫像。

人類這個物種在地球上的時間，用兩隻腳走路的生活，並沒有比用四隻腳走路的生活好。因此當世界發生變化時，不妨給經濟學家一些鼓勵，讓他們解釋並描繪這些短暫而輝煌的時刻！

參考資料

★ 第一章　緒論：經濟學家的困境

1. William Manchester, *The Last Lion: Winston Spencer Churchill* (New York: Dell, 1983), p. 35.
2. T. S. Kuhn, *The Structure of Scientific Revolutions*, 2d ed. (Chicago: University of Chicago Press, 1970).
3. John Maynard Keynes, "Alfred Marshall," in *Essays in Biography,* in the *Collected Writings of John Maynard Keynes,* vol. x (London and New York: Macmillan/St. Martin's Press for the Royal Economic Society, 1972), p. 173.
4. See my "Biblical Laws and the Economic Growth of Ancient Israel," in the *Journal of Law and Religion,* vol. 6, no. 2 (1988).
5. For a fascinating history of the usury doctrine, see Benjamin Nelson, *The Idea of Usury* (Princeton: Princeton University Press, 1949).
6. Georges Duby, *The Age of the Cathedral,* trans. Eleanor Levieux and Barbara Thompson (Chicago: University of Chicago Press, 1981), p. 3.

★ 第二章　亞當・斯密：捲土重來

1. Adam Smith, *Lectures on Justice, Police, Revenue, and Arms,* ed. Edwin Cannan (London: Oxford University Press, 1896), p. 179. These lectures are based on notes from students.
2. Adam Smith, *An Inquiry into the Nature and Causes of the Wealth of Nations,* R. H. Campbell, A. S. Skinner, and W. B. Todd, eds., 2 vols. (Oxford: Clarendon Press, 1976 [1776]), vol. 1, p. 284.
3. Smith, *Lectures,* pp. 172-173.
4. Adam Smith, *The Correspondence of Adam Smith,* E. C. Mossmer and I. S. Ross, eds. (Oxford: Clarendon Press, 1977), p. 102.
5. Peter Gay, *The Enlightenment: An Interpretation,* 2 vols. (London: Weidenfeld and Nicholson, 1967), vol. 2, p. 348.
6. Ibid., p. 349.
7. David Hume, *The Letters of David Hume,* J. Y. T. Greig, ed., 2 vols. (Oxford: 1932), p. 19.

8. Smith, *Wealth of Nations*, vol. 2, p. 678.
9. Thomas Hobbes, "The Introduction," in *Leviathan* (New York: Collier, 1962), p. 19.
10. Smith, *Wealth of Nations*, vol. 1, p. 341.
11. Ibid., p. 25.
12. Ibid., pp. 26-27.
13. Ibid., p. 456.
14. Ibid., p. 15.
15. Ibid., p. 20.
16. Both the preceding Hayek quotation and this Whitehead quotation appear in F. A. Hayek, "The Use of Knowledge in Society," *American Economic Review*, vol. 35 (September 1945), pp. 526-528.
17. Smith, *Wealth of Nations*, vol. 1, p. 456.
18. Ibid., pp. 23-24.
19. See Milton Friedman, *Capitalism and Freedom* (Chicago: University of Chicago Press, 1967), p. 109.
20. Smith, *Wealth of Nations*, vol. 2, pp. 782-785.
21. Paul A. Samuelson, "A Modern Theorist's Vindication of Adam Smith," *American Economic Review, Papers and Proceedings*, vol. 67 (February 1977), pp. 43-44.
22. Smith, *Wealth of Nations*, vol. 1, p. 145.
23. Ibid., p. 137.
24. Steve Jobs Commencement Address, *Stanford Report* (June 12, 2005).
25. Even MIT economist Lester Thurow, a fiery adversary of Friedman, argued against the government breakup of AT&T on these grounds. See "Antitrust Grows Unpopular," in *Newsweek* (January 12, 1981).
26. Smith, *Wealth of Nations*, vol. 1, p. 457.
27. Ibid., p. 471.
28. Ibid., p. 468.

★ 第三章　托馬斯・馬爾薩斯：預言末日與人口爆炸的先知

1. William Godwin, *An Enquiry into Political Justice*, 2 vols. (London: 1798), vol. II, p. 504.
2. Ibid., p. 528.
3. Thomas R. Malthus, *An Essay on the Principle of Population*, 1st ed. (London: Macmillan reprint, 1909), pp. 139-140.
4. Ibid., pp. 6-7, 92.
5. James Bonar, *Malthus and His Work* (London: Macmillan, 1885), p. 127.
6. Thomas R. Malthus, *An Essay on the Principle of Population*, 2d ed. (London: Everyman Library, 1914), vol. II, p. 168.
7. Quoted in Patricia James, *Population Malthus* (London: Routledge & Kegan Paul, 1979), pp.

110-111.
8. See Paul Bairoch, "Agriculture and the Industrial Revolution," trans. M. Grindrod, in C. M. Cipolla, ed., *The Industrial Revolution* (Sussex: Harvester Press, 1976), pp. 452-501.
9. André Armengaud, "Population in Europe 1700-1914," in Cipolla, p. 48.
10. Thomas R. Malthus, *Principles of Political Economy* (Boston: Wells and Lilly, 1821), pp. 4-5.
11. See Dennis Meadows et al., *The Limits to Growth* (New York: Universe Books, 1972); Jay Forrester, *World Dynamics* (Cambridge: Wright-Allen Press, 1971); Robert Heilbroner, *An Inquiry into the Human Prospect* (New York: W. W. Norton, 1974).
12. Gerald O. Barney, ed., *The Global 2000 Report to the President* (Washington: U.S. Government Printing Office, 1981).
13. Wassily Leontief, *The Future of the World Economy* (New York: Oxford University Press, 1977), p. 6.
14. World Bank, *World Development Report* (Washington: World Bank, 1984). See Allen C. Kelley, "Economic Consequences of Population Change in the Third World," *Journal of Economic Literature*, vol. XXVI (December 1988), pp. 1685-1728.
15. Stephen Buckley, "Africa's Agricultural Rebirth," *Washington Post* (May 25, 1998), p. A18.
16. Noel Ignatiev, *How the Irish Became White* (New York: Routledge, 1995).
17. See George J. Borjas, "The Economics of Immigrants," *Journal of Economic Literature*, December 1994. Also see Rachel M. Friedberg and Jennifer Hunt, "The Impact of Immigrants on Host Country Wages, Employment and Growth," *Journal of Economic Perspectives* (Spring 1995), pp. 26-27.
18. See Todd G. Buchholz, *Market Shock* (New York: Harper-Collins, 2000), pp. 237-256.
19. See Spencer R. Weart, "The Discovery of the Risk of Global Warming," *Physics Today* (January 1997), p. 34. For the latest IPCC report, see R. T. Watson, M. C. Zinyowera, and R. H. Moss, eds., *Climate Change 1995: The Impacts, Adaptation, and Mitigation of Climate Change* (New York: Cambridge University Press, 1996).
20. Robert Mendelsohn, William D. Nordhaus, and Daigee Shaw, "The Impact of Global Warming on Agriculture: A Ricardian Analysis," *American Economic Review*, vol. 83, no. 4 (September 1994), pp. 753-755. For a skeptical (and technical) view of warming, see R. S. Stone, "Variations in Western Arctic Temperatures in Response to Cloud Radiative and Synoptic-Scale Influence," *Journal of Geophysical Research*, vol. 102 (1997), pp. 21, 769-770, 776. Easier reading would be Matt O'Keefe, "Solar Waxing," *Harvard Magazine* (May/June 1998).

★ 第四章　大衛・李嘉圖：高呼自由貿易

1. David Ricardo, *The Works and Correspondence*, Pierro Sraffa, ed. (Cambridge: Cambridge University Press, 1951-55), vol. VI, p. 231.
2. Quoted in Robert Lekachman, *A History of Economic Ideas* (New York: Harper & Row, 1959), p.

143.
3. Quoted in Harry Anderson, Rich Thomas, and James C. Jones, "Carving Up the Car Buyer," in *Newsweek* (March 5, 1984), p. 72.
4. See Murray Weidenbaum and Michael Munger, "Protectionism at Any Price?" in *Regulation* (July/August 1983), pp. 14–22, cited in Benjamin M. Friedman, *Day of Reckoning* (New York: Random House, 1988), pp. 58–60.
5. "Economic Impacts of the Canadian Softwood Lumber Dispute on U.S. Industries," U.S. Senate, Committee on Commerce, Science and Transportation, Hearing Archives (February 14, 2006), pp. 1–53.
6. Frédéric Bastiat, *Economic Sophisms* (Princeton: D. Van Nostrand, 1964), pp. 56–57. Bastiat also sarcastically suggested that France double its need for jobs by chopping off everyone's right hand.
7. Ricardo, vol. V, p. 55; vol. I, p. 265. Also see Mark Blaug, *Ricardian Economics* (New Haven: Yale University Press, 1958), p. 33. The German Historical School would later reject Ricardo's approach and apply an organic model to nations. Wilhelm Roscher and Gustav Schmöller argued that nations are born, raised, and ultimately buried. Policies and principles that work well at one stage in a nation's life may work badly at another.
8. Ibid., vol. I, p. 97. Query what material goods are necessary today to define "necessaries." A radio? A television?
9. Ibid., vol. I, p. 70.
10. Ibid., vol. I, p. 35.
11. Ibid., vol. I, p. 120.
12. Ibid., vol. VIII, p. 208; Also see Ricardo writing in the 1820 *Encyclopedia Britannica*, vol. 8, p. 179.
13. Henry George, *Progress and Poverty* (New York: Schalkenbach Foundation, 1929), p. 545.
14. Malthus, *Principles of Political Economy*, p. 186.
15. Smith, *Wealth of Nations*, pp. 337–338.
16. Malthus, *Principles of Political Economy*, p. 395.
17. John Maynard Keynes, "Thomas R. Malthus," in *Essays in Biography*, in *Collected Writings of John Maynard Keynes*, vol x, (London: Macmillan, 1972), p. 100.
18. Ricardo, vol. VIII, p. 184.
19. Robert Torrens, *Essay on the External Corn Trade* (London: 1815), pp. viii–ix.
20. Mark Blaug, *Economic Theory in Retrospect*, 3d ed. (Cambridge: Cambridge University Press, 1978), p. 140.

★ 第五章　約翰‧彌爾：狂風暴雨的心智

1. John Stuart Mill, *Autobiography* (London: Longmans, Green, Reader, and Dyer, 1873), p. 28. Michael St. John Packe takes a more lenient view of James Mill in *The Life of John Stuart Mill*

(New York: Macmillan, 1954).
2. Ibid., pp. 28, 30.
3. W. L. Courtney, *Life of John Stuart Mill* (London: Walter Scott, 1889), p. 40.
4. Mill, pp. 66-67.
5. Ibid., pp. 98-100.
6. Jeremy Bentham, *Introduction to the Principles of Morals and Legislation* (New York: Haffner, 1948), p. 1.
7. Ibid., pp. 30-31.
8. Quotation from Bentham, "Defence of a Maximum," in *Jeremy Bentham's Economic Writings*, vol. iii, W. Stark, ed. (London: George Allen and Unwin, 1954 [1801]), pp. 247-302. See my "Punishing Humans," in *Thought*, vol. 59 (September 1984) for a critique of Benthamite justice.
9. Mill, pp. 40-41.
10. Ibid., p. 109.
11. Ibid., pp. 132-134.
12. Ibid., p. 49.
13. John Stuart Mill, *The Early Draft of John Stuart Mill's Autobiography*, J. Stillinger, ed. (Urbana: University of Illinois Press, 1961), p. 184. See also A. W. Levi, "The Mental Crisis of John Stuart Mill," in *Psychoanalytic Review*, vol. 32 (January 1945), pp. 86-101.
14. Lionel Robbins, *The Evolution of Modern Economic Theory* (London: Macmillan, 1970), p. 109.
15. John Stuart Mill, "Bentham," in *Essays on Politics and Culture*, G. Himmelfarb, ed. (Garden City: Doubleday, 1962 [1838]), pp. 85-131; "Coleridge," in *Essays* (1840), pp. 132-186.
16. Ibid., pp. xix-xx.
17. Mill, *Autobiography*, pp. 186-187.
18. John Stuart Mill, *On Logic* (1840), p. 617.
19. John Stuart Mill, *Principles of Political Economy*, W. J. Ashley, ed. (New York: A. M. Kelly, 1965 [1848]), pp. 199-200.
20. George J. Stigler, "The Nature and Role of Originality in Scientific Progress," in *Economica*, vol. 22 (November 1955), pp. 293-302.
21. John Stuart Mill, *Principles of Political Economy*, p. 808.
22. Ibid.
23. Ibid., p. 869.
24. Ibid., p. 759.
25. Ibid., p. 950.
26. Ibid., p. 799.
27. Ibid., p. 748.
28. Ibid.
29. Ibid., p. 757.
30. Quoted in Gertrude Himmelfarb, "Introduction," in *Mill, On Liberty* (London: Penguin

Books, 1986), p. 10.
31. Mill, *Autobiography*, p. 199.
32. Edmund Burke, *Reflections on the Revolution in France* (1790), in *The Works of the Right Honorable Edmund Burke* (London: F., C. & J. Rivington, 1808), vol. 5, p. 149.

★ 第六章　卡爾·馬克思：憤怒的神諭

1. David McLellan, *Karl Marx: His Life and Thought* (New York: Harper & Row, 1973), p. 4. See Karl Marx, "On the Jewish Question," in Robert C. Tucker, ed., *The Marx-Engels Reader* (New York: W. W. Norton, 1978), pp. 26-52; Gertrude Himmelfarb, "The Real Marx," in *Commentary* (April 1985), pp. 37-43 and "Letters" (August 1985).
2. McLellan, pp. 6-7.
3. Ibid., p. 33.
4. Robert Payne, *Karl Marx* (New York: Simon and Schuster, 1968), p. 77.
5. McLellan, p. 53.
6. Saul K. Padover, *Karl Marx: An Intimate Biography* (New York: McGraw-Hill, 1978), p. 179.
7. McLellan, p. 99.
8. Karl Marx and Friedrich Engels, *Collected Works* (New York: International Publishers, 1982), vol. 38, p. 115.
9. Karl Marx, "Introduction to A Critique of Hegel's Philosophy of Right," in K. Marx, *The Early Texts*, D. McLellan, ed. (Oxford: Oxford University Press, 1971), p. 116.
10. Karl Marx, *The German Ideology*, in Tucker, pp. 155-156.
11. Karl Marx, *A Contribution to the Critique of Political Economy*, trans. N. I. Stone (Chicago: Charles Kerr, 1904), preface.
12. Karl Marx, *The Eighteenth Brumaire of Louis Bonaparte*, in Tucker, ed., p. 595.
13. Karl Marx and Friedrich Engels, *The Communist Manifesto*, Samuel Beer, ed. (Arlington Heights: Harlan Davidson, 1955), p. 9.
14. Marx, *A Contribution to the Critique of Political Economy*, preface.
15. Karl Marx, *Capital*, vol. 1 (Chicago: Charles Kerr, 1906), p. 13.
16. Marx and Engels, *The Communist Manifesto*, pp. 13-14.
17. Ibid.
18. McLellan, p. 98.
19. Sandover, pp. 291-293.
20. Payne, p. 295.
21. McLellan, pp. 264, 357.
22. Ibid., p. 284.
23. Karl Marx, *Capital*, vol. 1, pp. 649, 652.
24. Ibid., p. 687.
25. Ibid., p. 836.

26. Ibid., p. 837.
27. Marx and Engels, *The Communist Manifesto*, p. 46.
28. Marx, *Capital*, vol. 1, p. 21.
29. Marx and Engels, *The Communist Manifesto*, pp. 31-32.
30. Marx, *Capital*, vol. 1, p. 637.
31. Payne, p. 143
32. Marx and Engels, *The Communist Manifesto*, p. 22; Thomas Sowell, *Marxism: Philosophy and Economics* (New York: William Morrow, 1985), p. 138.
33. John Rawls, *A Theory of Justice* (Cambridge: Harvard University Press, 1971).
34. John Maynard Keynes, *The Collected Writings of John Maynard Keynes*, vol. 28 (London and New York: Macmillan/St. Martin's Press, 1973), pp. 38, 42.
35. See Stephen A. Marglin, "Radical Macroeconomics" (Cambridge: Harvard Institute of Economic Research, 1982), Discussion Paper No. 902, pp. 1-26.
36. See Robert Conquest, *The Harvest of Sorrow* (New York: Oxford University Press, 1987).
37. David S. G. Goodman, *Deng Xiaoping and the Chinese Revolution: A Political Biography* (London: Routledge, 1994), p. 3.
38. John Steinbeck, *The Grapes of Wrath* (New York: Penguin Books, 1986), p. 537.

★ 第七章　阿爾弗雷德・馬歇爾：邊際主義精神

1. John Maynard Keynes, "Alfred Marshall," in *Essays in Biography* (London: Macmillan/St. Martin's Press for the Royal Economic Society, 1972), p. 164. Though majestic, Keynes' essay contains some factual errors uncovered in Ronald H. Coase, "Alfred Marshall's Mother and Father," *History of Political Economy*, vol. 16 (Winter 1984), pp. 519-527.
2. Ibid., p. 171.
3. A. C. Pigou, "In Memoriam: Alfred Marshall," in *Memorials of Alfred Marshall*, A. C. Pigou, ed. (London: Macmillan, 1925), p. 89.
4. Keynes, p. 175.
5. C. R. Fay, "Reminiscences," in Pigou, pp. 74-75.
6. Alfred Marshall, *Principles of Economics*, 9th ed., Guillebaud, ed. (London: Macmillan, 1961 [1920]), vol. 1, pp. 7-9.
7. Ibid., p. xv.
8. Ibid., p. 461.
9. Alfred Marshall, "Letter to Bowley," in Pigou, p. 427.
10. Keynes, p. 196.
11. John Neville Keynes, *The Scope and Method of Political Economy* (London: Macmillan, 1891), p. 217n.
12. Marshall, *Principles*, p. xiv.
13. Ibid., p. 366.

14. Ibid., p. 271.
15. Ibid., p. 316. Schumpeter argued that dominant firms and monopolists could help the economy, because their excess profits enabled them to invest heavily in research and development. Schumpeter's position remains controversial.
16. For a profile of the fascinating Sarnoff, see my *New Ideas from Dead CEOs* (New York: HarperCollins, 2007).
17. John A. Byrne, "Is Your Company Too Big?" in *BusinessWeek* (March 27, 1989), pp. 84-94.
18. Ibid., p. 348.
19. Ibid., p. 99.
20. Ibid., p. 118.
21. Keynes, p. 205.
22. Marshall, *Principles*, pp. 587-588.
23. This is a highly complex issue. See Ellen E. Meade, "Exchange Rates, Adjustment, and the J-Curve," in *Federal Reserve Bulletin*, vol. 74 (October 1988), pp. 633-644.
24. Alfred Marshall, *Money, Credit and Commerce* (London: Macmillan, 1923), p. 247.
25. F. Y. Edgeworth, "Reminiscences," in Pigou, p. 70.
26. Alfred Marshall, Letter to Lord Reay, in Pigou, p. 462; Marshall, *Principles*, p. 713.
27. Marshall, *Principles*, p. 3.
28. Keynes, p. 173.

★ 第八章　新舊制度學派之間

1. Joseph Dorfman, *Thorstein Veblen and His America* (New York: Viking, 1934), p. 79.
2. Thorstein Veblen, "Why Economics Is Not an Evolutionary Science," *Quarterly Journal of Economics*, vol. 12 (July 1898), p. 389.
3. Thorstein Veblen, *The Theory of the Leisure Class* (New York: The Modern Library, 1934), pp. 42-43.
4. Harvey Leibenstein, "Bandwagon, Snob, and Veblen Effects in the Theory of Consumer Demand," *Quarterly Journal of Economics*, vol. 62 (May 1950), pp. 183-207.
5. Jonathan D. Glater and Alan Finder, "U.S. Universities Raise Tuition, and Applicants Follow," *International Herald Tribune* (December 12, 2006).
6. See my *New Ideas from Dead CEOs* (New York: Harper-Collins, 2007).
7. Thorstein Veblen, *The Theory of Business Enterprise* (New York: Scribner's, 1904), p. 309.
8. Ibid., p. 286.
9. Thorstein Veblen, *The Engineers and the Price System* (New York: Viking, 1921), pp. 18-19.
10. Thorstein Veblen, *The Vested Interests and the Common Man* (New York: Capricorn Books, 1969), p. 165.
11. Veblen, *The Engineers and the Price System*, p. 58.
12. T. Pare and Wilton Woods, "The World's Top 50 Industrial CEO's," in *Fortune*, vol. 116

(August 3, 1987), p. 23.
13. Wesley C. Mitchell, *What Veblen Taught* (New York: Viking, 1936), p. xviii; Joseph Dorfman, "Background of Veblen's Thought," in Carlton C. Qualey, ed., *Thorstein Veblen* (New York: Columbia University Press, 1968), p. 129.
14. John Kenneth Galbraith, *The Scotch* (Boston: Houghton Mifflin, 1964), p. 26.
15. John Kenneth Galbraith, *The Affluent Society* (Boston: Houghton Mifflin, 1976), p. 149. Given his forceful critique, it is ironic that Galbraith recently agreed to write a hardcover book (for Whittle Communications) that will contain advertisements!
16. Friedrich A. Hayek, "The *Non Sequitur* of the Dependence Effect," in *Southern Economic Journal*, vol. 27 (April 1961), pp. 346-348.
17. Lee Benham, "The Effect of Advertising on the Price of Eyeglasses," *Journal of Law and Economics*, vol. 15 (October 1972) pp. 337-352.
18. Joseph Pereira, "Pricey Sneakers Worn in Inner City Help Set Nation's Fashion Trend," *The Wall Street Journal* (December 1, 1988), pp. A1-A10.
19. Louis Brandeis, "The Living Law," vol. 10, *Illinois Law Review* (1916).
20. *United States v. Carroll Towing Co.*, 159 F.2d 169 (2d Cir. 1947).
21. Ronald Coase, "The Problem of Social Cost," *Journal of Law and Economics*, vol. 3 (October 1960), pp. 1-44.
22. See Werner Z. Hirsch, *Habitability Laws and the Welfare of Indigent Tenants* (Los Angeles: University of California Press, 1978).
23. Marc Beauchamp, "Bankrupt Landlords in Wonderland," *Forbes* (March 20, 1989), pp. 105-106. Rent control is another issue that unites economists regardless of liberal or conservative politics. See Alan Blinder's lucid *Hard Heads Soft Hearts: Tough Minded Economics for a Just Society* (Reading, Mass.: Addison-Wesley, 1987), pp. 194-195.
24. See Gary Becker, "Crime and Punishment: An Economic Approach," *Journal of Political Economy*, vol. 78 (March/April 1968), pp. 169-217; I. Ehrlich, "Participation in Illegitimate Activities: A Theoretical and Empirical Investigation," *Journal of Political Economy*, vol. 81 (May/June 1973), pp. 521-565; D. L. Sjoquist, "Property, Crime and Economic Behavior," *American Economic Review*, vol. 63 (June 1973), pp. 439-446.
25. See Todd G. Buchholz, "Revolution, Reputation Effects, and Time Horizons," *Cato Journal*, 8 (Spring/Summer 1988), pp. 185-97.
26. Richard A. Posner, *Economic Analysis of Law*, 2nd ed. (Boston: Little, Brown and Company, 1977), p. 22; 3d ed. (Boston: Little, Brown, 1986), pp. 25-26. See also my "Punishing Humans," *Thought*, vol. 59 (September 1984), p. 290.
27. A. A. Berle and G. C. Means, *The Modern Corporation and Private Property* (New York: Macmillan, 1932).
28. For example, see Lucian Bebchuk and Jesse Fried, "Executive Compensation at Fannie Mae: A Case Study in Perverse Incentives, Nonperformance Pay and Camouflage," *Journal of Corporation Law*, vol. 30, no. 4 (2005), pp. 807-822.

29. See Dale Arthur Oesterle and John R. Norberg, "Management Buyouts: Creating or Appropriating Shareholder Wealth?" *Vanderbilt Law Review*, vol. 41 (March 1988), pp. 207-260; Michael C. Jensen, "Takeovers: Their Causes and Consequences," *Journal of Economic Perspectives*, vol. 2 (Spring 1988), p. 21; Benjamin J. Stein, "Loss of Values: Did Amsted LBO Shortchange Shareholders?" *Barron's* (February 16, 1987), p. 8.
30. Bruno S. Frey and Heinz Buhofer, "Prisoners and Property Rights," *Journal of Law and Economics*, vol. 31 (April 1988), pp. 19-46.
31. For a theoretical model and an examination of South Vietnam in 1975, see Todd G. Buchholz, "Revolution, Reputation Effects, and Time Horizons," *Cato Journal*, vol. 8 (Spring/Summer 1988), pp. 185-197.

★ 第九章　約翰・凱因斯：講究生活的救世主

1. Bertrand Russell, *Autobiography* (London: Unwin Paperbacks, 1975), p. 69.
2. Robert Skidelsky, *John Maynard Keynes*, vol. i (London: Macmillan, 1983), p. 180.
3. Milton Friedman, *Dollars and Deficits* (Englewood Cliffs, NJ: Prentice-Hall, 1968), p. 15.
4. R. F. Harrod, *The Life of John Maynard Keynes* (London: Macmillan, 1951), p. 50.
5. Skidelsky, p. 118.
6. Harrod, p. 101.
7. Skidelsky, pp. 165-166.
8. Ibid., pp. 173, 175.
9. Ibid., p. 177.
10. Joseph A. Schumpeter, *Ten Great Economists* (London: George Allen and Unwin, 1952), p. 265.
11. Andrew Sinclair, *The Red and the Blue* (London: Weidenfeld and Nicolson, 1986), p. 17; Michael Holroyd, *Lytton Strachey: A Critical Biography*, vol. ii (New York: Holt, Rinehart and Winston, 1968), p. 17.
12. John Maynard Keynes, *The Collected Writings of John Maynard Keynes*, vol. xvii (London: Macmillan/St. Martin's Press for the Royal Economic Society, 1973), p. 16.
13. For different views on the causes of the Great Depression, see Milton Friedman and Anna J. Schwartz, *A Monetary History of the United States, 1867-1960* (Princeton: Princeton University Press, 1963); Peter Temin, *Did Monetary Forces Cause the Great Depression?* (New York: Norton, 1976) and Karl Brunner, ed., *The Great Depression Revisited* (Boston: Martinus Nijhoff, 1981).
14. Paul Samuelson, "Lord Keynes and the General Theory," *Econometrica*, vol. 14 (1946), p. 190.
15. Elizabeth S. Johnson and Harry G. Johnson, *The Shadow of Keynes* (London: Basil Blackwell, 1978), p. 102.
16. Keynes, *CW*, vol. xxi, pp. 134, 144.
17. Keynes, *The General Theory*, in *CW*, vol. vii, p. 128. For more elaborate proofs and explanations why the tax cut multiplier is smaller than the government and investment

multiplier, see any introductory economics textbook.
18. Keynes, *CW*, vol. xxi, p. 296.
19. Keynes, *The General Theory*, in *CW*, vol. vii, pp. 380-381.
20. Ibid., p. 129.
21. Samuelson, p. 187.
22. Keynes, *The General Theory*, in *CW*, vol. vii, p. 154.
23. Ibid., p. 156.
24. Ibid., pp. 162-163.
25. Ibid., pp. 383-384.
26. Keynes, *CW*, vol., ix, pp. 321-332.

★ 第十章　米爾頓・傅利曼：重貨幣學派迎戰凱因斯

1. A. C. Pigou, ed., *Memorials of Alfred Marshall* (London: Macmillan, 1925), p. 25.
2. John Maynard Keynes, *The Collected Writings of John Maynard Keynes*, vol. xxi (London: Macmillan/St. Martin's Press for the Royal Economic Society, 1973), p. 294.
3. Milton Friedman, "Money: Quantity Theory," in *International Encyclopedia of the Social Sciences* (New York: Macmillan and Free Press, 1968), p. 438.
4. Milton Friedman, "Discussion of the Inflationary Gap," *American Economic Review*, vol. 32 (June 1942), pp. 314-320. Reprinted in *Essays in Positive Economics* (Chicago: University of Chicago Press, 1953), p. 253.
5. John Kenneth Galbraith, *Economics in Perspective* (Boston: Houghton Mifflin, 1987), pp. 270-271. For more on Friedman's life and career, see his memoirs in Milton Friedman and Rose D. Friedman, *Two Lucky People: Memoirs* (Chicago, University of Chicago Press, 1998).
6. Milton Friedman and Simon Kuznets, *Income from Independent Professional Practice*, (New York: National Bureau of Economic Research, 1945); Todd G. Buchholz, *Bringing the Jobs Home* (New York: Sentinel/Penguin 2004), pp. 97-116.
7. Milton Friedman, *Studies in the Quantity Theory of Money* (Chicago: University of Chicago Press, 1956).
8. Milton Friedman, *A Theory of the Consumption Function* (Princeton: Princeton University Press, 1957).
9. A. Ando and F. Modigliani, "Tests of the Life Cycle Hypothesis of Savings: Comments and Suggestions," *Bulletin of the Oxford University Institute of Statistics*, vol. 19 (1957).
10. Milton Friedman and Anna J. Schwartz, *A Monetary History of the United States, 1867-1960* (Princeton: Princeton University Press, 1963). For a critical view see Peter Temin, *Did Monetary Forces Cause the Great Depression?* (New York: Norton, 1976) and Karl Brunner, ed., *The Great Depression Revisited* (Boston: Martinus Nijhoff, 1981).
11. Gary Fromm and Lawrence R. Klein, "A Comparison of Eleven Econometric Models of the United States," *American Economic Review*, vol. 63 (May 1973), pp. 385-393.

12. Lawrence H. Summers, "The Great Liberator," *New York Times* (November 19, 2006), p. 13.
13. *Economic Report of the President* (1962), p. 68.
14. Paul A. Samuelson and William D. Nordhaus, *Economics* (New York: McGraw-Hill, 1985), p. 331.
15. *Economic Report of the President* (1987), p. 55.
16. A good primer on the matter is Martin S. Feldstein, ed., *Taxes and Capital Formation* (Chicago: University of Chicago Press, 1987). The book contains articles by Summers, President Clinton's Deputy Treasury Secretary, as well as articles by Boskin, Feldstein, and Lawrence Lindsey, key advisers to the Reagan and Bush administrations.
17. Edward C. Prescott, "The Transformation of Macroeconomic Policy and Research," in *Federal Reserve Bank of Minneapolis 2004 Annual Report*, pp. 19–20.
18. Milton and Rose Friedman, *Two Lucky People* (Chicago: University of Chicago Press, 1998), p. 380.

★ 第十一章　公共選擇學派：政壇就是市場

1. David Vesey, "Personality Spotlight: James Buchanan; Nobel Prize winner for economics," *United Press International* (October 16, 1986).
2. Mancur Olson, *The Rise and Decline of Nations* (New Haven: Yale University Press, 1982).
3. Mancur Olson quoted in "The Political Economy of Interest Groups," in *Manhattan Report on Economic Policy*, vol. IV (1984), p. 4.
4. George J. Stigler, "The Theory of Economic Regulation," in *The Bell Journal of Economics and Management Science*, vol. II (Spring 1971), pp. 3–21.
5. James M. Buchanan, in *The Consequences of Mr. Keynes* (London: Institute of Economic Affairs, 1978), pp. 20–21.
6. Joseph P. Newhouse, *Free for All: Lessons from the RAND Health Insurance Experiment* (Cambridge: Harvard University Press, 1993); Matthew J. Eichner, "The Demand for Medical Care: What People Pay Does Matter," *American Economic Review* 88 (May 1988); Jonathan Skinner and John E. Weinberg, "How Much Is Enough? Efficiency and Medical Spending in the Last Six Months of Life," National Bureau of Economic Research, Working Paper 6513 (April 1998).
7. Burton A. Abrams, "How Richard Nixon Pressured Arthur Burns: Evidence from the Nixon Tapes," *Journal of Economic Perspectives*, vol. 20, no. 4 (June 2006), pp. 181, 187.
8. John Maynard Keynes, "The End of Laissez-Faire," in *Essays in Persuasion*, in *The Collected Writings of John Maynard Keynes*, vol. vii (London: Macmillan/St. Martin's Press for the Royal Economic Society, 1973), p. 379.
9. Paul M. Sweezy, "John Maynard Keynes," *Science and Society*, vol. 10 (1946), reprinted in R. Lekachman, ed., *Keynes' General Theory: Report on Three Decades* (London: Macmillan, 1964), p. 303.

10. Keynes, "Am I a Liberal?" in *Essays in Persuasion*, CW ix, pp. 301-302.
11. Keynes, CW xxvii, p. 387.
12. Keynes, "My Early Beliefs," in *Essays in Biography*, CW x, pp. 436, 437, 446.
13. Quoted in Robert Skidelsky, *John Maynard Keynes*, vol. 1 (London: Macmillan, 1983), p. xviii.
14. Max Weber, "Politics as a Vocation," in *From Max Weber*, trans. and eds. H. H. Gerth and C. W. Mills (London: Routledge & Kegan Paul, 1948), p. 95.
15. Keynes, CW vii, p. 384.
16. Keynes, "Can Lloyd George Do It?" in CW ix, p. 125.
17. Ibid.
18. Keynes, CW x, pp. 440, 448.
19. Keynes, CW xix, p. 750. See also CW ii, p. 92; CW ix, p. 212; CW xxi, p. 201; and Geoff Hodgson, "Persuasion, Exceptions and the Limits to Keynes," in Tony Lawson and Hashem Pesaran, eds. *Keynes' Economics* (London: Croom Helm, 1985), p. 23.
20. Quoted in Robert Skidelsky, "The Revolt Against the Victorians," in R. Skidelsky, ed., *The End of the Keynesian Era* (London: Macmillan, 1977), p. 7.
21. Quoted in Charles H. Hession, *John Maynard Keynes* (New York: Macmillan, 1984), p. 258. See also D. E. Moggridge, *Keynes* (London: Fontana, 1976), pp. 38-39.
22. F. A. Hayek, *New Studies in Philosophy, Politics, Economics and the History of Ideas* (London: Routledge & Kegan Paul, 1978), p. 287.
23. Keynes, CW x, p. 448.
24. See Leo Strauss, *What Is Political Philosophy?* (Westport: Greenwood Press, 1973), p. 40; Douglas Sturm, "Process Thought and Political Theory," *The Review of Politics*, vol. 41 (1979), pp. 383-384.
25. Keynes, CW ii, pp. 22-23. Keynes deleted his more cutting remarks on Lloyd George from *Economic Consequences of the Peace*. They appeared fourteen years later in *Essays in Biography* See CW x, pp. 22-26 and CW xvii, p. 41.
26. See Arrow's "Impossibility Theorem," in Kenneth Arrow, *Social Choice and Individual Values* (New York: Wiley, 1951).
27. Keynes, CW ix, p. 295.
28. R. F. Harrod, *The Life of John Maynard Keynes* (London: Macmillan, 1951), p. 103.

★ 第十二章　狂野世界：理性預期學派與行為經濟學

1. Ike Brannon, "Remembering the Man Behind Rational Expectations," *Regulation* (Spring 2006), p. 18.
2. John F. Muth, "Rational Expectations and the Theory of Price Movements", *Econometrica* 29, (1961) pp. 315-335; Dermot J. Hayes, Andrew Schmitz, "Hog Cycles and Countercyclical Production Response," *American Journal of Agricultural Economics*, Vol. 69, No. 4 (Nov., 1987), pp. 762-770.

3. See P. H. Cootner, ed., *The Random Character of Stock Market Prices* (Cambridge: MIT Press, 1964); Eugene Fama, "Efficient Capital Markets II," *Journal of Finance* (1991), pp. 1575-1617; Paul A. Samuelson, "Challenge to Judgment," *Journal of Portfolio Management*, Vol. 1 (Fall 1974), p. 17.
4. *Chiarella v. United States*, 445 U.S. 222 (1980); quoted in *The Wall Street Journal* (December 16, 1987), p. 29.
5. Markowitz's seminal paper was "Portfolio Selection," *Journal of Finance*, vol. VII, no. 1 (March 1952), pp. 77-91. He expounded on the idea in a book, Harry M. Markowitz, *Portfolio Selection: Efficient Diversification of Investments* (New York: Wiley, 1959). The quotations come from Peter L. Bernstein's *Capital Ideas* (New York: Free Press, 1992), p. 60. An aside: in 1990 the Free Press asked me whether I would be interested in writing a book on financial economists. Since it would have violated the White House rules, I declined. Instead, Peter Bernstein wrote this excellent book for that publishing house.
6. Franco Modigliani and Merton Miller, "The Cost of Capital, Corporate Finance, and the Theory of Investment," *American Economic Review* 48 (June 1958), pp. 261-97. The "MM" model had to be revised to take account of corporate tax laws, which encourage firms to issue bonds by making interest payments deductible.
7. Quoted in David Warsh, "Nobel-est in Economics: Three Americans Share Prize for Corporate Finance Theories," *Boston Globe* (October 17, 1990).
8. Robert E. Lucas, Jr., "Understanding Business Cycles," in Karl Brunner and Allan Meltzer, eds., *Stabilization of the Domestic and International Economy*, Carnegie-Rochester Conference Series, vol. 5.
9. Robert E. Hall, "Stochastic Implications of the Life-Cycle-Permanent Income Hypothesis: Theory and Evidence," *Journal of Political Economy*, vol. 86 (December 1978), pp. 971-987.
10. Robert J. Barro, "Are Government Bonds Net Wealth?" *Journal of Political Economy*, vol. 82 (December 1974), pp. 1095-1117.
11. Urban Backstrom, "What Lessons Can Be Learned From Recent Financial Crises: The Swedish Experience," Kansas City Federal Reserve Board Symposium (1997), pp. 1-12.
12. *Financial Times* (July 5, 1994), p. 20.
13. Milton Friedman, *Essays in Positive Economics* (Chicago: University of Chicago Press, 1966).
14. Quoted in Arjo Klamer, *Conversations with Economists: New Classical Economists & Opponents Speak out on Current Controversy in Macroeconomics* (Totowa, N.J.: Rowman, 1984), pp. 159, 162.
15. For an example of their work, see Daniel Kahneman and Amos Tversky, "Choices, Values, and Frames," *American Psychologist*, vol. 39, no. 6, pp. 341-350. Peter Bernstein's *Against the Gods: The Remarkable Story of Risk* (New York: Wiley, 1996) presents their theses clearly, pp. 270-278.
16. David Genesove and Christopher Mayer. "Loss Aversion and Seller Behavior: Evidence from the Housing Market," NBER Working Papers 8143, National Bureau of Economic Research,

Inc (2001).
17. Quoted in Craig Lambert, "The Marketplace of Perceptions," *Harvard Magazine* (March-April 2006), p. 53.
18. John A. List, "Neoclassical Theory versus Prospect Theory: Evidence from the Marketplace," *Econometrica*, vol. 72 (March 2004), pp. 615-625.
19. See John Taylor, "Staggered Wage Setting in a Macro Model," *American Economic Review*, vol. 63 (May 1979), pp. 108-113.
20. See Mark H. Willes, " 'Rational Expectations' as a Counterrevolution," *The Public Interest* (Special Issue 1980), p. 92.
21. In a 1997 decision, the Supreme Court revisited the insider trading doctrine and tightened it up, based on change in the Securities and Exchange Commission rules. A financial printer is no longer free to misappropriate inside information. *United States v. O'Hagan* 97 C.D.O.S. 4931 (1997).

★ 第十三章　穿透烏雲的一線光明

1. John Maynard Keynes, "Alfred Marshall," in *Essays in Biography*, in the *Collected Writings of John Maynard Keynes*, vol. x (London: Macmillan/St. Martin's Press for the Royal Economic Society, 1972), p. 173.
2. See Richard A. Easterlin, "Does Economic Growth Improve the Human Lot? Some Empirical Evidence," in Paul A. David and Melvin W. Reder, eds. *Nations and Households in Economic Growth: Essays in Honor of Moses Abramovitz* (New York: Academic Press, 1974), pp. 89-125.
3. Joseph A. Schumpeter, *Capitalism, Socialism and Democracy* (New York: Harper & Row, 1976), p. 61. Paul Romer's "idea gap" discussion appears in his "Idea Gaps and Object Gaps in Economic Development," *Journal of Monetary Economics*, vol. 32(3), 1993, pp. 543-573.
4. John Tagliabue, "Yugoslavia's Capitalist Tilt Becomes a Headlong Plunge," *The New York Times* (August 14, 1988), p. E2; James Brooke, "Adam Smith Crowds Marx in Angola," *The New York Times* (December 29, 1987), p. A6; Larry Rohter, "A Radical Diagnosis of Latin America's Economic Malaise," *The New York Times* (September 27, 1987), p. E3.
5. Steven Greenhouse, "The Global March to Free Markets," *The New York Times* (July 19, 1987), sec. 3, p. 1.

一起來　0ZTK4022

經濟大師不死
NEW IDEAS FROM DEAD ECONOMISTS

作　　者	陶德・布希霍茲 Todd G. Buchholz
譯　　者	葉婉智、林子揚
主　　編	林子揚

總 編 輯	陳旭華 steve@bookrep.com.tw
出版單位	一起來出版／遠足文化事業股份有限公司
發　　行	遠足文化事業股份有限公司（讀書共和國出版集團）
	www.bookrep.com.tw
	23141 新北市新店區民權路 108-2 號 9 樓
	電話｜02-22181417　傳真｜02-86671851
法律顧問	華洋法律事務所　蘇文生律師

封面設計	FE 設計
排　　版	宸遠彩藝
印　　製	通南彩色印刷有限公司
初版一刷	2021 年 2 月
二版一刷	2024 年 8 月
定　　價	580 元
ＩＳＢＮ	9786267212912（平裝）
	9786267212820（EPUB）
	9786267212837（PDF）

Copyright © Todd G. Buchholz, 1989, 1999, 2007
Foreword copyright © Martin Feldstein, 1989
All rights reserved including the right of reproduction in whole or in part in any form. This edition published by arrangement with Dutton, an imprint of Penguin Publishing Group, a division of Penguin Random House LLC.

有著作權・侵害必究（缺頁或破損請寄回更換）
特別聲明：有關本書中的言論內容，不代表本公司／出版集團之立場與意見，
　　　　　文責由作者自行承擔

國家圖書館出版品預行編目（CIP）資料

經濟大師不死 / 陶德.布希霍茲 (Todd. G. Buchholz) 著；葉婉智、林子揚譯. –
　　二版. – 新北市：一起來出版，遠足文化事業股份有限公司, 2024.08
　　面；　公分. --（一起來思；0ZTK4022）
　　譯自：New ideas from dead economists
　　ISBN 978-626-7212-91-2（平裝）

1. 經濟學

550　　　　　　　　　　　　　　　　　　　　　　　　　　　　113007791